Frank und Catherine Fabiano
MUT ZUR REIFE

Frank & Catherine Fabiano

Mut *zur* Reife

Entwicklung und Fehlentwicklung des Menschen verstehen. Wege zur Heilung

Projektion J

ISBN 3-89490-285-X
Übersetzung: Rosina Erb
Covergestaltung: Michael Wenserit
Covermotiv: IFA Bilderteam
Fotos innen: Image Design, Landsberg a. Lech
Satz: Die Feder GmbH, Wetzlar
Druck und Verarbeitung: Ebner & Spiegel, Ulm
Die Bibelstellen wurden der Einheitsübersetzung entnommen.

5. Auflage 2002

Dem Vater, dem Sohn und dem Heiligen Geist gewidmet,
die dieses Buch möglich gemacht haben.

Man wird sie »Die Eichen der Gerechtigkeit« nennen,
»Die Pflanzung, durch die der Herr seine Herrlichkeit zeigt«.
(Jes 61,3)

Inhalt

Dank

»Mut zur Reife« ist aus vielen Jahren der Seelsorge und des Gebetsdienstes an Menschen hervorgegangen, die im Laufe ihres Lebens Wunden und Verletzungen davon getragen haben. Es wird uns immer an Worten fehlen, um dem Herrn gebührend für die Weisheit und Einsicht zu danken, die er uns geschenkt hat. Er hat damit sowohl unsere eigene Seele als auch die zahlloser anderer geheilt und wieder gesund gemacht. Wir sind voll des Staunens über diesen Herrn, der sich danach sehnt, auch die am schlimmsten Verwundeten unter uns heil zu machen und uns einen neuen Zugang zu unserer ewigen Bestimmung im Reich Gottes zu verschaffen. Herr, wir danken dir dafür bis in alle Ewigkeit.

Wir haben es vom Anfang bis zum Ende erlebt, mit diesem Projekt unter der Hand Gottes zu stehen. Viele Menschen sind auf uns zugekommen und haben uns ihre Gebetsunterstützung, Ermutigung und praktische Hilfe angeboten.

Wir haben all denen zu danken, die uns in diesen Jahren freundschaftlich zur Seite standen. Ob wir Sie namentlich anführen oder nicht ... wir danken Ihnen von ganzem Herzen.

An erster Stelle möchten wir Fraser und Puanana Haug, unseren langjährigen Freunden, unseren Dank aussprechen. Mit ihnen haben wir viele Jahre lang Seite an Seite zusammen gearbeitet, um die frohe Botschaft zu verkündigen. Sie haben uns als erste dazu angeregt, uns bei *YWAM International* einzubringen. Ihre Ermutigung und Gebetsunterstützung hat sich in all diesen Jahren als sehr wertvoll erwiesen. Sie haben einen wesentlichen Beitrag zur Entstehung dieses Buches geliefert.

Wir möchten *Jugend mit einer Mission* in Deutschland danken, die uns 1992 in den Dienst nach Deutschland geholt haben. Damit hat unser Ruf nach Deutschland und in die deutschsprachige Welt begonnen. Kurz danach haben uns Roland und Evelyn Oetiker, die Begründer der *Felsengrund-Gemeinschaft* zum Dienst in der Schweiz eingeladen. Sie sind zu unseren guten Freunden geworden. Der Herr bestätigte damit seine Berufung für uns.

Besonders möchten wir uns bei Hermann und Doris Riefle

bedanken, die für uns gebetet haben, seit wir umgezogen sind und unsere spirituelle Heimat im deutschsprachigen Lager aufgeschlagen haben.

Desgleichen geht unser herzlicher Dank an Albrecht und Barbara Fietz, die zu den Ersten gehörten, die unseren Auftrag für die deutschsprachige Welt erkannten und unterstützten. Ihre Gebetsbegleitung und ihre praktische Hilfe durch qualifizierte graphische Gestaltung und Materialien hat zur Güte dieses Dienstes beigetragen. Zum Beispiel hat uns Albrecht Fietz (Image-Design) die Fotos im Innenteil kostenlos zur Verfügung gestellt und bearbeitet.

Wir möchten unseren Freunden im Gebetsteam danken, Geoff und Sonja Emerson, die uns im Schweizer Raum durch ihr Übersetzen unterstützen, und Sonja Rudolph Endress, die für Deutschland zuständig ist. Sie sind eine unschätzbare Hilfe … ohne sie würden wir weiter mit einer »Fremdsprache« zu kämpfen haben.

Wir danken unserem Trägerkreis: Hermann und Doris Riefle, Fraser und Puanana Haug, Jürgen und Ruth Rintz und Markus und Angelika Egli … für alles Beten und für alle kreativen Anregungen, die sie beigesteuert haben.

Herzlichen Dank an Johannes Huger, den Leiter der *Koinonia* Gemeinschaft, der uns als Allererster dazu ermutigt hat, das Buch für eine Veröffentlichung in Deutschland vorzubereiten und uns auch mit dem Verlag *Projektion J* bekannt machte. Wir danken Gregor Waller, früher bei *Projektion J* beschäftigt, der sofort an das Projekt glaubte und es Klaus Gerth und Johannes Leuchtmann bei *Gerth Medien* präsentierte.

Deren Vertrauen in das Projekt und ihre Zustimmung haben dieses Buch Realität werden lassen. Wir sind sehr dankbar für diese Möglichkeit.

Wir möchten uns bei Rosina Erb bedanken, die das Manuskript übersetzte, und bei Fred Ritzhaupt, der es lektorierte und ein Vorwort dazu geschrieben hat. Die Zusammenarbeit mit Fred an diesem Projekt gehört zu den erstaunlichsten Geschenken, die uns Gott hat zukommen lassen. Wir kennen niemanden, der einfühlsamer mit der deutschen Sprache umgehen könnte.

Zuletzt möchten wir all denen danken, die ihr Herz in der Seelsorge geöffnet haben und uns dazu ermutigten, dieses Buch zu schreiben. Ohne sie alle gäbe es dieses Buch nicht … und würde der Dienst nicht weitergehen.

Vorwort

»Einer von euch hat gelogen.« Die dunklen Augen unseres fünfjährigen Dominik sahen uns ernst an. Was war passiert? Die Soße, die es zum Fisch gab, hatte ihm offensichtlich so gut geschmeckt, dass er uns fragte, wer sie gemacht hatte. »Die Mami, wieso?« Worauf meine Frau prompt erklärte: »Nein, der Papi.« Theoretisch hatten wir beide Recht, denn jeder von uns hatte Einiges in den kleinen Topf getan und herumgerührt. Doch Dominik sah nur den Widerspruch und ich fühlte mich plötzlich mitten in das Buch versetzt, das ich gerade mit großer Spannung lektorierte. Wie war das noch mit dem reichlich überzogenen Sinn für Gerechtigkeit bei Fünfjährigen?! Was ich zuvor noch in Kapitel 5 gelesen hatte, konnte ich jetzt *live* erleben.

Und das ist es auch, was mich an »Mut zur Reife« von Anfang an nicht mehr losließ: Das Buch bewegt sich dort, wo sich unser Leben abspielt. Manches kommt einem ungemein vertraut vor, anderes geht einem unter die Haut, immer aber spürt man etwas von der väterlichen Liebe unseres Gottes. Man wird lange suchen müssen, bis man etwas Vergleichbares findet, das einem in solcher Klarheit und Einfachheit die Augen für die komplexen Zusammenhänge in unserem Leben öffnet. Natürlich gibt es zu dem Thema »Heilung unserer Persönlichkeit« noch andere Bücher, die auch psychologisch auf der Höhe sind, aber meistens sind sie schwer zu verstehen. Andere wenden sich nur an den Berater oder Seelsorger, ein Betroffener aber hat herzlich wenig davon. Wieder andere sind wissenschaftlich *up to date*, klammern aber die gesamte Dimension eines helfenden und erlösenden Gottes aus. Hier liegt ein Buch vor uns, das tatsächlich alle die erwähnten Nachteile hinter sich gelassen hat, um jedem, der sich mit ihm beschäftigt, auf fundierte Weise und dazu noch liebevoll Verständnis für sich und andere zu vermitteln.

Sein eigentlicher Wert allerdings liegt auf einer noch tieferen Ebene. Da haben zwei begnadete Seelsorger inmitten ihrer konkreten Seelsorge- und Seminararbeit die Bereitschaft aufgebracht und die Zeit gefunden, aus dem reichen Schatz ihrer Erfahrungen alles weiterzugeben, was ihnen durch ihren Umgang mit zahllosen Menschen selber wichtig geworden ist. Sie haben damit den

Christen im deutschsprachigen Raum nicht nur einen unersetzlichen Dienst erwiesen, sie haben uns alle mit diesem Buch ein richtiges Geschenk gemacht. Nichts brauchen wir heute nötiger als die Erfahrung, dass Gott sich mehr denn je um seine verletzten Kinder kümmert und Jesus nicht aufgehört hat, uns Lasten abzunehmen, die wir vielleicht schon seit unserer Kindheit mit uns herumschleppen. So gesehen ist »Mut zur Reife« ein echter Glücksfall. Wer es liest, wird sich auf eine ungewöhnliche Weise ermutigt fühlen, sein Vertrauen neu auf den lebendigen Gott zu setzen.

Wir wünschen euch, liebe Fabianos, dass der Segen, den ihr mit diesem Buch weitergebt, in reichem Maß zu euch zurückfließt.

Kelkheim, Juli 1999
Fred Ritzhaupt

Einführung

Bryan Jones, ein erfahrener und anerkannter Seelsorger, war einer der Redner auf einer Pastorenkonferenz in Tuscon, Arizona. Als gelerntem Schreiner macht es ihm Freude, mit seiner Frau alte englische Landhäuser aufzukaufen und wieder instand zu setzen. Als er eines Tages gerade damit beschäftigt war, ein antikes Möbelstück zu restaurieren, hörte er den Herrn sagen: »Bryan, wie machst du das, dass ein Möbelstück wieder so schön wird, wie es ursprünglich war?«. Bryan erklärte dem Herrn den Restaurierungsvorgang Schritt für Schritt, so als ob der das nicht wüsste. Daraufhin sagte der Herr zu ihm:

»Wenn ich meine Kinder instand setze, dann will ich nicht wieder ihren Originalzustand herstellen ... sondern meine ursprüngliche Absicht mit ihnen verwirklichen.«

(Ein Bericht von Carol Durkson, die zusammen mit ihrem Mann Mark eine Gemeinde in Fountain Hill, Arizona, leitet.)

Reif wird man nicht von heute auf morgen. Dieser Zustand fällt auch nicht im fortgeschrittenen Alter an irgendeinem runden Geburtstag einfach so vom Himmel herunter. Sich auf die Reise zu begeben, ist dabei wichtiger, als möglichst schnell am Ziel anzukommen. »Reif werden« ist ein Prozess der Verwandlung, auf den man sich bewusst und absichtlich einlassen muss. Er geschieht nicht von selbst. Voraussetzung ist, dass wir unseren Willen unter den Willen Gottes stellen, damit er in uns wirken kann. Oft wird gesagt, dass man mit dem Alter reif wird, aber das stimmt nicht. Im Alter wird man bloß alt. Es gibt noch zu viele unter uns, die zwar »betagt im Herrn«, aber keineswegs reif sind. Die Reife, zu der wir herausgefordert sind, wird so beschrieben:

»Und er (Christus) gab den einen das Apostelamt, andere setzte er als Propheten ein, andere als Evangelisten, andere als Hirten und Lehrer, um die Heiligen für die Erfüllung ihres Dienstes zu rüsten, für den Aufbau des Leibes Christi. So sollen wir alle zur Einheit im Glauben und in der Erkenntnis des Sohnes Gottes gelangen, damit wir zum vollkommenen Menschen werden und Christus in seiner vollkommenen Gestalt darstellen« (Eph 4,11–13).

Gemessen am biblischen Maßstab für Reife ist keiner von uns völlig reif. Dennoch sind wir aufgefordert, nach dieser Reife zu streben … in das Bild Christi verwandelt zu werden … und Gott an uns wirken zu lassen. Wir werden »von neuem geboren« (Joh 3,3), um »in allem zu wachsen, bis wir ihn erreicht haben. Er, Christus ist das Haupt.« (Eph 4,15).

Was hindert uns daran, reif zu werden?
Wenn unsere natürliche Entwicklung als Mensch nicht so ist, wie sie sein sollte, wirkt sich das auch auf unseren geistlichen Reifeprozess aus. So wie es nötig ist, »von neuem geboren zu werden«, müssen wir auch »von neuem wachsen«, um alles zu erreichen, wozu uns der Vater erschaffen hat. In der Bibel wird uns gesagt:

»Verlangt, gleichsam als neugeborene Kinder, nach der unverfälschten, geistigen Milch, damit ihr durch sie heranwachst und das Heil erlangt. Denn ihr habt erfahren, wie gütig der Herr ist« (1 Petr 2–3).*

Unsere Vergangenheit ist immer da … unser ganzes Leben wird von dem beeinflusst, was vorher war. Wir können unsere Gegenwart ebenso wenig von der Vergangenheit loslösen, wie ein Baum von seinen Wurzeln wegmarschieren kann. Um mit unserer Reife voranzukommen, ist es nötig …

1. die menschliche Entwicklung so zu verstehen, wie Gott sie haben wollte,
2. die »Wurzeln« unserer Probleme als Erwachsene in unseren ersten Lebensjahren zu entdecken und genau zu lokalisieren,
3. tatsächlich zu erfahren, wie der Herr unser Leben heil macht und auf eine neue Grundlage stellt.

Was heißt, »erlöst« zu sein?
Jesus hat uns erlöst und gibt uns damit alles, was wir brauchen. Das griechische Wort für Erlösung bedeutet »heilen, freisetzen, ewiges Leben erlangen«. Oft erwarten wir das erst für die Ewigkeit und erkennen nicht, dass diese Dinge schon hier und jetzt für uns bereit liegen. Durch den Herrn geheilt und befreit zu werden, hat ganz praktisch zur Folge, dass wir erleben, wie wir auch in unserer Entwicklung wieder vollständig heil gemacht werden.

---

*Anmerkung: heranwachsen … Im Griechischen bezeichnet dieser Ausdruck das gesunde Wachstum von Kindern. (NIV Study Bible)

Wie hat sich Gott die menschliche Entwicklung vorgestellt?
Gott Vater hat einen Entwurf für die Entwicklung des Menschen, einen vollkommenen Plan. Leider haben wir nicht verstanden, was Gott wollte. Über Generationen hinweg haben wir »auf unsere eigene Klugheit gebaut« (Spr 3,5) und schwerwiegende Fehler gemacht. In der Folge wurden seine Kinder über viele Generationen hinweg ernstlich verwundet, wir selbst nicht ausgenommen. Gequält von Fehlschlägen in unserem Leben, fragen sich viele unter uns, warum wir so sind, wie wir sind.

Im Laufe vieler Jahre, die wir im Dienst der Seelsorge standen, hat uns der Herr die Augen über bestimmte Zusammenhänge geöffnet. Diese Erkenntnisse wollen wir mit Ihnen teilen, damit Sie sowohl sich selbst wie auch andere durch die Augen des liebenden Vaters sehen lernen. Er kennt uns alle ganz genau und weiß, was wir brauchen. Er ist die Antwort auf unser weinendes Herz. Er sehnt sich danach, uns zu heilen und alles zu ersetzen, was uns vorenthalten wurde. Wer immer Sie verwundet hat oder wen auch immer Sie verwundet haben ... Gott Vater wird das letzte Wort haben für die ... »denen er sein Wort sandte, die er heilte und vom Verderben befreite« (Ps 107,20).

Woher stammen unsere Wunden?
Die Erfahrungen unserer ersten Lebensjahre können unsere Entwicklung auf zweierlei Art behindern:

Zum einen behindern uns ungestillte Bedürfnisse aus der Zeit unserer Entwicklung. Wenn wir im Säuglingsalter und in der Kindheit nicht bekommen, was wir brauchen, so bleibt in irgendeinem Bereich unsere Entwicklung unvollständig. Wir erleiden dann an bestimmten Dingen Mangel, die zu unserer völligen Reife notwendig wären. Denn wir können nur geben, was wir selbst bekommen haben. Dieser Mangel behindert unser eigenes Leben ebenso wie die Fähigkeit, diese Dinge an die nächste Generation weiterzugeben.

Andererseits sind wir in unserem Reifeprozess durch Verletzungen eingeschränkt, die uns von Eltern, Aufsichtspersonen oder anderen Menschen in unserem Leben zugefügt worden sind. Diese negativen Einflüsse während der ersten Monate und Jahre unseres Lebens tragen später, wenn wir erwachsen sind, ihre bösen Früchte in Form von Problemen, Schmerzen, Schuldgefühlen, Fehlverhalten und Enttäuschungen. All das hindert uns, reif zu werden. Wir bleiben sozusagen stecken und müssen uns immer und immer wieder mit den gleichen Dingen beschäftigen. Das geht so lange, bis wir auf die »Wurzel-Ursache« stoßen. Der Herr verspricht uns von diesen »tiefen Wurzeln« in unserem Leben zu befreien:

»Jede Pflanze, die nicht mein himmlischer Vater gepflanzt hat, wird ausgerissen werden« (Mt 15,13).

Heilen, wo es schmerzt: Wie Heilung geschieht

»Die Vergangenheit ist nicht vergangen, sondern lebt in der Erinnerung weiter«, so das Zitat eines unbekannten Verfassers. Psychologische Studien am Gehirn zeigen, dass alles, was uns im Leben je zugestoßen ist, ein Teil von uns bleibt. 1951 machte Dr. Penfield, ein Neurochirurg an der McGill Universität, eine aufregende Entdeckung. Er fand heraus, dass eine Versuchsperson, deren Hirnrinde während eines operativen Eingriffs an der Schläfe elektrisch gereizt wurde, sich lebhaft an ein bestimmtes vergangenes Erlebnis erinnerte und es wie in der Gegenwart stattfindend erlebte, zusammen mit all den Gefühlen, die zum Zeitpunkt des tatsächlichen Geschehens auftraten. Dr. Penfield berichtet:

»Der Patient fühlt nochmals die Emotion, welche die Situation ursprünglich in ihm auslöste und wird sich derselben Interpretation bewusst, mit der er das Erlebnis damals belegte, mag sie richtig oder falsch sein. Das wachgerufene Erinnerungsvermögen ist also keine fotografische oder fonografische Reproduktion vergangener Szenen oder Ereignisse. Es ist eine Kopie dessen, was der Patient sah und hörte, was er fühlte und verstand.«[1]

Außerdem konnte er nachweisen, dass ein Mensch gleichzeitig zwei Aspekte der bewussten Wahrnehmung innehaben kann. In einem Fall rief ein Patient aus, dass er Leute lachen höre. Er selbst jedoch fühlte sich gar nicht danach, über den Witz zu lachen. Irgendwie war er sich zweier gleichzeitiger Situationen doppelt bewusst. Sein Ausruf zeigte seine unmittelbare Einsicht, dass die beiden Erfahrungen nicht übereinstimmten – die eine war eine gegenwärtige, die andere eine vergangene, die man zurückgerufen hatte. Dies weist auf die Tatsache hin: Der Patient wusste, dass er sich im Operationsraum befand und mit dem Arzt redete. Dr. Penfield schreibt: Wenn eine solche Erinnerung »im Bewusstsein des Patienten stimuliert wird, scheint sie für ihn eine gegenwärtige Erfahrung zu sein«. Erst wenn sie vorüber ist, erkennt er sie als eine lebhafte Erinnerung aus der Vergangenheit. Eine solche Erinnerung ist »genauso deutlich, als ob sie dreißig Sekunden nach der ursprünglichen Erfahrung stattgefunden hätte«. Im Moment der Reizung ist der Patient »selbst sowohl Akteur als auch Zuschauer«.[2]

Penfield, Jasper und Roberts betonen den Unterschied zwischen dem nochmaligen Erleben der Gesamterinnerung und dem isolierten Phänomen, das bei der Stimulierung der Gehirnrinde im Seh- , Gehör- oder Sprachzentrum auftritt. Sie heben hervor, dass die Schläfenreizung auch wichtige psychische Faktoren mit sich führt, wie z. B. das Verständnis der Bedeutung eines Erlebnisses und welches Gefühl es hervorgerufen haben könnte.[3/4]

Grundsätzlich kann man sagen, dass die im Falle einer beiderseitigen elektrischen Reizung des Gehirns an den Schläfen wachgerufene Erinnerung genauso nahe und lebhaft ist wie die Gegenwart. Was wachgerufen wird, ist die Wiederbelebung einer bestimmten Erfahrung.

In Zeiten des Heilungsgebetes haben wir erlebt, wie der Heilige Geist auf dieselbe Weise das Gedächtnis stimuliert, allerdings für den Einzelnen bedeutend angenehmer als bei Penfields Methode. Es ist die lebendige Neuinszenierung einer vergangenen Begebenheit in der Gegenwart. Wir sind uns dabei der tatsächlichen Gegenwart bewusst und dennoch gleichzeitig völlig eingetaucht in die lebendig gewordene Erinnerung. Bei solchen Treffen wird die »Wurzel-Ursache« der störenden Dinge in unserem Leben ans Licht gebracht. Aber das ist noch nicht alles. Der Herr offenbart seine Gegenwart in dieser Erinnerung und verwandelt die Bilder und ihre Auswirkungen zu unserem Guten. Alles wird durch seine Gegenwart umgestaltet und wir verändern uns durch diesen Einfluss. Die alten Bilder weichen vor der neuen Erfahrung, wie Jesus, unser Vater und Erlöser, unser Beschützer und Anwalt, noch einmal mit uns durch diese Zeit geht.

» *Als siebenjähriges Kind pflegte Karin jeden Abend oben auf der Treppe zu sitzen und durch einen Türspalt Wache zu halten. Ihr Vater war Alkoholiker und hatte beinahe jeden Abend die typischen Wutanfälle eines Betrunkenen. Sie hatte Angst um die Sicherheit ihrer Mutter, also hielt sie Wache im heldenmütigen Glauben, sie könnte ihre Mutter »retten«, wenn die Dinge außer Kontrolle gerieten. Karin hatte diese Zeit so gut wie vergessen, als der Herr sie bei einem persönlichen Gebet um innere Heilung in lebhafter Klarheit zurückbrachte. Sie bat den Herrn darum, sich in dieser Situation zu offenbaren. Plötzlich öffnete sich in ihrer Erinnerung die Tür … und Jesus trat herein. Er nahm sie in seine Arme, brachte sie ins Bett und deckte sie fürsorglich zu. Er sagte zu Karin, dass sie ihre Mutter nicht retten könnte, aber er könne es. In dieser Erfahrung nahm er eine ungeheure Last aus Karins Herzen fort. Wann immer sie sich jetzt daran erinnert, sieht sie es niemals mehr auf die alte Art … sie erlebt die neue Version … Jesus ist mit dabei, und das verändert alles … für alle Zeit.*

Wie Gott Vater eingreift
Gott ist immer gegenwärtig. Wir sind uns seiner Gegenwart nicht immer bewusst, aber er ist dennoch da. Er war da am Beginn unseres Lebens … in unserer Säuglingszeit … als wir gehen lernten … in unserer Kindheit … in unserer Jugend … und auch heute noch. Er ist immer da und sieht unser Leben. Die unausweichliche Frage, mit der wir im Licht dieser Wahrheit konfrontiert werden, lautet: »Wenn Gott wirklich da war, wieso hat er zugelassen, dass mir das zugestoßen ist?«. Eine gute Frage, die eine faire Antwort verdient. Der Grund, auf ein Wort komprimiert, heißt Willensfreiheit. Gott gab uns Willensfreiheit und er nimmt sie nicht wieder zurück. Sie macht uns einmalig und gibt uns eine Sonderstellung in der gesamten Schöpfung. Nicht Gott, sondern die Entscheidungen unserer Eltern, Pflegebeauftragten oder anderer Autoritätspersonen hatten mit dem Guten oder Bösen zu tun, das über uns kam. Wo Sünde ist, da wird auch jemand verletzt. Aus diesem Grund plante der Vater unsere Erlösung:

»Jene (unsere leiblichen Väter) haben uns für kurze Zeit nach ihrem Gutdünken in Zucht genommen; er aber tut es zu unserem Besten, damit wir Anteil an seiner Heiligkeit gewinnen« (Hebr 12,10).

Um zu verstehen, was hier gesagt wird, ist es wichtig, die Bedeutung bestimmter Schlüsselworte zu kennen. In Zucht nehmen bedeutet in diesem Zusammenhang: lehren, trainieren, erziehen, korrigieren usw. (siehe auch Jak 3,17). Problematisch wird nur, wenn unsere Väter eher das Beste »nach ihrem eigenen Gutdünken« taten, und nicht, was das Beste nach dem Wort Gottes war. Gott unterscheidet ganz klar zwischen unserer Art und seiner Art:

»So hoch der Himmel über der Erde ist, so hoch erhaben sind meine Wege über eure Wege und meine Gedanken über eure Gedanken« (Jes 55,9).

In der zuvor zitierten Stelle aus dem Hebräerbrief steht das Wort »aber«. Dieses »aber« funktioniert wie ein kleines Scharnier, an dem eine große Tür auf und zu schwingt. Wie ein Radiergummi löscht es aus, was davor war und legt den Grund für alles, was danach kommt. Mit diesem Verständnis können wir auch heraus hören, was Gott Vater uns damit sagen will. In die Sprache unserer Zeit übertragen, könnte es etwa so lauten:

»Ja, ich weiß, was passiert ist. Eure Eltern taten das Beste, so wie sie es verstanden haben, aber von nun an werde ich mich darum kümmern. Ich will euer Vater sein und euch lehren, trainieren und zurechtweisen. Ich will euch erziehen und euch alles geben, was ihr braucht, zu eurem Besten, damit ihr heilig und vollkommen werdet, so wie ich es bin.«

Der Vater möchte uns zu heilen Menschen formen, weil er uns liebt und seine Heiligkeit mit uns teilen will. Wenn wir so werden wollen, wie Gott es für uns beabsichtigt hat – rein, vollkommen und heilig –, dann ist es nötig, dass er auf übernatürliche Weise in unser Leben eingreift. Wir wurden für eine bestimmte Aufgabe geboren. Doch dieses Ziel kann nur erreicht werden, wenn uns der Vater erlöst und seinen Erstentwurf von uns wieder in Kraft setzt, damit wir so werden können, wie er sich das von Anfang an gedacht hat.

Wie der himmlische Vater heilt

»Der Herr möchte, dass wir Frucht bringen und sein Plan für unser Leben gelingt. Das wird aber erst dann passieren, wenn wir verzweifelt genug sind, um unsere Ängste, Schmerzen, Unsicherheiten und Fehler nicht mehr weiter zuzudecken. Erst dann ist es ihm möglich, unseren mühsam aufrecht erhaltenen Schein mit seiner heilenden Kraft wirksam zu durchbrechen.«[5]

Der Vater liebt Sie. Das ist die Wahrheit. Er liebt Sie bedingungslos und auf ewig. Er liebt Sie auch mit Ihren Schmerzen, Ihrer Unreife und mit allen Ihren Mängeln. Aber er liebt Sie viel zu sehr, um Sie so zu lassen, wie Sie sind. Der Vater kennt unsere ganze Schwachheit und weiß, dass wir nicht vollkommen sind. Er hat vorausgesehen, dass wir Wunden davon tragen würden. Deshalb hat er in seiner großen Liebe nach einem Weg gesucht, uns all das wieder zu bringen, was uns verloren gegangen ist. Ein Mittel, das uns heilen und von Fesseln befreien würde. Eine Möglichkeit, seinen Gedanken über unserem Leben wieder freie Bahn zu schaffen.

Der Wahrheit und dem Schmerz ins Auge blicken

»Wende dich deiner größten Angst zu. Dort wirst du auch deine größte Stärke finden.«[6]

Jeder von uns wurde in seiner Entwicklungszeit verwundet. Unsere Eltern waren nicht vollkommen, auch als wunderbare und liebevolle christliche Eltern nicht. Weil auch sie Menschen sind, konnten sie nicht immer allen unseren Bedürfnissen gerecht werden. In vielen Fällen waren auch sie verletzte und unheile Menschen. Sie konnten nicht weitergeben, was sie selbst nicht empfangen hatten. Der Vater möchte, dass dieser Kreislauf endlich aufhört und all diese schmerzvollen Dinge nicht ständig von einer Generation an die andere weiter vererbt werden. Doch um frei zu sein, müssen wir die Wahrheit erkennen.

Jesus sagte:

»Wenn ihr in meinem Wort bleibt, dann seid ihr wirklich meine Jünger. Dann werdet ihr die Wahrheit erkennen, und die Wahrheit wird euch freimachen« (Joh 8,32).

Wir müssen die Wahrheit sehen wollen, um frei zu werden … und zwar die Wahrheit, die der Herr aufdeckt. Wir alle neigen auf natürliche Weise dazu, unsere Familien und alle Menschen, die wir lieben, zu schützen. Manchmal führt das dazu, dass wir die Wahrheit verleugnen. Es ist nicht immer leicht, aber wenn wir es wirklich wollen, wird der Heilige Geist, dieser Geist der Wahrheit, unsere Augen öffnen. Etwas verleugnen heißt nicht, loyal zu sein, sondern sich und andere zu täuschen. Wir verweigern auch nicht unseren Eltern die Ehre, wenn wir bereit sind, die Dinge so deutlich zu sehen, wie Gott sie zeigt. Nur dieser Weg führt in die Freiheit.

Fangen Sie damit an, den Schmerz zusammen mit Jesus anzusehen. Gestehen Sie sich die Schmerzen, Ängste, Unsicherheiten und Probleme, die Schuld und den Mangel in Ihrem gegenwärtigen Leben ein. Indem Sie Ihre Aufmerksamkeit auf jede einzelne Entwicklungsstufe lenken, wird Sie der Herr sehen lassen, was er für Ihr Leben wirklich wollte. Er wird seinen Prozess der Wiederherstellung einleiten.

Aufdecken und noch einmal durchleben

Der nächste Schritt besteht darin, die akuten Probleme in Ihrem Leben als Erwachsener wahrzunehmen und den Heiligen Geist zu bitten, die »Wurzel« des Schmerzes oder des Mangels aufzudecken. Vielleicht kommt eine bestimmte Erinnerung wieder, oder Sie sehen ein Bild. Es kann auch sein, dass Sie etwas zu ahnen beginnen, dass Sie etwas erkennen oder es einfach auf irgendeine Weise »wissen«. Manchmal ist es nur der leise Verdacht, dass da »etwas sein könnte« oder »vielleicht etwas passiert« ist. Der Herr kennt jeden von uns, und er deckt die »Wurzel-Ursache« so auf, wie es für uns am besten ist. Nicht jeder wird in einer Art »Bilder« seine Situation vor sein inneres Auge gestellt bekommen. Das ist auch nicht nötig, um geheilt zu werden. Es gibt Erinnerungen, die einfach zu schmerzhaft sind, um sie bei hellem Licht betrachtet, ertragen zu können. Deshalb schützt uns der Herr davor, Dinge so wachzurufen, dass wir sie nicht aushalten könnten. Bitten Sie den Herrn auch darum, dass Sie seine Gegenwart in der Situation, auf die er sie aufmerksam gemacht hat, wahrnehmen. Sagen Sie ihm, was Sie fühlen und was Sie denken. Bitten Sie ihn, Ihnen zu zeigen, welche Absicht er mit diesem Geschehen ursprünglich verbunden hat. Die Anwesenheit des Herrn wird alles verändern.

»In der Anwesenheit Gottes wird unsere hörende Seele verwandelt. Seine Worte und Bilder ersetzen die alten negativen, falschen Worte und inneren Bilder, die ihren Ursprung in der Welt, in menschlicher Schwachheit und im Teufel haben – all das unterstreicht, wie dringend wir Heilung und Erlösung benötigen.«[7]

Der Prozess der Wiederherstellung: geheilt und befreit werden

Oft wurden wir nicht durch das verletzt, was tatsächlich passierte, sondern dadurch, wie wir das Geschehen aufgefasst haben. Wenn wir dem Herrn erlauben, unser Seelsorger zu sein, entfernt er diesen »Stachel des Todes« und schenkt uns neue Lebensmöglichkeiten. Das Zerstörerische wird ausgelöscht und der Herr heilt uns. Er löst uns aus den Fesseln und hebt die Ansprüche des Feindes auf. Durch Jesus erfahren wir den Vater ganz nah und real: indem er jedem Mangel abhilft und ihn ausfüllt. Er stellt uns wieder her ... nach seinem ursprünglichen Plan.

Erlösung: Der Herr pflanzt Neues ein

Durch den Vorgang der Wiederherstellung gibt uns der Herr das zurück, was uns entgangen ist. Er »pflanzt« auf übernatürliche Weise wieder in unser Leben hinein, was seiner Vorstellung nach von Anfang an dort hätte seinen Platz haben sollen. Oft ist es das genaue Gegenteil dessen, was der Feind durch die Wunden der Vergangenheit in unserem Leben aussäte: Trost für die Trauernden ... Schmuck anstelle von Schmutz ... Freudenöl statt eines Trauergewandes ... Jubel statt Verzweiflung ... usw. (Vgl. Jes 61,3)

> *Auf einer Veranstaltung durfte ich das vor kurzem miterleben. Hinten im Raum brach eine Frau ganz plötzlich in herzzerreißendes Wehgeschrei aus. Der durchdringende Ton ließ mich frösteln, als ich auf sie zuging. Der Herr sagte: »Sie soll meinen Namen nennen ... Jesus.« Ich tat es, und sie tat es auch, und plötzlich, ebenso plötzlich, brach sie in Lachen aus. Je mehr sie lachte, desto mehr wurde sie von Freude erfüllt. Und auch die anderen um sie herum wurden davon angesteckt, bis wir alle lachten und die Tränen über unsere Wangen liefen. Der Herr hatte das »Öl der Freude« ausgegossen, das Trauer und Kummer vergehen ließ. An diesem Abend berichteten viele, dass der Herr auch sie geheilt habe.*

Neue Eltern bekommen: Vater ... sei du mein Vater!

Der Herr sehnt sich danach, für unsere unerfüllten Entwicklungsbedürfnisse zu sorgen und für uns noch einmal die Elternrolle zu übernehmen. Uns zu heilen und zu befreien, das sind nur die ersten Schritte in diesem Prozess. Indem wir die Nähe des Vaters Tag für Tag suchen, wird er uns auch weiter erziehen und in seine Vaterliebe einhüllen. Er wird uns führen und leiten, uns sanft zurechtweisen und Anweisungen geben, so wie wir es brauchen, damit das Neue in unserem Leben zur Reife kommen kann. Wir werden »von neuem geboren«, um »von neuem aufwachsen« zu können, bis wir alles erreichen, wozu Gott uns geschaffen hat. Reif werden heißt: die ganze Fülle Christi erlangen. Es bedeutet: verwandelt zu werden durch die Erneuerung unseres Geistes und dabei Jesus immer ähnlicher zu werden.

»Gott will die Krisen unseres Lebens in Siege verwandeln, die Dürre in Fruchtbarkeit. Er will die Sehnsucht unseres Herzens stillen, unabhängig von unseren Voraussetzungen. Auch für den Fall, dass wir schon ganz verdorrt aussehen und unsere Chancen ziemlich schlecht stehen, gilt dennoch, dass er seine großen Möglichkeiten für alle seine Kinder bereithält.«[8]

Anmerkung der Autoren:
Beim Schreiben dieses Buches haben wir einige interessante Erfahrungen gemacht. Wir halten es für möglich, dass Ihnen beim Lesen des Buches vielleicht Ähnliches begegnet. Aus diesem Grund möchten wir Sie vorwarnen, was passieren kann und wie damit umzugehen ist. Bei einigen Kapiteln fühlten wir uns beide, als würden wir durch eine zähklebrige Masse stapfen. Es ging nur sehr mühsam voran. An anderen Stellen glaubten wir, von einem Wirbelwind ergriffen zu sein und hatten Mühe, uns zu konzentrieren. Schließlich entschlossen wir uns zu beten. Dabei erkannten wir, dass wir beide gerade in diesen Entwicklungsabschnitten seine Heilung brauchten. Als wir dem Herrn diese Bereiche im Gebet öffneten, konnten wir beinahe spüren, wie sich der Nebel hob und das »Festkleben« sich löste. Beugen Sie also vor: Wenn Sie nicht weiter kommen oder beim Lesen wie durcheinander geraten, dann blättern Sie einfach weiter bis zum Ende des jeweiligen Kapitels und arbeiten Sie die »Schritte zur Heilung und Wiederherstellung« durch. Der Herr wird Ihnen Ihren Mangel zeigen, ihn heilen und die Sache wieder in Ordnung bringen, sodass Sie weiterlesen können. Nur Mut, wir sind alle Betroffene!

Außerdem machen wir darauf aufmerksam, dass alle Namen in diesem Buch, sowie alle Hinweise, die zur Identifizierung einer Person führen könnten, zum Schutz dieser Menschen geändert wurden.

Zum Problem »göttliche Offenbarung kontra wissenschaftliche Erkenntnis« ist zu sagen, dass Wissenschaft und Offenbarung in den seltensten Fällen Gegensätze sind. Der Maßstab des Wortes Gottes ist oft ein Prüfstein für wissenschaftliche Richtigkeit. Manchmal benutzt Gott auch die Wissenschaft, um seine Wahrheit zu demonstrieren. In der vorliegenden Studie bot sich uns die Entwicklungspsychologie als hilfreiches Instrument für die Struktur an, sozusagen als Skelett, und die Offenbarung bekleidete dieses erst mit Fleisch und Leben. Es ist oft der Fall, dass Gott seine Wahrheit durch das unabhängige Zeugnis wissenschaftlicher Forschungsergebnisse bestätigt. Aus diesem Grund werden immer wieder verschiedene Studien und Untersuchungen zitiert. Wir glauben aber, dass die Quelle aller Wahrheit zweifelsfrei Gottes Wort ist. Es ist für uns der oberste Maßstab für alle Weisheit und alles Wissen. Gott, der Herr allein ist das Alpha und das Omega … »der ist und der war und der kommt, der Herrscher über die ganze Schöpfung« (Offb 1,8). Er allein kennt den Ausgang schon von allem Anfang an.

Am Anfang …

(Die vorgeburtliche Phase)

» *Und noch eine gewaltige Explosion ließ die Erde um ihn herum erbeben. Ein Meer von gellend schreienden und weinenden Stimmen terrorisierte und bombardierte das Gehör von Klaus. Lärm und Entsetzen bestürmten ihn, und ein weiterer Adrenalinstoß schockte seinen Körper. Sein Herz raste und pochte, als ob es bersten würde. Er kämpfte darum, sich irgendwo festzuklammern, um nicht unterzugehen. In den ruhigeren Momenten dazwischen durchschnitt noch ein Ton sein Herz … ein Laut der Klage … das Schluchzen seiner Mutter. Klaus erlebte das Ende des zweiten Weltkrieges in Berlin aus einer ganz besonderen Perspektive … von innerhalb des Mutterleibes.*

Unsere Lebensreise beginnt nicht erst im Augenblick der Geburt, sondern schon lange davor »im Dunkeln«*, unter dem beruhigenden Schlagen des mütterlichen Herzens.

Am Anfang hatte Gott einen Plan und eine Absicht für Ihr Leben … eine göttliche Bestimmung.** Vielleicht fällt es Ihnen schwer, das unter den gegebenen gegenwärtigen Umständen zu glauben, doch es ist wahr. Sie kamen auf diese Erde um eines ewigen Zieles wegen. Wenn Sie mit dieser Bestimmung keine Berührung haben und sich über Ihr Ziel nicht im Klaren sind … dann ist irgendetwas falsch gelaufen.

* »Als ich geformt wurde im Dunkeln, kunstvoll gewirkt in den Tiefen der Erde, waren meine Glieder dir nicht verborgen«(Ps 139,15).

** »Der Herr hat mich schon im Mutterleib berufen; als ich noch im Schoß meiner Mutter war, hat er meinen Namen genannt« (Jes 49,1).

Probleme beim Erwachsenen

Einige der schwierigsten Persönlichkeitsstörungen, die bei einem Erwachsenen auftreten können, hängen damit zusammen, welche Erfahrungen er im Mutterleib gemacht hat. Sie sind jedoch im Unterbewusstsein verborgen und befinden sich gerade unterhalb des Zugriffs der bewussten Erinnerung in jener »grauen Zone«, die man als »prememory-Eindrücke« oder als »Spurenerinnerungen« bezeichnet.[1] Es sind diese Erfahrungen, die einige unserer wichtigsten emotionalen Reaktionen lenken und beeinflussen, nämlich unsere Denkprozesse und Verhaltensmuster.[2] Eine sehr reale existentielle Krise ... aber eben außerhalb unseres Erinnerungsvermögens.

» *Während seines ganzen Lebens hatte Klaus mit periodischen Angstanfällen zu kämpfen, die ihn »aus dem Nichts« überfielen, ohne Vorwarnung und ohne ersichtlichen Grund. Er wurde von der Angst, verlassen zu werden gequält, und unter besonders starkem Stress pflegte er oft die »Stimme des Todes« zu hören, Selbstmordgedanken, die ihn dazu verführen wollten, das Leben aufzugeben. Obwohl er es keinem gegenüber zugeben konnte, fühlte er sich die meiste Zeit über sehr einsam, so als ob eine »Glaswand« zwischen ihm und den anderen stünde. Zu anderen Zeiten fragte er sich, ob er überhaupt existierte. Klaus hatte ernsthafte Probleme in seinem Leben, und das wusste er auch. Jahrelange Therapie und Beratung hatten ihn mit jedem Detail seiner Probleme vertraut gemacht und ausgezeichnete Strategien zu ihrer Bewältigung mit ihm eingeübt, um einigermaßen damit leben zu können. Aber frei war er nicht.*

Klaus ist kein ungewöhnlicher Fall. In vielen Jahren des Seelsorgedienstes haben wir festgestellt, dass einige der schwersten Probleme, von denen Menschen geplagt werden, auf Erfahrungen im Mutterleib zurückgehen. Lange bevor ein menschliches Wesen fähig ist, bewusst denken zu können, wird es bereits durch die Atmosphäre und durch Erfahrungen im Mutterleib beeinflusst und auf tiefe Weise geprägt. Was im Leib unserer Mutter passiert ist, legt in einem sehr realen Sinn die Basis für unser Leben. Auf dieser frühesten Entwicklungsstufe finden grundlegende Prägungen für unser Leben statt: ich soll leben ... ich soll nicht leben ... ich gehöre dazu ... ich gehöre nicht dazu ... ich bin angenommen ... ich bin abgelehnt. Was wir im Mutterleib erfahren, entscheidet darüber, welcher Eindruck unser Leben prägt und welche nachfolgende Auswirkung das auf unser späteres Leben haben wird. Wenn wir nicht bekommen haben, was wir nach dem Willen des Herrn während dieser Zeit unserer Entwicklung bekommen sollten, dann sind wir in unserem Leben als Erwachsene beeinträchtigt. Störungen im Erwachsenenleben, deren Wurzeln oft im Mutterleib zu finden sind, beziehen sich auf existentielle Probleme, Ablehnung, Angstzustände, Unsicherheiten und »autistische« Verhaltensweisen. Bestimmte Verhaltensweisen bei Erwachsenen deuten darauf hin, dass diese Probleme in der vorgeburtlichen Entwicklung begründet sind. Die hier erwähnten Hinweise auf bestimmte Verhaltensweisen sollen uns erkennen helfen, wie sich »Fehlentwicklungen« im Mutterleib auf unser gegenwärtiges Leben auswirken. Unser Verhalten bringt den Mangel oder die Wunde ans »Licht«, wo sie gesehen, verstanden und geheilt werden kann.

Existentielle Probleme offenbaren sich als Kämpfe zwischen Leben und Tod. Sie reichen von Lebensunsicherheit bis hin zu Selbstmordgedanken und Zwängen.
Ablehnung ist verweigerte Annahme, Fürsorge, Liebe usw. Sie ist verantwortlich dafür, dass Menschen sich wertlos fühlen.
Angstzustände schließen chronische Zustände von Unruhe, Ängstlichkeit und Sorge ein oder auch plötzliche, periodisch auftretende Anfälle panischer Angst.
»Autistische« Verhaltensweisen behindern die Fähigkeit, enge gefühlsmäßige Beziehungen einzugehen oder aufrecht zu erhalten.
Unsicherheit wirkt sich sowohl auf das Leben wie auch auf die Identität aus. Menschen haben fortwährend mit der Frage zu kämpfen, wer sie sind und wo sie hingehören. Das macht sie wiederum sehr labil.

Um zu verstehen, wie diese Probleme entstehen, ist es wichtig, den Prozess der gesunden Entwicklung im Mutterleib zu begreifen.

Der gesunde Entwicklungsprozess

»Denn du hast mein Inneres geschaffen, mich gewoben im Schoß meiner Mutter. Ich danke dir, daß du mich so wunderbar gestaltet hast. Ich weiß: Staunenswert sind deine Werke. Als ich geformt wurde im Dun-

keln, kunstvoll gewirkt in den Tiefen der Erde, waren meine Glieder dir nicht verborgen. Deine Augen sahen, wie ich entstand, in deinem Buch war schon alles verzeichnet; meine Tage waren schon gebildet, als noch keiner von ihnen da war« (Ps 139,13–16).

Eine neue Technologie hat es ermöglicht, das Leben des Kindes im Leib der Mutter zu studieren. In den vergangenen Jahren machte man damit erstaunliche Entdeckungen. Das Kind im Mutterleib ist sehr empfänglich für Eindrücke und reagiert auf seine Mutter viel stärker, als man früher angenommen hatte.[3] Forscher heutzutage sind der Ansicht, dass es im Kind sogar eine Art Bewusstsein über den Augenblick der Empfängnis gibt.[4] Das Kind in der Gebärmutter reagiert in den ersten Wochen und Monaten sehr empfindsam auf die Atmosphäre im Mutterleib. In den späteren Monaten kann es auch durch äußere Reize direkt beeinflusst werden.[5] Die Bibel bestätigt diese Wahrheit an einer bekannten Stelle:

»Als Elisabet den Gruß Marias hörte, hüpfte das Kind in ihrem Leib. Da wurde Elisabet vom Heiligen Geist erfüllt und rief mit lauter Stimme: Gesegnet bist du mehr als alle anderen Frauen, und gesegnet ist die Frucht deines Leibes. … In dem Augenblick, als ich deinen Gruß hörte, hüpfte das Kind vor Freude in meinem Leib« (Lk 1,41–42;44).

Der unmittelbarste Einfluss auf das Kind geht am Anfang von der Mutter aus, insbesondere von ihren Gedanken und Gefühlen.[6] Jedoch ist wichtig zu wissen, dass diese auf ganz unmittelbare Weise davon geformt werden, wie der Vater über sie und das Kind denkt und fühlt.[7] Beide Elternteile spielen also vom frühesten Augenblick an eine sehr wichtige Rolle im Leben des Kindes.

Während eines Seminars vor einigen Jahren kam eine Mutter zum Gebet, die ihr erstes Kind erwartete. Sie stand kurz vor der Geburt, aber das Baby befand sich in Steißlage. Der Arzt hatte sie und das Kind untersucht, alles war normal und bereit für eine natürliche Geburt. Er hatte sogar das Baby in die richtige Lage für die Geburt gedreht, aber über Nacht war es in die alte Position zurückgekehrt. Als wir beteten, enthüllte der Heilige Geist, dass das Baby bekümmert war. Wir fragten die Frau, ob zwischen ihr und ihrem Mann alles in Ordnung wäre, worauf sie in Tränen ausbrach. Ihr Mann hatte seine Arbeit verloren, kurz nachdem sie schwanger geworden war. Die finanzielle Belastung legte großen Druck auf ihre Ehe und sie hatten oft heftigen Streit. Als wir wieder beteten, wies uns der Herr an, der Frau zu sagen, sie solle dem Baby erzählen, was passiert war und ihm versichern, dass es willkommen wäre und der Stress wirklich nicht seine Schuld sei. Sie legte die Hand auf ihren Bauch und sprach zu dem Kind. Dann beteten wir und baten den Herrn, die Angst wegzunehmen und das Baby seinen Frieden spüren zu lassen. Am Abend tat ihr Mann dasselbe. Am nächsten Morgen hatte sich das Baby in die normale Geburtslage gedreht. Es wurde einige Tage später geboren, ein fröhliches und friedliches Kind.

Nicht immer ist seelischer Stress der Grund dafür, dass sich ein Baby sträubt, geboren zu werden. Manchmal liegt es auch an so bedrohlichen Bedingungen wie einer abnormalen Lage der Plazenta oder an einer um den Hals geschlungenen Nabelschnur. In solchen Fällen ist es richtig, das Baby nicht zu drehen. Wenn es aber keinen physischen Grund gibt, liegt es möglicherweise am Stress, der auf die Seele des Babys einwirkt.

Bindung als lebenswichtige Verbindung

Die Bindung an unsere Mutter entscheidet über unsere Beziehung zur Mutter im Mutterleib. Sie ist die wichtigste und tiefgreifendste Beziehung für das sich entfaltende Leben. Wenn sie beeinträchtigt ist oder teilweise fehlt, dann hat das dramatische Folgen. Da diese Bindung niemals automatisch eintritt, kann sie positiv oder negativ sein, oder auch ganz fehlen.

Der Psychiater Dr. Verny, ein bahnbrechender Forscher auf diesem Gebiet, meint dazu: » ... Die Bindung an das ungeborenen Kind tritt nicht automatisch ein. Liebe zum Kind und Verständnis für die eigenen Gefühle sind nötig, um sie in Gang zu setzen.«[8]

Früher war man der Meinung, dass die Bindung bei der Geburt beginnt, aber neuere Forschungen zeigen, dass sie bereits im Mutterleib anfängt.[9]

Bindung entsteht durch ein Kommunikationsnetz zwischen Mutter und Kind.[10] Nach Dr. Verny verläuft Bindung »über drei verschiedene Kanäle der Kommunikation ... denen es möglich ist, Botschaften des Babys an die Mutter oder der Mutter an das Baby zu vermitteln.« Diese Kanäle sind körperliche Kommunikation, Verhalten und Zuneigung.

Die körperliche Verbindung mit der Mutter ist vorgegeben. Sie versorgt uns mit Nahrung und vermittelt dabei gleichzeitig wichtige Botschaften. Wenn die Mutter vernünftigen Ernährungsrichtlinien folgt, um uns gut zu ernähren, damit wir wachsen und gedeihen können, dann drückt sie damit sehr deutlich aus: »Ich liebe dich. Ich möchte, dass du alles bekommst, was du brauchst, um groß und stark zu werden. Ich werde dafür sorgen, dass dir nichts fehlt.« Diese Botschaft teilt uns mit, dass wir geliebt und gewollt sind.

Allseits bekannt ist auch die Kommunikation auf der Verhaltensebene zwischen Mutter und Kind, so wie umgekehrt. Das Baby strampelt, um auf sich aufmerksam zu machen oder um der Mutter mitzuteilen, dass es sich nicht wohl fühlt, ängstlich oder aufgeregt ist. Die Mutter antwortet, indem sie über ihren Bauch streicht und leise und beruhigend mit dem Kind spricht.

Weniger bekannt und verstanden wird in den westlichen Kulturen aber die Kommunikation auf der Ebene der Sympathie. Es ist eine »intuitive« Form des Austausches zwischen Mutter und Kind, die über die Möglichkeiten von Körpersprache und Verhalten hinausgeht. Eine Bereitschaft, unseren Sinnen zu vertrauen, ist dabei gefragt.[11] Dr. Verny merkt dazu an: »Die Rationalisierung und Mechanisierung, die sich in den vergangenen Jahrzehnten über Europa und Amerika ausgebreitet hat, scheint dieses Vertrauen zerstört zu haben. Wir fühlen uns unbehaglich gegenüber den Rätseln der Natur. Wenn wir etwas nicht erklären können, dann ziehen wir vor, es zu ignorieren«.[12]

Die Mutter scheint irgendwie zu »wissen«, was wir brauchen. Dieses intuitive Wissen zeigt sich in der mütterlichen Sensibilität, welche die Gedanken und Gefühle des Kindes erspürt, sowie im Empfindungsvermögen des Kindes für die Gedanken und Gefühle der Mutter.

Emotionale Bindung entsteht oder entsteht nicht, je nachdem ob die Mutter fähig ist, auf kindliche Botschaften einzugehen. Schon im Körper unserer Mutter fangen wir versuchsweise an, uns nach jemandem auszustrecken und mit ihm in Berührung zu kommen. In den späteren Monaten ist Bewegung ganz offensichtlich ein Mittel zur Kommunikation. Wenn wir uns im Bauch unserer Mutter bewegen und sie darauf reagiert, indem sie zu uns spricht, dann gehen wir eine emotionale Bindung mit ihr ein. Eine antwortende Mutter stellt die Verbindung her und geht auf unsere ersten Bedürfnisse ein, anerkannt, getröstet und bestätigt zu werden. Durch die Bewegung drücken wir aus: »Mutter … du

Mama … hörst du mich … ich bin da … weißt du es … ist das in Ordnung???« oder »Hallo Mama, was war das für ein Lärm? Ich mag ihn nicht!!!« Wenn die Mutter ihren Bauch streichelt und besänftigend und beruhigend mit uns spricht, dann bestätigt sie uns in unserer Existenz. Wir fühlen uns wohl, und die emotionale Bindung wird von beiden Seiten geknüpft.

» *Als meine Schwester Joni, die mit ihrem zweiten Kind Peter schwanger war, damit beschäftigt war, den zweijährigen John, ihr erstes Kind, zu baden, passierte ein kleines Missgeschick. Während des Badens schlug John unabsichtlich auf Mamis Bauch und damit auch auf Peters Hintern. Peter fühlte sich offensichtlich belästigt und trat zurück. Da ließ Joni mütterliche Autorität über beide walten und rief aus: »Hört auf damit! Ich habe keine Lust, zwischen euch beide zu geraten!«.*

Lassen Sie mich die Gefühle dieser Erfahrung veranschaulichen, um sie etwas mehr aus der Perspektive des Kindes ins Auge zu bekommen. Nehmen wir an, Sie sind in Ihrem Haus in einem Schrank eingesperrt. Alle Ihre Freunde kommen vorbei, sie bringen Pizza mit, machen die Musik an, lachen und reden miteinander … nur Sie sind drinnen im Schrank. Was würden Sie tun? Wahrscheinlich würden Sie bald an die Schranktür hämmern und trommeln, um jemanden auf sich aufmerksam zu machen, damit Sie herausgelassen werden und mitfeiern können. In ähnlicher Weise ist es für uns nötig, die Aufmerksamkeit unserer Mutter zu erregen. Deshalb fangen wir an zu treten. Die mütterliche Antwort auf die Bewegung bestätigt uns in unserer Existenz. Wenn die Mutter mit mir spricht und auch den Vater auf meine Bewegung aufmerksam macht, dann stellt das sowohl zu ihr wie auch zum Vater eine immer fester werdende Bindung her. Im letzen Drittel der Schwangerschaft kann das ungeborene Kind auch von außen kommende Geräusche und Reize wahrnehmen und darauf reagieren.[13] Wenn unser Vater also liebevoll und aufmerksam mit uns redet, gehen wir auch mit ihm schon vor unserer Geburt eine Bindung ein.[14]

Aufgrund des biblischen Menschenbildes von Körper, Seele und Geist sind wir der Meinung, dass auch die Bindung an den Geist von wesentlicher Bedeutung für die gesunde Entwicklung im Mutterleib ist. Sobald unsere Eltern für uns zu beten anfangen und uns die Worte Gottes über unser Leben mitteilen, wird unser

Geist schon im Leib unserer Mutter ernährt und gestärkt.[15] Diese »spirituelle Bindung« fördert die Entwicklung unseres Geistes und bestärkt uns in unserer Lebensbestimmung.

Wenn wir alles bekommen, was wir brauchen

- körperliche Nahrung, um zu wachsen und zu gedeihen,
- gesunde Bindungen, um Beziehung mit den Eltern aufzunehmen,
- sprirituelle Stärkung, um uns auf unser ewiges Ziel und unsere Bestimmung hin auszurichten,

dann wird ein fester Grund für unser Leben gelegt. Wenn wir etwas davon nicht bekommen, erleiden wir Schaden und werden in unserer Entwicklung beeinträchtigt.

Wunden und ihre Wurzeln

»... Denn nichts ist verhüllt, was nicht enthüllt wird, und nichts ist verborgen, was nicht bekannt wird« (Mt 10,26).

Wunden, die uns im Mutterleib zugefügt werden, haben dramatische Auswirkungen bis in unser Leben als Erwachsene hinein. Das meiste, das wir über diese Verwundungen und die daraus folgenden Schäden gelernt haben, wurde uns vom Heiligen Geist in mehr als zwanzig Jahren Dienst in der Seelsorge und im Gebetsdienst aufgedeckt. Wir haben immer wieder erlebt, wie der Herr Menschen geheilt und befreit hat, wenn er etwas enthüllte und wir uns danach gerichtet haben. Das passierte nicht einmal, sondern unzählige Male. Sein Eingreifen wirkte sich immer verändernd auf das Leben aus, indem er es heilte und neue Freiheit schenkte.

Der himmlische Vater war persönlich daran beteiligt, uns im Leib unserer Mutter zu formen. Seine Offenbarung ist also die verlässlichste Informationsquelle überhaupt. In den vergangenen Jahren gab es aber auch bedeutende Forschungsergebnisse, auf die wir bereits verwiesen haben, die objektiv untermauerten, was der Herr uns gezeigt hat. [Siehe weiterführende Literatur]

Verwundungen zum Zeitpunkt der Empfängnis

Schon ganz früh, nämlich zum Zeitpunkt seiner Empfängnis, kann ein Mensch in seinem Sein verletzt werden. Es stellte sich oft heraus, dass existentielle Unsicherheit, Schuldgefühle und sinnliche Begierden in den Umständen der Empfängnis ihre

Wurzeln haben. Empfängnis außerhalb der Ehe, Empfängnis durch Vergewaltigung, Schändung oder in einer Atmosphäre von sexueller Perversität, all das schlägt tiefe Wunden. Oft ist die Mutter von Schuldgefühlen gequält und steht unter großem seelischen Druck, was nicht verwunderlich ist. Das Kind aber fühlt, was immer die Mutter fühlt.[16] Dazu kommt der Eindruck: »Ich bin die Ursache für Mutters Gefühle«. Das führt darauf hinaus, dass sich das Kind schuldig fühlt.

Wenn Sie auf diese Weise verletzt worden sind, dann leben Sie möglicherweise unter einer dunklen Wolke von Schuldgefühlen. Vielleicht denken Sie falsch über Ihre Existenz und fühlen sich gedrängt, Ihr Lebensrecht erst verdienen zu müssen, indem Sie anderen gefällig sind. Unbewusst versuchen Sie, die Fehler Ihrer Eltern wieder gutzumachen und deren Verantwortung zu übernehmen. Verletzungen bei der Empfängnis hinterlassen emotionale Narben, die Ihr ganzes Leben überschatten können.

» *Ulrich wurde von sexuellen Begierden und von tiefen Schuldgefühlen gequält. Er konnte bereuen, fasten und beten so oft er wollte, frei wurde er nie. Als er zu uns um Hilfe kam, baten wir den Herrn darum, doch die tiefste Ursache dieser immer wiederkehrenden Not seines Lebens aufzudecken. Der Heilige Geist ließ ihn ein Bild eines winzigen Embryos sehen, das von einer schwarzen Wolke überschattet war. Wir beteten weiter und baten um eine Erklärung dieses Bildes. Er offenbarte, dass Ulrich als uneheliches Kind in einer Atmosphäre von perverser sexueller Lust gezeugt worden war. Ulrich bestätigte, dass er bereits unterwegs war, als seine Eltern heirateten und dass sexuelle Perversion in seiner Familie nichts Ungewöhnliches sei. Seine Zeugung in einer sexuellen Begierde, zusammen mit der seit Generationen bestehenden sexuellen Perversion und den alles überschattenden Schuldgefühlen über die unerlaubte sexuelle Begegnung seiner Eltern, all das wirkte sich verheerend auf Ulrichs Leben aus. Die Dunkelheit, die Ulrich im ersten Moment seines Lebens umgab, verschwand sofort, als ihm der Herr zeigte, dass auch er in diesem Augenblick da war. Sein Leben war von Gott gewollt, auch wenn es die Umstände bei seinem Lebenseintritt nicht waren. Denn Gott selbst hatte Ulrich ins Leben gerufen. (Siehe Jes 43,1; Gen 2,7; Joh 1,13) Gott, der Vater blies seinen Lebensatem in Ulrich hinein, und so wurde er zu einem lebendigen Wesen (Gen 2,7). Sein Leben war kein Zufall, denn sein himmlischer Vater hatte es geplant. Dieser Vater nahm ihn für sich in Anspruch und barg ihn in seinen Händen. Plötzlich änderte sich das Bild, und Ulrich sah sich selbst in einem farbenprächtigen Energieausbruch ins Leben treten, feierlich und rein. Die Dunkelheit verschwand vor der Anwesenheit des ewigen Vaters. Von diesem Augenblick an war Ulrich von der drückenden Belastung durch sexuelle Begierden und Schuldgefühle befreit. Zum ersten Mal in seinem Leben fühlte er sich sauber. Wir forderten ihn auf, die sexuelle Perversion im Namen Jesu von sich zu weisen und stellvertretend für seine Vorfahren Gott um Vergebung dafür zu bitten (Siehe Nachtrag B). Indem er den Herrn um Vergebung für die Schuld seiner Vorfahren bat und ihnen auch selbst vergab, machte er die Tür für das Erbe von Schuld und Tod zu und nahm das Erbe des Lebens durch Jesus Christus in Empfang (s. Gal 3,13). In den folgenden Tagen versuchte ihn der Feind noch einmal mit Bildern der sexuellen Begierde zu überfallen. Aber als Ulrich widerstand, floh er vor ihm (s. Jak 4,7): der Besitzanspruch war gebrochen. Ulrich wusste, dass er frei war und im Namen Jesu gesiegt hatte.*

Verletzungen aus dem Bindungsprozess

Verletzungen, die häufig im Verlauf der Bindung auftreten, haben ernsthafte und schädliche Auswirkungen im späteren Leben zur Folge: Unsicherheit, Ablehnung, existentielle Probleme, autistisches Verhalten und Ängste.

Unsicherheit über die Existenz

Existentielle Unsicherheit geht zurück auf starke zwiespältige Gefühle der Mutter über ihre Schwangerschaft und damit auch über das Leben des Kindes. Das bedeutet nicht, dass jede Mutter, die flüchtige Befürchtungen über eine unerwartete Schwangerschaft hat, damit auch ihr Kind verletzt. Es geschieht eher durch den Eindruck, der durch ausgedehnte und fortwährende Zwiespältigkeit oder Ablehnung hervorgerufen wird.[17] Eine Mutter, die ambivalente Gefühle über ihre Schwangerschaft hat, sendet möglicherweise doppelte Botschaften aus: »Ich bin mir nicht sicher, ob ich dich haben will … manchmal schon … manchmal nicht«. Solche Botschaften verwirren das Kind. Dauert diese Zwiespältigkeit lange an, vielleicht sogar über die ganze Schwangerschaft, dann wird auch das Kind über seine Existenz und Zugehörigkeit zwiespältig denken. »Wenn meine Mutter nicht ganz sicher ist, ob ich da sein soll … dann bin ich es auch nicht«.

Das Kind im Mutterleib ist so empfindsam, dass sogar schwach ambivalente mütterliche Gefühle der Mutter, die über einen längeren Zeitraum oder während der ganzen Schwangerschaft andauern, einen unauslöschlichen Eindruck im Kind hinterlassen.[18]

Diese zwiespältige Mischung von Botschaften kann Ihnen die ganze Sicherheit über Ihre Existenz und die Gewissheit über Ihre Zugehörigkeit wegnehmen. Wenn Sie um Ihre Existenz kämpfen, dann sind Sie nicht in der Lage, voll ins Leben einzusteigen. Sie existieren dürftig an der Oberfläche des Lebens dahin. Und es ist sehr schwierig für Sie, wirklich zu leben und sich sicher und verankert zu fühlen.

Unsicherheit über die eigene Identität:
Unsere männliche bzw. weibliche Identität liegt im Zentrum dessen, wer wir sind. Sie ist wesentlich für unsere Sicherheit als Person. Der Ausruf »Es ist ein Junge!« oder »Ein Mädchen!« verkündet unsere Geburt. Unsicherheit über die Identität ist eine Folge davon, dass Sie von einem Elternteil, oder auch von beiden, ursprünglich abgelehnt wurden. Wenn Ihre Eltern einen Jungen haben wollten, Sie aber ein Mädchen sind, oder umgekehrt, dann haben Sie wahrscheinlich keine Sicherheit über Ihre Identität. Sie sind nicht ganz sicher, wer Sie sein sollen. Was immer Sie in Ihrem Leben erreichen, Sie fühlen sich nicht gut genug. Weil Sie in Ihrer Identität »nicht gut genug« sind und niemals der Junge oder das Mädchen sein können, das sich die Eltern gewünscht haben. Deshalb überschattet Unsicherheit Ihr Leben.

Ablehnung:
Ständig abgelehnt werden oder andere ablehnen gefährdet die Beziehungsfähigkeit eines Menschen ernstlich. Ablehnung heißt, nicht angenommen, beachtet und geliebt zu werden usw. und kann dazu führen, dass ein Mensch sich wertlos fühlt. Wenn Sie Ablehnung kennen, »so lange Sie sich überhaupt erinnern können«, dann hat sie sehr wahrscheinlich bereits im Mutterleib angefangen. Das Kind spürt die Ablehnung in den mütterlichen Gedanken und Gefühlen, in manchen Fällen hat es auch die väterliche Ablehnung wahrgenommen. Durch die Bindung werden dem Kind Botschaften folgender Art übermittelt: »Ich will dich nicht haben ... du bist lästig ... nicht geplant ... nicht willkommen ... abgelehnt ... geh weg«. Sie rauben ihm das Sicher-

heitsgefühl, angenommen zu sein, wie auch die Gewissheit über seine Geborgenheit. Ein ungewolltes Kind erwartet mit der Zeit, abgelehnt zu werden. Es wird im Laufe der Jahre anfangen, sich zu seinem Selbstschutz ein abwehrendes Verhalten zuzulegen. Noch bevor Sie selbst abgelehnt werden können, fangen Sie an, andere abzulehnen. Dieses Problem der Furcht vor Ablehnung kann vieles verkomplizieren. Indem Sie versuchen, von anderen möglichst nicht abgelehnt zu werden, räumen Sie ihnen unangemessene Macht über Ihr Leben ein. Wenn Eltern unsere Existenz oder unsere Identität ablehnen, werden wir uns niemals richtig wohl in unserer Haut fühlen. Wir geraten unter den Einfluss des «Geistes der Ablehnung«, der dafür sorgt, dass wir immer weiter abgelehnt werden und allmählich eine Opferhaltung im Leben annehmen. Wir haben dramatische Veränderungen im Leben einzelner Menschen beobachten können, sobald sie von diesem »Geist der Ablehnung« befreit worden sind. Die Gegenwart des Herrn auch im Mutterleib verändert unsere Wahrnehmung. Ablehnung und Angst werden durch Annahme und Zuneigung ersetzt. Das ist die Realität der Vaterliebe Gottes, die »vollkommene Liebe, welche alle Angst austreibt«.

Existentielle Probleme

Existentielle Probleme einer anderen, schwerwiegenderen Art sind solche, die mit der Unterdrückung durch den »Geist des Todes« zu tun haben. Wir sind im Laufe der Jahre Hunderten von Menschen mit dieser Not begegnet, und sie hatte bei allen ihren Ursprung im Mutterleib. Wie kann es dazu kommen? Hier fanden wir verschiedene Möglichkeiten.

In direkter Weise kann es sich als Abtreibungsversuche gegen das Leben eines Kindes richten. Dieser direkte Angriff auf das Leben des Kindes öffnet eine Tür, durch die der »Geist des Todes« herein gelangen kann, um das Kind anzugreifen. In diesem Fall, um das Leben des Kindes zu bedrohen. Wenn es ihm nicht gelingt, das Leben des ungeborenen Kindes zu nehmen, so wird er fortfahren, diesen Menschen zu bedrücken und ihn immer in die Nähe des Todes zu drängen.

Auch durch »Todeswünsche« oder »Flüche« kann diese Bedrückung über das Leben eines Menschen kommen. Wenn die Mutter oder sonst jemand einen Fluch oder einen Todeswunsch über dem ungeborenen Kind ausspricht, kann sich auch hier der Feind einklinken und versuchen, den Fluch zu erfüllen.

» *Helga kämpfte täglich ums Überleben. Schwer depressiv, war der Wunsch zu sterben ihr ständiger Begleiter. Von früh bis spät wurde sie von Fragen folgender Art gequält: »Warum hat Gott das den Menschen angetan? Warum müssen wir leben, wenn es so unangenehm und so enttäuschend ist?«. Im Gebet baten wir den Herrn, uns zu zeigen, woher das kommt. Helga sah sich im Leib ihrer Mutter und sie »hörte« ihren Vater sagen, er wünschte, dass sie und ihre Mutter nicht am Leben wären. Diese Worte waren ein Fluch über Helgas Leben, der ihr das Leben versperrte und die Tür für den »Geist des Todes« öffnete. Als wir den Herrn baten, seine Gegenwart zu offenbaren, änderte sich das Bild vollkommen. Helga wusste, dass der Herr bei ihr war und dass Gott Vater sie liebte und haben wollte. Sie fühlte, wie ein großes JA zu ihrem Leben in ihr Herz kam, das von ihrem wahren Vater ausging, dem ewigen Vater, von Gott. Die bedrängenden Fragen haben damit aufgehört und die Depression ist verschwunden. Die Hoffnungslosigkeit hat Platz gemacht für die Freude am Leben.*

Auch okkulte Praktiken über dem ungeborenen Kind machen den Weg frei für dämonische Unterdrückung. Diese offenen Angriffe sind leicht zu erkennen, aber es gibt auch raffiniertere Arten, wie sich der »Geist des Todes« Zutritt verschaffen kann. Der Herr hat gezeigt, dass auch bei vorausgehender Fehlgeburt oder Schwangerschaftsunterbrechung, wenn der Tod also bereits einen Sieg im Mutterleib errungen hatte, das danach empfangene Kind von diesem Todesgeist bedrückt wird.

Ein Mensch kann von diesem »Geist des Todes« tyrannisiert werden, ohne es zu merken, weil er das Leben anders gar nicht kennt. An bestimmten Dingen im Leben eines Erwachsenen lässt es sich aber ablesen. Wenn Sie Ihr Leben nach hinten überblicken und ein Muster von »todesnahen« Unfällen und Krankheiten erkennen, dann gibt es diesen »Geist des Todes« in Ihrem Leben. Ein weiteres Kennzeichen ist es, in großer Bedrückung »die »Stimme des Todes« zu hören, die Versuchung zum Selbstmord. Das kann ein flüchtiger Gedanke sein oder auch treibender Zwang. Aktiver Selbstmord will tatsächlich dem Leben ein Ende setzen. Passiver Selbstmord äußert sich in Sorglosigkeit darüber, ob man lebt oder stirbt, sodass wir häufig in Unfälle verwickelt werden. Die »Stimme des Todes« kann verführerisch, täuschend oder sogar »religiös« klingen.

Eine junge Frau, der ich in der Seelsorge begegnete, hatte eine schwere Kindheit hinter sich und stand nun wieder davor, den Mann zu verlieren, den sie heiraten wollte. In ihrem Schmerz seufzt sie: »Es reicht! Das Leben ist einfach zu schmerzhaft. Ich möchte nur mehr nach Hause gehen und beim Herrn sein!«. Das Problem damit ist, dass sie dazu aber sterben müsste. Die »Stimme des Todes« in religiöser Verzerrung! Der Feind weiß, wenn er uns dazu bringen kann, dem Tod zuzustimmen, dann hat er den halben Sieg schon in der Tasche. »Leben und Tod sind in der Macht der Zunge«.

Sogar wenn das in Ihrem Leben zutreffen sollte, so vergessen Sie nicht, dass der Vater darauf wartet, Ihnen Freiheit zu schenken. Sein Geist des Lebens verschlingt den Tod. Sobald der Feind entdeckt ist und seine Werke ans Licht gebracht werden, hat er verloren. Er kann nur in der Dunkelheit und im Verborgenen wirken. Und was der Herr aufdeckt, das heilt er auch.

Im autistischen Gefängnis eingesperrt sein

Eine weitere verletzende Erfahrung, die in direktem Bezug zur fehlenden Bindung im Mutterleib steht, ist das Gefängnis des »Autismus«. Damit ist nicht der schwere psychotische Autismus gemeint, der oft auf neurologische Schäden zurückgeht, sondern eher eine Blockierung des normalen Entwicklungsprozesses. In den vergangenen Jahren sind wir in der Seelsorge unzähligen Menschen begegnet, die in ihrem Leben davon beeinträchtigt waren. Die emotionale Bindung tritt, wie schon erwähnt, nicht automatisch ein und kann daher eingeschränkt sein oder ganz fehlen. Die Kommunikation im Mutterleib geht in beide Richtungen, vom Kind zur Mutter und von der Mutter zum Kind.[19] Wenn Sie sich als Kind nach der Mutter ausstrecken und sie darauf eingeht – kein Problem. Machen Sie das aber immer wieder ohne Erfolg, dann werden Sie sich verlassen und isoliert fühlen. Um zu überleben, ziehen Sie sich in sich selbst zurück und beschließen, alleine zurechtzukommen. Viele Menschen haben aus den verschiedensten Gründen diese Gefühle der Verlassenheit im Mutterleib erlebt. Manche umständehalber, andere deshalb, weil die Mutter unfähig zur Beziehungsaufnahme mit dem Kind war. Wenn sie mit ihrer Mutter Kontakt aufnehmen wollten, gab es keine Antwort, keine Verbindung, kein emotionales Andocken. Hindernis auf Seiten der Mutter kann sein, dass zur eigenen Mutter keine emotionale Bindung bestand oder dass ihre Aufmerksamkeit durch seelische Erschütterungen vom Kind abgelenkt wurde. Das Gleiche gilt von Gemüts- und Geisteskrankheit oder »eingefrorenen Gefühlen« im Leben der Mutter, die auf Wunden aus ihrer eigenen Vergangenheit zurückgehen. Das Kind erlebt also ganz real im Leib seiner Mutter, wie es im Stich gelassen und in die Isolierung gedrängt wird, wie der entscheidende erste Versuch, emotionalen Kontakt aufzunehmen, misslingt.

Um das ertragen zu können, entwickelt sich das Kind rückläufig und schließt sich innerlich in sich selbst ein. Es richtet seine Aufmerksamkeit anstatt nach außen nach innen. Dabei wird es in eine Art autistisches Gefängnis »eingeschlossen«, das bis in die Erwachsenenzeit hinein bestehen bleibt. Später äußert sich das im Leben mancher Menschen so, dass sie immer das Gefühl haben, außerhalb zu sein und nur von außen zuzusehen. Sie möchten dazugehören, haben aber nicht die leiseste Ahnung, wie das anzustellen ist. Niemals scheinen sie irgendwo hinzugehören. Sie wurden nicht willkommen geheißen im Leben, da ihr Sein im Leib ihrer Mutter nicht bestätigt worden ist. Sie haben Schwierigkeiten, emotionale Beziehungen einzugehen oder aufrechtzuerhalten, besonders Liebesbeziehungen, weil es keine Grundlage für die gefühlsmäßige Bindung in ihrem Leben gibt. Wenn die ersten Versuche, eine emotionale Bindung einzugehen, nicht erfolgreich sind, gibt es kaum eine Basis, auf der man nennenswerte spätere Gefühlsbeziehungen aufbauen könnte. Oftmals mündet diese fehlende emotionale Bindung im Mutterleib in isolierender Einsamkeit, in dem Gefühl, von anderen wie durch eine »Glaswand« getrennt zu sein. Als Folge davon werden wir unsicher darüber, wo wir hingehören und sind nicht fähig, den für uns passenden Platz im Leben zu finden. Wir haben immer das Gefühl, nur Zuseher von außen zu sein. Im späteren Leben treibt uns diese autistische Bindung gerade dann in die Einsamkeit, wenn wir Beistand und Zuwendung am nötigsten hätten.

Sollten diese Dinge in Ihrem Leben vorkommen, so sei Ihnen nochmals versichert, dass der Herr wiederbringen kann, was verlorengegangen ist und jetzt fehlt. Es ist ihm möglich, die emotionale Bindung mit Ihnen im Mutterleib auf übernatürliche Weise herzustellen.

Nicht wissen, wo wir hingehören
Zu wissen, wo wir hingehören, ist sehr wichtig. Wenn Sie »nur von außen zugucken« und nach Ihrem Platz Ausschau halten und sich niemals wirklich irgendwo niederlassen, ist das ein Hinweis darauf, dass Sie nicht sicher sind, ob Sie überhaupt hierher gehören. Das Zugehörigkeitsgefühl kommt nicht von selbst. Es ist eine natürliche Folge davon, im Leben akzeptiert und angenommen worden zu sein. Wenn Sie nicht herzlich empfangen und in Ihrer Existenz bestätigt worden sind, so entwickeln Sie u. U. das Gefühl, Ihr Leben wäre für andere eine Zumutung und Sie gehörten nicht hierher.

Unfähig sein, enge Gefühlsbeziehungen einzugehen oder zu pflegen
Nichts tut mehr weh, als in Isolation und Einsamkeit zu leben. Es ist ziemlich frustrierend, nur einen oberflächlich freundlichen Bekanntenkreis zu haben und total unfähig zu sein, tiefe und innige Beziehungen mit anderen zu pflegen. Es ist dieses Gefühl, »ganz allein in der Masse« zu sein oder in Panik zu geraten, wenn Ihnen jemand nahe kommen möchte. Vielleicht merken Sie, dass Sie am liebsten »weglaufen« würden oder dass Sie die Beziehung manchmal absichtlich untergraben, nur um diesem Druck zu entkommen. Ein anderes verwandtes Problem besteht darin, sich auf tiefere Beziehungen wohl einlassen zu können, aber sich nicht in der Lage zu sehen, daraus eine dauerhafte Beziehung entstehen zu lassen.

Angst und Panikanfälle:
Eine Angststörung kann vorliegen, wenn jemand chronisch besorgt und unruhig darüber ist, was alles passieren könnte. Wenn das bereits Ihr ganzes Leben so geht, dann ist die Ursache im Mutterleib zu suchen.[20]

Panikanfälle sind plötzlich auftretende, periodisch wiederkehrende Angstattacken, die ohne ersichtlichen Grund in der gewohnten Umgebung auftreten. Sie können jemanden völlig aus der Bahn werfen. Die Unvorhersehbarkeit solcher Anfälle kann das Vertrauen beträchtlich aushöhlen und ständiger Angst Platz machen, da man nie wissen kann, wann die nächste Attacke kommt.

Wie Gott Vater eingreift

» *Klaus litt unter unerträglichen seelischen Belastungen. Als er zum Gebet kam, war er am Ende. Es musste sich etwas ändern. Wir wandten uns an den Herrn und baten ihn, die wahre Ursache der Qual aufzudecken. Im nächsten Augenblick sah sich Klaus in seiner Erinnerung zurück in den Mutterleib versetzt. Die Schrecken dieser Zeit wurden wieder lebendig, aber diesmal konnte Klaus wahrnehmen, dass der Herr mit ihm im Leib seiner Mutter war. Aber immer noch stand eine »Wand aus Glas« trennend zwischen ihm und dem Herrn. In seiner Verzweiflung schrie Klaus nach ihm, und augenblicklich trat der Herr durch die Glaswand, die in der Wärme seiner Liebe einfach wegschmolz. Plötzlich merkte Klaus, dass es der Herr war, der ihn festhielt und sein Leben beschützte. Es waren die ewigen Arme, die unter ihm ausgebreitet waren und ihn davor schützten, aus dem Leib seiner Mutter zu fallen und zu sterben. In der Gegenwart dieser »vollkommenen Liebe« wurde alle Angst und Furcht vertrieben. Der Herr stoppte den Adrenalinfluss, und Klaus konnte den Frieden und Trost spüren, der von ihm ausging. Er wurde von ihm in seinen Armen gewiegt, und sein verängstigtes Herz beruhigte sich. Zum ersten Mal in seinem Leben fühlte sich Klaus mit jemandem verbunden. Der Herr nahm ihn an und ging mit seinem Herzen eine Bindung ein. In diesem Moment empfing Klaus von Gott sein Lebensrecht. Klaus sollte leben, er hatte einen Platz im Königreich des Vaters und auch in dieser Welt.*
Einige Zeit später sagte sich Klaus auch los vom Geist des Todes und der Angst, die Ihn bedrückt hatten. Er brach aus dem autistischen Gefängnis aus und ging mit dem himmlischen Vater eine Bindung im Geist ein. Seine Mutter hatte in ihrer Verzweiflung Flüche und Todeswünsche über seinem Leben ausgesprochen, die Klaus nun im Namen Jesu durchbrechen und seiner Mutter vergeben musste. Schließlich konnte er erkennen, dass nicht er die Qual seiner Mutter verursacht hatte, und das zerbrach den Kummer und die Schuldgefühle, die über seinem Leben lagen. Der Herr entfaltete seine Herrlichkeit, indem er im Leben von Klaus Neues entstehen ließ: Friede, Sicherheit und Zugehörigkeit zum Leben.

Die Wahrheit erkennen und sich dem Schmerz mutig stellen:
Gehen Sie die Probleme des Erwachsenen, die in diesem Kapitel aufgezeigt wurden, noch einmal durch. Lassen sich bestimmte »Indikatoren« in Ihrem Verhalten feststellen? Es ist wichtig, die Wahrheit zu erkennen. Nur dadurch ist es möglich, geheilt und befreit zu werden.

Sehen lernen, wie es wirklich war
Wenn Sie Probleme erkannt haben, bitten Sie den Heiligen Geist, auch deren wahre Ursachen aufzudecken. Vielleicht lässt er eine bestimmte Erinnerung wieder hochkommen, einen Eindruck, ein Bild, eine gewisse Ahnung oder etwas ähnliches. Bitten Sie Jesus, sich in dieser Situation zu zeigen. Sagen Sie ihm, was Sie in dieser Situation fühlen und denken. Und hören Sie darauf, was er Ihnen zu sagen hat.

Wiederhergestellt, geheilt und befreit werden
Der Vater möchte Sie heilen und nach seiner »ursprünglichen Absicht« wieder instand setzen. Bitten Sie den Herrn, Ihnen zu zeigen, wie er diese Zeit haben wollte. Der Herr wird alles Destruktive »ausreißen«, er wird Sie heilen und von Bindungen und Bedrückungen durch den Feind befreien.

Erlöst und neu gemacht werden durch den Herrn
Bitten Sie den Herrn, Ihnen zu geben, was Sie zu dieser Zeit gebraucht hätten. Er wird den Mangel beheben und Ihre Bedürfnisse erfüllen. Auf übernatürliche Weise wird er das Fehlende in Ihrem Leben neu »einpflanzen«, dort, wo es nach seinem Plan von Anfang an hätte sein sollen.

Neue Eltern bekommen, weil Gott unser Vater ist
Der Vater wird Ihnen dazu verhelfen, dass Ihr Leben ein wirklich »erlöstes« wird. Er wird Sie täglich lehren, auf seinen Wegen zu gehen … auf den Wegen des Lebens. Gott Vater stellt zu unserem Schutz Begrenzungen auf und erzieht uns. Der Heilige Geist ist immer bei uns und vertritt den Vater, indem er uns lehrt und berät. (s. Joh 14,26) Gottes Wort ist Gottes Weg. Anerkennen Sie sein Wort als oberste Autorität in jeder Situation Ihres Lebens.

Wie Gott Vater heilt

Schritte, die wir selber gehen müssen, um seine Heilung und Wiederherstellung zu erfahren:

1. Identifizieren Sie Ihre Probleme als Erwachsener, bzw. die Symptome, die auf Sie zutreffen. [nachfolgende Tabelle]
2. Bitten Sie den Heiligen Geist, die Wurzel des einzelnen Problems bloßzulegen. Die Wurzel ist all das, was Ihnen in der Kindheit zugestoßen ist, zu einer Verletzung in Ihrem Leben führte und auf diese Weise ermöglichte, dass sich das jeweilige Problem festsetzen konnte. Wie deckt der Heilige Geist Verletzungen auf? Zum Beispiel durch Erinnerungen, ein Bild, einen vagen Eindruck, einen Gedanken oder eine andere Art, einfach »zu wissen«. [Lk 8,17]
3. Bitten Sie Jesus, dass Sie seine Gegenwart an diesem Punkt wahrnehmen können. [Hebr 13,8; Ps 31,14–16]
4. Sagen Sie Jesus, was Sie dabei fühlen, denken, erfahren. Hören Sie auf das, was er dazu sagen möchte. [Ps 91,14–16]
5. Bitten Sie Jesus, Ihnen zu zeigen, wie der Vater diese Zeit haben wollte. Er will Ihnen alles Notwendige für Ihre Entwicklung geben, um Sie heil zu machen. Er will alles wiederbringen, was an Ihnen versäumt wurde, und Sie zu dem Menschen »restaurieren«, der Sie ursprünglich nach seinem Plan sein sollten. [Jer 29,11; Mt 15,13]
6. Vergeben Sie Ihren Eltern und allen, die Sie verletzt haben. Wenn nötig, so brechen Sie die Flüche, die schon seit Generationen auf Ihrer Familie lasten. [Mt 6,14; Kol 3,13; Gal 3,13; siehe Anhang]
7. Nehmen Sie Gott Vater als Ihren Vater an. Und nehmen Sie das Erbe des Lebens in Empfang, das Jesus Christus Ihnen schenken möchte. [Joh 1,12–13; Röm 8,13–17]
8. Ergreifen Sie im Namen Jesu die Vollmacht über alle schädlichen Auswirkungen und Einflüsse in Ihrem Leben, die der Herr aufgedeckt hat. Befehlen Sie ihnen im Namen Jesu, für immer zu verschwinden. [Lk 10,19; Jak 4,7; Mk 16,17]
9. Sprechen Sie die Verheißungen aus dem Wort Gottes aus. Sie sind seine Antwort auf Ihre Bedürfnisse und Nöte. [Gal 3,14; Apg 2,39; 2 Kor 1,20]
10. Suchen Sie jeden Tag die Nähe des Vaters, um ihn als Vater zu erfahren. Bitten Sie den Heiligen Geist, Ihnen zu zeigen, wie Sie Ihr neues Leben gestalten sollen. [Hebr 12,10; Ps 68,5; Joh 14,26]

GESUNDE ENTWICKLUNG

ENTWICKLUNGSSTUFE: IM MUTTERLEIB

Wichtige Themen	Erforderliche Lernziele für gesunde Entwicklung	Merkmale beim Erwachsenen
Annahme / Ablehnung Leben / Tod: Sein oder nicht sein	Bindung / Verbindung mit der Mutter angenommen werden Leben u. Identität annehmen	Sicherheit in Existenz u. im Leben sicheres Zugehörigkeitsgefühl festes Bewusstsein, angenommen zu sein starkes Identitätsbewusstsein Sicherheit in Christus

FEHLENTWICKLUNGEN

ENTWICKLUNGSSTUFE: IM MUTTERLEIB

Wichtige Themen	Verletzungen in der Entwicklung	Symptome beim Erwachsenen
Annahme / Ablehnung Leben / Tod: Sein oder nicht sein	Ignorierung der Bedürfnisse Abwertung der Existenz ambivalente Behandlung oder Ablehnung fehlende oder unzureichende Bindung	Existentielle Problematik autistische Tendenzen Ablehnungsthematik Unterdrückung durch den Tod Angststörungen / Unsicherheit keine Sicherheit in Christus

2. KAPITEL

Vertrauen

(Die ersten sechs Monate)

» *Geboren zu werden war für viele von uns der erste Schock des Lebens. Erinnern Sie sich noch? »Mein ganzes Leben, alle neun Monate hindurch, ist es einfach wunderbar gewesen. Warmes Wasser wiegt und schaukelt mich friedlich. Das Herz meiner Mutter schlägt beruhigend oder manchmal auch aufregend schnell. Ich belästige niemanden, ich bin bloß da. Doch jetzt bin ich auf den Kopf gestellt. Es wird recht eng um mich herum. Auch das Wasser um mich herum ist plötzlich weg und ich werde mit einer klebrigen Haut »vakuumverpackt«. Ich fühle Druck … großen Druck! Von allen Seiten her werde ich eingequetscht. Es gibt keinen Platz mehr um mich herum. O nein! Ich höre jemanden rufen: Pressen!! Daraufhin werde ich noch mehr eingezwängt. O neeeiiin, ich will nicht gepresst werden!! Noch einmal höre ich: Pressen!! und immer wieder: Pressen!! Auch ich presse und kämpfe, um endlich aus diesem Gequetsche heraus zu kommen. Ein enormer Druck zwingt mich den Geburtskanal hinunter. Schließlich werde ich durch eine enge Öffnung hindurch gezwängt, wobei mein Kopf beinahe zerdrückt wird. Ich presse freiwillig weiter, um da endlich heraus zu kommen. Und plötzlich spüre ich noch einen Druck um meinen Körper herum, der mich ins grelle Licht hinaus zieht. In meiner Nase steckt etwas und auch mein Mund ist voll damit. Meine Augen werden ausgewischt. Plötzlich schneidet jemand – o nein!! – meine Nabelschnur durch!! Sie ist abgeschnitten!! Nun muss ich wirklich heftig weinen. Und ich bin erschöpft. Was geschieht denn da? Ich werde in etwas gewickelt – aua, so ein kratziges Ding!!«*

» *Das Leben! Hier ist es! Wie schön, nicht wahr? Es kommt ganz auf Ihre Perspektive an. Sicher war es kein Sonntagsspaziergang, geboren zu werden, das kann ich Ihnen verraten.*

Gott hat diese ersten Lebensmonate als eine sichere Grundlage vorgesehen, auf der sich Ihr Existenzverständnis und Ihre Identität, Ihr Selbstbild, die Sicherheit im Leben und Ihr Urvertrauen entwickeln können. Und auch so grundlegende Dinge wie die Fähigkeit zu denken, Aufgaben zu lösen und zu kommunizieren. Sind das die Bereiche, mit denen Sie in Ihrem Leben am meisten zu kämpfen haben? Wenn ja, dann gab es zu diesem Zeitpunkt Umstände, denen Sie diese Kämpfe zu verdanken haben.

Probleme beim Erwachsenen

» *Martha schluchzte so sehr, dass sie kaum sprechen konnte. »Selbstmord ist mein einziger Ausweg ... also versuchte ich mich umzubringen. Die Liebe Gottes ist für mich anscheinend nicht erreichbar. Mein ganzes Leben lang hatte ich unter schlimmen Depressionen und tiefer Hoffnungslosigkeit zu leiden. Ich möchte sterben ... Ich kann einfach nicht mehr kämpfen ... Meine Eltern haben immer erwartet, dass ich mich gut benahm und perfekt war, um von Ihnen geliebt zu werden. So lange ich nur denken kann. Ich möchte sterben ... ich kann nicht perfekt sein ... niemals werde ich gut genug sein ... ich glaube, ich sollte gar nicht existieren.«*

Wenn Eltern sich nicht darum kümmern, was vor Gott richtig ist, und ihre eigenen Bedürfnisse, Wünsche und Erwartungen auf das Kind legen, dann sind Verletzungen unausweichlich. Diese Verwundungen in den ersten Lebensmonaten führen, so wie bei Martha, oft zu der Annahme, dass es besser sei, nicht zu leben. Wenn wir auf dieser Entwicklungsstufe verletzt werden, können Unsicherheitsgefühle im Leben, zu große Abhängigkeit von anderen oder emotionale »Sendepausen« die Folge sein. Um überleben zu können, blenden wir Gefühle aus, die zu schmerzhaft für uns sind, und ignorieren sie einfach. Das bezieht sich sowohl auf unsere eigenen Gefühle wie auch auf die Gefühle anderer. Beziehungen werden damit zu einer endlosen Reihe von

Enttäuschungen. Bestimmte Bedürfnisse und Erwartungen werden niemals beachtet oder erfüllt. Es kostet viel Energie, über diese Probleme und Lösungsmöglichkeiten nachzudenken, und führt doch nicht zum Erfolg. Unter Umständen übersehen wir schon die Signale, die auf ein Problem hinweisen, und kümmern uns deshalb gar nicht darum. Wir können vor Wut explodieren, wenn wir uns bedroht fühlen oder wenn wir uns den Enttäuschungen des Lebens stellen müssen.

Alle diese realistischen Lebensbedingungen treten zwar häufig und bei vielen Menschen auf, aber sie sind nicht Gottes Plan für Ihr Leben. Sie sind bezeichnend für größere Verletzungen, die Ihnen in den ersten sechs Monaten nach Ihrer Geburt zugefügt wurden.

Lassen Sie uns zurück gehen in diese Zeit Ihres Lebens und herausfinden, was sie damals brauchten, um gesund aufzuwachsen und erwachsen zu werden.

Der gesunde Entwicklungsprozess

Die Geburt und die ersten sechs Monate danach bauen weiter auf der Grundlage auf, die bereits im Mutterleib gelegt worden ist. Da sein zu dürfen und Nahrung und Zuwendung zu bekommen, das sind die einfachen Dinge, die wir brauchen. Erst bei näherem Hinsehen entdeckt man, was das alles bedeutet. Es ist unbedingt notwendig, gepflegt zu werden und alle Bedürfnisse erfüllt zu bekommen. Gefüttert, gehalten und liebkost zu werden, ist mit Überleben gleich zu setzen, weil es um lebenswichtige Dinge für uns geht. Die Symbiose mit der Mutter ist die Beziehung, die sich um alle unsere Bedürfnisse, die auf das Überleben gerichtet sind, kümmert. Symbiose ist die Ur-Beziehung. Nach dem Willen Gottes soll sie dazu dienen, dass wir verschiedene Dinge lernen:

- zu vertrauen;
- was es heißt, in dieser Welt zu existieren;
- wer wir sind;
- wie sich das Leben anfühlt;
- was nötig ist, um zu überleben.

Die Qualität der Fürsorge, die wir innerhalb dieser symbiotischen Beziehung erfahren, drückt unserem Leben einen Stempel auf. Unser Leib und unsere Seele erhält dadurch Bedeutung und Wert

(s. 1 Thess 5,23). Da wir aus Geist, Seele und Körper bestehen, sind unsere ersten Überlebensbedürfnisse geistiger, seelischer und körperlicher Art. Gott Vater will, dass diese Bedürfnisse von unseren ersten Pflegepersonen erfüllt werden, idealerweise von Mutter und Vater. Das garantiert, dass wir nach seiner Vorstellung aufwachsen und uns entwickeln.

» *Dreißig Jahre lang hat Ralph das Leben als Last empfunden. Seiner Erfahrung nach war es sehr schwierig, immer eine Qual, nichts ging leicht. Ein hoher Kraftaufwand war erforderlich, allein um den Tag zu überstehen. Beim Gebet erinnerte der Herr Ralph an etwas, das er schon lange vergessen hatte. In der Familie hatte sich das Gespräch oft um Ralphs Geburt gedreht, bei der seine »arme Mutter eine Art Wehen-Marathon hatte durchstehen müssen«. Über zwölf Stunden lang hatte sie schwere Wehen, bevor Ralph endlich geboren wurde. Der lange Kampf der Geburt und der damit verbundene Kraftaufwand prägten Ralphs Auffassung vom Leben. Wir baten den Herrn darum, ihn die Zeit seiner Geburt noch einmal durchleben zu lassen, und er tat es. Jesus offenbarte sich dabei als der, der Ralph ins Leben zog (s. Ps 22, 9–10). Als der Herr Ralph dabei half, geboren zu werden … bat ich um eine leichte Geburt für ihn (vgl. Ex 1, 19). Ralph erlebte dabei, dass es der Herr war, der ihn draußen in der Welt in Empfang nahm, nachdem er den Leib seiner Mutter verlassen hatte (vgl. Ps 71,6). Ralph fühlte sich eingehüllt in eine überwältigende Woge des Friedens und der Sicherheit. Er durfte seine Geburt noch einmal durchleben, so wie der Herr sie ursprünglich haben wollte. Nach dieser alles verändernden Gebetszeit erlebte Ralph die normalen Konflikte und Lebenskämpfe auf ganz neue Art. Es bedurfte nicht mehr dieses riesigen Energieaufwandes, um den Tag zu überstehen. Das Leben hatte aufgehört, eine endlose Aneinanderreihung mühsamer Kämpfe zu sein. Ralph war endlich frei, das Leben so zu leben, wie Gott es sich für ihn gedacht hatte.*

Die Umstände rund um unsere Geburt können ein Raster bilden, das auf den Rest unseres Lebens Schatten wirft. Spät- oder Frühgeburt, Kaiserschnitt oder Zangengeburt – jede hat ihre besonderen Bedingungen und Begleitumstände. Sie bilden den Unterbau unseres Lebens und üben einen ständigen Einfluss aus. Auf dieser Grundlage werden die Bedingungen des Lebens von uns erfahren und wahrgenommen. Sie sind die Ursache für wiederkehrende Muster und Schwierigkeiten im Leben, die uns festhalten und eine gesunde Entwicklung behindern.

Leben und überleben

Während der ersten sechs Monate unseres Lebens sind unsere Grundbedürfnisse auf das Überleben ausgerichtet. Wir brauchen bedingungslose Pflege, Fürsorge und Aufmerksamkeit.

Die körperlichen oder physiologischen Bedürfnisse beziehen sich auf Nahrung, Schutz, Hygiene usw.

Die seelischen oder psychologischen Bedürfnisse verlangen nach Zuwendung, Liebe, Aufmerksamkeit, Trost, Zärtlichkeit usw.

Die geistigen oder spirituellen Bedürfnisse sind auf das Gebet gerichtet, Gottes Wort zu hören, durch Psalmen und Lobpreis gestärkt zu werden u. ä.

Durch Zuwendung dieser Art lernen wir verstehen, was es bedeutet, außerhalb des Mutterleibes zu existieren. Die Qualität dieser Erfahrungen beeinflusst unser Selbstwertgefühl, die Geborgenheit und die Lebensbejahung. Wir lernen jetzt zwischen innerem und äußerem Existieren zu unterscheiden.

Inneres Existieren ist ein sich selber Kennenlernen. Wir fangen an, unseren körperlichen, psychologischen und geistigen Zustand wahrzunehmen. Das geschieht, indem wir gefüttert werden und die Nahrung verdauen. Wenn Essen, Verdauen und Ausscheiden gut funktionieren ... dann ist alles in Ordnung. Wir erleben es, uns innerlich wohl zu fühlen. Die Grundlage der richtigen Selbstwahrnehmung wird dadurch gelegt, dass wir dieses innere Wohlgefühl erfahren. Das trägt in der Folge entscheidend dazu bei, ein gesundes Bild von sich selbst aufzubauen.

Äußeres Existieren heißt, alles, was außerhalb von uns selbst draußen in der Welt existiert, kennen zu lernen. Dieser Lernprozess findet statt, indem wir gehalten und gestreichelt werden. Über diese Berührung lernen wir, dass wir Arme, Beine, Füße usw. haben. Das ist die Grundlage für eine spätere Anerkennung der Grenzen zwischen uns und anderen. Wir lernen dabei auch die Welt besser kennen, ob sie ein guter oder ein feindseliger Ort ist.

Wenn man für uns betet, werden unsere sprirituellen Bedürfnisse erfüllt und unsere Seele bekommt Nahrung. Ebenso, wenn wir hören, wie Gottes Worte über uns ausgesprochen oder wie Psalmen und Lieder im Haus gesungen oder gespielt werden.

Eine solche Atmosphäre macht uns sensibel für die Gegenwart Gottes. Sie bereitet uns darauf vor, eine persönliche Beziehung mit Gott einzugehen, wenn wir aufwachsen und reifen.

Die Symbiose

Die symbiotische Beziehung zwischen Mutter und Kind nimmt eine Schlüsselstellung ein. (Schiff-Studie)[1]

Symbiose ist ein Begriff aus der Biologie. Grundsätzlich bedeutet er eine gegenseitige Abhängigkeit, wo zwei verschiedene Organismen in einer Beziehung zusammenleben, die für beide nützlich ist. Innerhalb der Beziehung werden Bedürfnisse zusammengelegt und miteinander geteilt. Die Mutter hat mütterliche Bedürfnisse, sich um das Kind zu kümmern. Das Kind braucht diese Zuwendung. In einer normalen und gesunden Beziehung erfahren also beide Partner, dass ihre Bedürfnisse befriedigt werden. Die Mutter erfährt Freude und Erfüllung, wenn sie ihr Baby versorgt. Das Kind erlebt die Zuwendung als Aufforderung, zu überleben und zu gedeihen. Es wird jetzt eine feste Grundlage für das Urvertrauen errichtet. Symbiose ist für das Kind eine notwendige Bindung, um zu überleben. Sie ist für das Kind mit Überleben gleichzusetzen und muss in diesen frühen Monaten unbedingt aufrecht erhalten werden. Innerhalb der Symbiose werden lebensnotwendige Bedürfnisse erfüllt, die sich auf körperliche, seelische und geistige Zuwendung beziehen. Eine Mutter, die in ihrer eigenen Kindheit alles Notwendige bekommen hat, um gesund aufzuwachsen und sich zu entwickeln, trägt die Fähigkeit in sich, auch ihr Baby mit allem zu versorgen, was es braucht.

Zur rechten Zeit gefüttert werden

In dieser Lebenszeit werden die Grundlagen für das Denken im Erwachsenenalter und für die Fähigkeit, Probleme zu lösen, gelegt. (Hier sei auf die Studien im Anhang hingewiesen[2/3/4/5])

Eine dieser Grundlagen betrifft den Vorgang des Fütterns. Es gibt eine Fülle von Forschung über das menschlich Denken und über die Fähigkeit, Probleme zu lösen. Meine Auswahl hier darf nicht so verstanden werden, als wollte ich alle diese Forschungsergebnisse ersetzen oder widerlegen. Ich möchte vielmehr aus sachlicher Perspektive betrachten, wie sich der Fütterungsprozess auf die Fähigkeit des Erwachsenen zu denken und Probleme zu lösen auswirkt, und dabei das Hauptaugenmerk auf die wechselseitige Beeinflussung der beteiligten Personen richten.[6] Die Problemlösung des Erwachsenen kann man als das zusammenhängende Funktionieren dreier grundsätzlich notwendiger Teilbereiche umreißen: fühlen, denken und handeln. Wenn alle drei der Situation angemessen sind und sich direkt auf das Problem richten, dann wird die Aufgabe folgerichtig gelöst oder mit der Situation richtig umgegangen. Der hier angesprochene Gefühlsbereich umfasst viel mehr als nur Gefühle wie glücklich, traurig, zornig, ängstlich zu sein usw. Der Prozess des Fühlens, Denkens und Handelns schließt zwar Gefühle ein, aber darüber hinaus auch alle Signale aus der Umgebung und der bewussten Wahrnehmung, die das Nervensystem aktivieren und die bemerkt und beantwortet werden wollen.

Lassen Sie uns über den Vorgang des Gefüttertwerdens nachdenken: Was können wir von ihm über das zusammenhängende Fühlen, Denken und Handeln lernen? Welchen Beitrag leistet er in diesem frühen Alter für spätere Problemlösungen?

Wenn Säuglinge hungrig sind, erleben sie stechende Schmerzen, weil sich ihr Magen zusammenzieht. Das tut weh. Wir schreien und senden damit das Signal aus: Ich habe Schmerzen, ich brauche Hilfe, bitte kümmere dich um mich! Die Aufgabe der Mutter ist es, herauszufinden, was wir brauchen, in diesem Fall Nahrung, und dem Mangel abzuhelfen. Sie sorgt für Nahrungszufuhr. Unser Anteil ist es, zu saugen und die Nahrung aufzunehmen, damit die schmerzhaften Kontraktionen aufhören. Auch das Bedürfnis nach Nahrung wurde damit befriedigt. In den ersten drei Monaten unseres Lebens müssen wir lernen, dass zwischen dem unangenehmen Hunger, dem Schreien und dem Gestilltwerden bzw. dem Fläschchen ein Zusammenhang besteht. Wenn wir das einige Male erfahren haben, lernen wir das Richtige zu tun, um unser Bedürfnis erfüllt zu bekommen. Wir haben es geschafft, unser erstes lebensbedrohliches Problem zu lösen. Wenn die Mutter zulässt, dass wir den Hunger fühlen, bevor sie uns stillt, ermöglicht sie uns damit, unsere Gefühle erst richtig wahrzunehmen und etwas zu unternehmen, um das Problem zu lösen. Sie hat dazu beigetragen, die Grundlage für das effektive Denken und für das Lösen von Problemen in unserem Leben zu legen.

Der Prozess der Nahrungsaufnahme bezieht sich auf drei Aspekte: stechender Hunger, schreien und gestillt werden. Wir bringen sie in Verbindung mit den drei Aspekten der Problemlösung des Erwachsenen: fühlen, denken und handeln.

Im Laufe des Heranreifens wird das stechende Hungergefühl

und unsere Wahrnehmung davon auf eine höhere Ebene umgelenkt. Wir entwickeln die Fähigkeit, unsere Gefühle wahrzunehmen und entsprechend darauf zu reagieren.

Das Schreien verwandelt sich auf höherer Ebene in das Denken. Es ersetzt das Schreien als wirksames Mittel, um mit Problemen umgehen zu können.

Das Problem des Hungers wird in der frühen Kindheit dadurch gelöst, dass wir saugen. Auf höherer Ebene wird es umgewandelt ins Handeln: Eine Aktion wird gestartet, um das Problem zu lösen und das Bedürfnis zu befriedigen.

Schreien ist die Sprache des Babys

Schreien ist ein Geschenk Gottes an die kleinen Kinder ... nicht um die Eltern zu nerven, sondern damit sie mit ihrer Umwelt Kontakt aufnehmen können. Babys verfügen über unterschiedliches Weinen für ihre unterschiedlichen Bedürfnisse. Diese sollen der Mutter durch das Schreien mitgeteilt werden: Ich bin hungrig ... ich will getröstet werden ... meine Windeln sind nass ... Hilfe, mein Kopf ist eingeklemmt! ... usw. Wenn die Mutter unterscheiden kann, aus welchem Grund das Baby schreit, und entsprechend darauf reagiert, dann fühlt es sich geliebt und umsorgt. Wir wissen, dass wir in diese Welt gehören. Unsere Existenz wird bestätigt. Wir lernen, dass es normal ist, Bedürfnisse zu haben und sie erfüllt zu bekommen. Es ist unsere erste Begegnung mit der bedingungslosen Liebe. Wir bekommen alles, was wir brauchen. Dabei lernen wir auch, wie wir unsere Bedürfnisse anderen effektiv mitteilen können.

Wenn die Mutter unangemessen auf das Schreien reagiert oder sogar Dinge tut, die noch mehr Geschrei bewirken, dann lernen wir das Gegenteil. Wir gelangen zu der Überzeugung, dass wir nicht in diese Welt gehören und besser nicht existieren sollten. Etwas später in diesem Kapitel werde ich den einzelnen Problemen nachgehen, die sich für Erwachsene daraus ergeben, dass auf ihr Schreien als Baby nicht richtig geachtet wurde. Die Reaktion anderer auf unser Schreien vermittelt uns, ob wir gewollt sind und existieren sollen.[7]

Die Bedeutung des Vaters

Bis jetzt habe ich mich hauptsächlich auf die Mutter konzentriert, weil sie diejenige ist, die hauptsächlich für unser Pflege zuständig ist. Unser leiblicher Vater aber ist der erste Repräsentant Gott Vaters für uns. Die Art, wie unser eigener Vater während dieser Zeit mit uns in Beziehung tritt, wie er auf uns reagiert und sich um uns kümmert, das wird für uns zum Bild dafür, wie Gott Vater ist.

Von Rebelsky und Hanks wurde eine Untersuchung durchgeführt, wie viel Zeit von Vätern täglich darauf verwendet wird, um mit ihren Kindern zu reden, die jünger als drei Monate sind. Das Ergebnis zeigte, dass Väter im Durchschnitt täglich etwa siebenunddreißig Sekunden darauf verwenden, um mit ihren Babys verbalen Kontakt aufzunehmen.[8] Welchen Eindruck von Gott bekommen Kinder dabei vermittelt? Als Erwachsener glauben sie wahrscheinlich immer noch, dass Gott Vater nicht viel Zeit für uns hat. Wir beten ganz kurz, denn er hat ja nur siebenunddreißig Sekunden übrig und muss sich gleich wieder um so wichtige Dinge wie Hungersnöte, Kriege oder Armut kümmern. Ganz zu schweigen von Kindern, die vernachlässigt wurden oder niemals Kontakt mit ihren leiblichen Vätern hatten. Welchen Eindruck über Gott müssen sie mit ins Leben genommen haben! Es ist kein Wunder, dass einige Menschen Probleme haben, an Gott zu glauben und ihm zu vertrauen. Die Ergebnisse dieser Untersuchung bringen es klar auf den Punkt: Es ist nötig, dass Väter viel mehr Zeit mit ihren Kindern verbringen sollten. Der Vater vermittelt dem Kind ein Gefühl der Sicherheit, des Schutzes und der Identität. Diese für das Leben sehr wichtigen Dinge können kaum bei uns Fuß fassen, ohne dass der Vater ausreichend Zeit investiert.[9]

» *Agnes ist eine junge Frau, die sehr gut weiß, welchen Einfluss ihr passiver und oft abwesender Vater auf ihr Leben hatte. Er war zwar im Haus anwesend, aber Agnes konnte sich nicht daran erinnern, dass sie mit ihm je eine Beziehung hatte. Es gab weder körperliche Berührung noch Gespräche mit ihm. »Er hat mich nicht einmal zurechtgewiesen«, berichtet sie. »Ich wuchs im Glauben auf, dass Männer nutzlos, hilflos und schwach sind. Ich fühlte keine Veranlassung, Männern gegenüber meine Bedürfnisse zu äußern. Für mich schienen sie Wesen zu sein, um die man sich kümmern musste, weil sie selber anscheinend nicht dazu in der Lage waren. Einerseits trieb es mich dazu, Männer unter meine Obhut zu nehmen, andererseits aber verachtete ich sie und hatte Angst, mich auf sie einzulassen.«*

Wunden und ihre Wurzeln

Wir werden jetzt die wichtigsten der vorhin aufgezeigten Bereiche betrachten und aufzeigen, was im Leben eines Erwachsenen passieren kann, wenn er als Kind zu diesem Zeitpunkt verwundet wurde oder die ihm von Gott zugedachte Zuwendung nicht bekommen hat.

Eltern, die in ihrer eigenen Kindheit Mangel erlitten haben, können ihren Kindern nicht geben, was sie brauchen. Sie reagieren oft verwirrt, enttäuscht oder ärgerlich, wenn mehr verlangt wird, als sie geben können. Und das hat verheerende Auswirkungen.

Unsere innere Existenz

Wenn Sie Ernährungsprobleme haben, z. B. Allergien gegenüber bestimmten Nahrungsmitteln, Verdauungsprobleme, Koliken oder Ausscheidungsprobleme, dann erleben Sie sich in Ihrem Inneren als überhaupt nicht gut. Sie fangen an, sich als ungesund wahrzunehmen. Das wiederum trägt dazu bei, ein schlechtes Bild von sich selbst aufzubauen. In der Seelsorge sind wir immer wieder Menschen begegnet, die als Säuglinge Verdauungsprobleme oder Koliken hatten. Sie beschreiben sich als unsichere Menschen, die von dem alles durchdringenden Gefühl beherrscht werden, nicht gut zu sein. Irgendetwas »stimme nicht mit ihnen«.

Wunden aus der Zeit der Symbiose

Die Symbiose mit der Mutter ist die erste Beziehung, und sie wirkt sich auch am nachhaltigsten aus. Was immer hier geschieht, das ist das Modell für alle späteren Beziehungen im Leben. Wenn unsere Bedürfnisse in dieser Zeit nicht die volle Beachtung unsere Mutter fanden, werden wir unser ganzes Leben lang damit beschäftigt sein, nach der Befriedigung dieser Bedürfnisse zu suchen. Da sie aber als die Bedürfnisse eines Kleinkindes in Erscheinung treten, werden sie unerfüllt bleiben. Keiner wird je in der Lage sein, sie zu erfüllen, weil sie nur in der Zeit erfüllbar sind, in der sie ursprünglich auftraten. Dennoch hungern Menschen ihr ganzes Leben lang danach, in allen weiteren Beziehungen, die sie eingehen. Das ist einer der Hauptgründe, warum es in manchen Beziehungen so viele Enttäuschungen, Kämpfe und Konflikte gibt. Kein Mensch kann die unbefriedigten Bedürfnisse eines Säuglings nachträglich stillen. Keiner außer Jesus.

Eine Mutter, die in den ersten Monaten ihres eigenen Lebens nicht bekommen hat, was sie brauchte, wird Schwierigkeiten haben, die Bedürfnisse ihres Kindes zu erfüllen. Wenn unsere Eltern in ihrer Kindheit nicht alles bekommen haben, was für ihre gesunde Entwicklung nötig war, dann können sie auch uns dieses Nötige nicht geben.

Eltern verletzen ihre Kinder genau an der Stelle und zu dem Zeitpunkt, an dem auch sie verletzt worden sind.

Es ist so gut wie unmöglich, dass jemand im Leben etwas weitergeben kann, was er zuvor nicht selbst empfangen hat. Wir geben weiter, was man uns gegeben hat (s. Gen 8,22 und Gal 6,7). Was im Leben eines Menschen »ausgesät« wurde, das wird sich wie Samen verhalten, der in der nächsten Generation von neuem ausgesät wird.

Wenn wir von unserer Mutter in diesem Lebensabschnitt getrennt werden, sind lebenslange Probleme die Folge. Das wirkt sich besonders schwer aus, wenn sich die Trennung im ersten Lebenshalbjahr über mehrere Tage erstreckt. Zu diesem Zeitpunkt der Entwicklung hat das Kind noch kein Bewusstsein über seine eigene Existenz. Das Baby empfindet die Umgebung und besonders die Mutter, die für seine Pflege in erster Linie Zuständige, noch immer als zu sich selbst gehörig. Wenn die Mutter für lange Zeit fort ist, hat das Baby den Eindruck, ein Teil seiner selbst existiere nicht mehr. Hält die Trennung sehr lange an, kann der Säugling anfangen, körperlich zu verfallen.

»R. Spitz betonte nachdrücklich das Thema des *Hospitalismus,* der sich verheerend auf Babys auswirkt, die Mangel an mütterlicher Zuwendung und Pflege haben. Er fand heraus, dass Kinder, die den Kontakt mit der Mutter auf regulärer Basis entbehren müssen, einen Zustand zu entwickeln beginnen, den er *Merasmus* nannte. Das heißt, dass sie langsam verfallen. Es tritt ein tatsächlicher körperlicher und seelischer Verfall des Kindes ein.«[10]

Bei Erwachsenen äußert sich dieses Problem als Unfähigkeit, ihre Existenz unabhängig von anderen zu verstehen. Oft wissen sie nicht, wer sie ohne die anderen sind und fühlen sich in ihrer Rolle als Mann, Frau, Vater, Mutter usw. verunsichert.

»Goldfarb, Provence und Lipton zeigten auf, dass Babys, denen die symbiotische Bindung an eine Mutterfigur entzogen wird, unfähig zu sein scheinen, bereichernde Anregungen aus der Umgebung zu nutzen. Solche Kinder reagierten wenig oder gar nicht auf Anreize, es sei denn, es gibt einen Erwachsenen, der sie mit ihnen teilt«.[11]

Ein anderes größeres Problem tritt auf, wenn die Mutter auf unsere Bedürfnisse nicht eingegangen ist. Entweder weil sie die Pflege bewusst verweigerte, oder weil sie unsere Bedürfnisse nicht wahrgenommen hat. Bewusst oder unbewusst, das Ergebnis bleibt sich gleich: Wir werden verletzt. Für den Rest unseres Lebens bemühen wir uns, mit andern symbiotische Beziehungen einzugehen, um diesen Mangel auszugleichen.[12]

Weitere Probleme ergeben sich daraus, dass wir entweder vernachlässigt und zu wenig behütet oder zu nachsichtig behandelt und überbehütet wurden. Auch diese Umstände innerhalb der Symbiose haben zur Folge, dass wir unfrei sind. Sie regen uns dazu an, unser ganzes Leben lang symbiotische Beziehungen mit anderen einzugehen, in denen wir vernachlässigt und verlassen oder eingeengt und beherrscht werden (vgl. Röm 6,16; 2 Petr 2,19).

Sind Sie festgefahren in Verletzungen, die aus Ihrer Kindheit stammen? Gottes Wort sagt uns, dass wir in Gefangenschaft fallen, wenn wir an irgendjemand oder an irgendetwas gefesselt sind. Das wird später in dem Bericht über Martha deutlich werden. Wunden, die uns in der Zeit der Symbiose zugefügt werden, machen uns zu Gefangenen: Wir sind wie angekettet und haben nicht die Freiheit, uns so zu entwickeln, wie Gott es haben möchte; unfähig, die ganze Fülle zu ergreifen, die Gott uns zugedacht hat; dazu verurteilt, so lange Sklaven dieser Wunden und ungestillten Bedürfnisse zu bleiben, bis wir sie erkennen, beim Namen nennen und nicht länger verleugnen.

In der symbiotischen Beziehung trägt die Mutter die große Verantwortung. Sie trägt entscheidend dazu bei, unser Überleben zu sichern. In der Verantwortung des Kindes liegt es nur, zu sein, seine Bedürfnisse mitzuteilen und zu empfangen. Wenn die Mutter in ihrem Selbstwertgefühl vom Kind abhängig ist, wird sie die Fürsorgerolle der symbiotischen Beziehung nicht gern aufgeben wollen. Vielleicht versteht sie dann nicht, ihr Kind im Laufe der Entwicklung zur Unabhängigkeit zu ermutigen. Das kann zu einer ungesunden Abhängigkeit von der Mutter führen, sodass Menschen bis ins Erwachsenenalter hinein bevormundet und festgehalten werden. Die Beziehung, die von Gott vorgesehen war, unser Überleben zu sichern, verkehrt sich in eine Fessel, welche die Pläne Gottes mit dem Leben eines Menschen zerstört.

Entsprechend den Problemen aus ihrer Entwicklungszeit gehen viele Menschen an verschiedenen Stellen ihres Lebens symbiotische Beziehungen mit anderen ein. In vielen Jahren der Seelsorge ist uns aufgefallen, dass Menschen ihre Freunde oder Ehepartner, ihren Beruf oder auch andere Dinge nach diesem Muster aussuchen, um den Mangel aus der Symbiose aufzufüllen.

» *Nach acht Jahren Ehe wartete Dirk immer noch auf eine enge Gefühlsbeziehung zu seiner Frau. Aber die tiefe emotionale Nähe zu ihr, die er erwartet hatte und nach der er sich sehnte, trat niemals ein. Diese Enttäuschung machte ihn sensibel dafür, dass der Herr viel mehr für ihre Ehe bereit hatte, als sie bisher kannten. Dirk hatte mit Frauen im Allgemeinen kein Problem. Er kam mit ihnen sogar besser zurecht als mit Männern. Mit seiner Mutter hatte er eine enge Beziehung. Zu seinem Vater hatte er keine Beziehung, da er starb, als Dirk drei Tage alt war. Wir beteten miteinander und baten den Herrn, er möge die Wurzel seines Problems aufdecken. Sofort fiel Dirk der tragische Verlust seines Vaters drei Tage nach seiner Geburt ein. Wir fragten den Herrn, was er Dirk über diese Zeit zeigen wolle. Dirk begann den Schmerz seiner Mutter über den Verlust ihres Mannes zu fühlen. Er konnte auch ihre Angst spüren. Während er die Gefühle seiner Mutter nach erlebte, wurde er sich eines starken Wunsches bewusst, sich um seine Mutter zu kümmern. In diesem Moment wurde der drei Tage alte Dirk für seine Mutter zum Ersatz-Ehemann. Er würde sie trösten, sie beschützen und im Grunde bei seiner Mutter den Platz einnehmen, den sein Vater nicht mehr ausfüllen konnte. Diese Rolle des stellvertretenden Ehemannes war tief in Dirks Leben verankert und wurde auch nicht abgelegt, als Dirk heiratete. Er hatte nicht die Freiheit, mit seiner Frau eine tiefe emotionale Beziehung einzugehen, weil diese Stelle bereits von seiner Mutter besetzt war. In dieser aufgedeckten Erinnerung konnte Dirk auch den Herrn wahrnehmen. Er durchlebte diese Zeit noch einmal und durfte dabei erfahren, wie er in dieser schlimmen Zeit für ihn und seine Mutter zum Tröster, Beschützer und Versorger wurde (s. Ps 68, 5–6).*

Damit wurde es für Dirk möglich, seine Mutter an Jesus freizugeben und ihm zu vertrauen, dass er für sie wie der Ehemann sein würde, den sie brauchte (s. Jes 54,5). Dirk fühlte sich erleichtert, dass der Herr ihm die Verpflichtung abnahm, für seine Mutter sorgen zu müssen. Im abschließenden Gebet löste sich Dirk

aus allen symbiotischen Bindungen an seine Mutter, die sich nicht im Einklang mit Gottes Willen befanden. Dann betete er darum, mit seiner Frau eine wirkliche Beziehung eingehen zu können, auch auf der innigen emotionalen Ebene, die vorher von seiner Mutter belegt war.
Heute kann Dirk davon berichten, dass sich in seinen Gefühlen für seine Frau ein großer Wandel vollzogen hat. Er hat sich auf eine engere Beziehung eingelassen und kann besser auf sie und ihre Bedürfnisse eingehen. Seine Frau hatte anfänglich kein Problem in ihrer Beziehung gesehen. Sie hatte ja Dirk nie anders gekannt. Aber nachdem der Herr Dirk eine neue Freiheit geschenkt und ihn heil gemacht hat, bemerkt auch sie, dass er gefühlsmäßig viel engagierter ist als früher. Sie sagt, dass sie sich über ihren neuen Mann wirklich freute.

Jeder von uns kann von den Verletzungen geheilt werden, die er innerhalb der Symbiose erlitten hat. Wir alle können von den Fesselungen befreit werden, die uns darauf festlegen, unreifes Verhalten, Versagen, Schmerz und Selbstbezogenheit ständig wiederholen zu müssen. Wir können frei werden von diesem Muster, das nicht zulässt, dass wir gesunde und lebendige Beziehungen mit anderen eingehen und erfahren, wieviel Freude es macht, Gottes Absicht in unserem Leben zu verwirklichen.

Verletzungen aus der Zeit des Stillens
Wir haben herausgefunden, dass Erwachsene Schwierigkeiten bekommen zu denken, Aufgaben und Probleme effektiv zu lösen, wenn sie als Säuglinge nicht gelernt haben, dass Hungern, Schreien und Saugen zusammenhängen und nur miteinander zur Befriedigung des Bedürfnisses führen. Viele Menschen haben diese Probleme. In der Seelsorge kam ans Licht, dass sie oft während dieses Prozesses der Nahrungsaufnahme verwundet worden sind.

Die meisten der größeren Verletzungen gehen auf einen starr von der Mutter auferlegten Zeitplan für das Stillen zurück. Bei dieser Praxis des Stillens lernen wir, dass es nicht in unserer Macht steht, Probleme zu lösen und dass anderen die Kontrolle darüber zu übertragen ist. Sie bewirkt eine passive, pessimistische und fatalistische Einstellung gegenüber Lebensproblemen. Gott hat jedem von uns seinen eigenen Zeitplan mitgegeben. Eine innere Uhr, die nur uns allein gehört und die für unsere individuelle Entfaltung, unser Wachsen und Reifen sorgen soll. Die Mutter muss ihn erspüren und darauf eingehen. Wir sollten weniger in den Zeitrahmen eingesperrt werden, der unserer Mutter angenehm ist, sondern eher unseren eigenen entfalten dürfen, der unseren einmaligen Entwicklungsbedürfnissen viel mehr entspricht. Wenn Sie z. B. auf einen vierstündigen Rhythmus gesetzt werden, die innere Uhr aber schon nach drei Stunden daran erinnert, dass Sie hungrig sind, dann müssen sie leiden und eine Stunde lang schreien. Sie lernen dabei, dass Ihre Bedürfnisse und Gefühle unwichtig sind und niemanden berühren. Außerdem machen Sie die Erfahrung, dass es einfach zu anstrengend ist, Probleme zu lösen. Unter diesen Umständen wachsen Sie mit dem Gefühl auf, von anderen beherrscht zu werden. Sie werden dazu neigen, passiv zu sein, Ihre Gefühle zu ignorieren und Problemen auszuweichen. Ihrer Erfahrung nach kostet es viel zu viel Energie, sich mit Problemen zu beschäftigen, weil man sowieso nichts zu deren Lösung beitragen kann. Ein starrer Fütterungsplan kann einen Mensch lahm legen für den Prozess des richtigen Fühlens, Denkens und Handelns. Im späteren Leben treten infolgedessen Schwierigkeiten auf, Verantwortung zu übernehmen und sich zu bewähren.

Wenden wir uns einer weiteren Variante zu:

Wenn wir alle drei Stunden gefüttert werden, aber erst nach vier Stunden wieder hungrig sind, erfahren wir nie, was es heißt Hunger zu haben. Wir bekommen keine Möglichkeit, die Verbindung zwischen Hunger, Schreien und Saugen herzustellen, um damit das Problem zu lösen. Wenn das auf Sie zutrifft, dann sind Sie vielleicht unfähig Gefühle wahrzunehmen und damit auch nicht in der Lage, sich mit Problemen und Lebensfragen zu befassen, die nach einer dringenden Antwort verlangen. Möglicherweise ignorieren Sie diese Probleme bis zu dem Punkt, wo Sie selbst oder andere verletzt werden. Die Grundlage für das effektive Denken und das Lösen von Problemen fehlt diesen Erwachsenen. Das ist sehr frustrierend für sie, ganz zu schweigen von den potentiellen Gefahren. Jedes Kind braucht die Freiheit, sein eigenes Fühlen, Denken und Handeln zu entdecken.

Die beste Methode, ein Kind zu füttern, ist die, seine Bedürfnisse zu erkennen und darauf einzugehen ... es nach Verlangen zu füttern. Damit wird die innere Uhr in Gang gesetzt und ein natürlicher Rhythmus fängt zwischen Mutter und Kind an zu fließen. Das ist viel weniger anstrengend, als wenn die Mutter versucht, dem Kind einen künstlichen Rhythmus von außen aufzudrängen. Das Füttern nach Verlangen in den ersten Lebensmonaten bestärkt das Kind in seiner Identität. Es wird ermutigt, sich so zu entwickeln, wie es der Herr angelegt hat.

Schäden durch Ausübung von Druck

Zu viel Fremdbestimmung über das Kind kann sich zu diesem Zeitpunkt sehr negativ auswirken und weit reichende Folgen bis in sein Leben als Erwachsener haben. Um zu überleben, fangen Kinder schon in dieser frühen Lebenszeit mit Überanpassung an, wenn sie von den Eltern durch starre Fütterungszeiten oder andere Forderungen unter starken Druck gesetzt werden. Auf dieser Voraussetzung lernen wir, die Selbstbestimmung über die natürlichen, aus uns selbst kommenden Impulse und Abläufe zugunsten der Mutter aufzugeben. Dieses Verhalten wird in der Folgezeit auch auf andere Autoritätspersonen projiziert. In der Seelsorge konnten wir das immer wieder beobachten. Unter Umständen entwickeln wir ein verzerrtes Verständnis grundlegender Glaubensprinzipien ... was es heißt, unser Leben an Jesus auszuliefern, uns selbst zu verleugnen und anderen zu dienen. Werden aber unsere Bedürfnisse während dieser kritischen Lebenszeit von den Eltern oder anderen Autoritätspersonen respektiert, dann lernen auch wir andere zu respektieren und ihnen zu vertrauen.

Schreien will beantwortet sein

> *Agnes bat den Herrn aufzudecken, wo sie nach den Wurzeln der Männerproblematik in ihrem Leben suchen soll. Er führte sie zurück in eine Zeit, als sie etwa vier bis fünf Monate alt war. Agnes berichtet: »Ich liege da und schreie. Nicht aus Hunger, nur um Aufmerksamkeit zu bekommen. Damit man mich auf den Arm nimmt und an sich drückt. Als ich so schreie, beugt sich plötzlich ein Mann über mich, der irgendwie ängstlich aussieht. Es ist mein Vater, aber er geht wieder weg und lässt mich weiter schreien. Ich habe Angst und große Wut.«*

Manche Eltern sind der Ansicht, es wäre ganz in Ordnung, wenn sich ein Kind im ersten halben Jahr in den Schlaf weint. Ein anderes Missverständnis besteht darin, dass sie meinen, der Säugling würde die Eltern durch sein Schreien beherrschen. Es ist auch weit verbreitet zu glauben, dass es dem Baby nicht schadet, wenn man es lange Zeit schreien lässt. Der Bericht von Agnes zeigt, dass das aus der Sicht des Kindes anders aussieht.

Ganz allgemein müssen hier zwei Dinge berücksichtigt werden:

Erstens, dass sich eine der entscheidenden Fragen, die in diesem Entwicklungsstadium gelöst werden müssen, darauf bezieht, »ob ich leben soll ... oder ob ich nicht leben soll«. Barry M. Lester, der Direktor der Abteilung für Entwicklungsforschung im Kindesalter am Kinderkrankenhaus der Stadt Boston, stellt fest, dass »Schreien ein biologisches Signal ist, das Dringlichkeit übermittelt. Vom Verhalten her ist es ein soziales Ereignis, das die Entwicklung der Eltern-Kind-Beziehung beeinflusst.«[13]

Zweitens, dass wir durch das Schreien unsere Bedürfnisse mitteilen. Eine entsprechende Antwort darauf bestätigt uns in unserer Existenz. Wir werden ermutigt, unsere Bedürfnisse weiter zu »kommunizieren«. Wenn Schreien keine Antwort erzielt, tritt das Gegenteil ein.

Dr. Paul Chance schreibt in *Your Child's Self Esteem,* dass »einer der bedeutendsten Faktoren, welche die Selbsteinschätzung eines Kindes und seine Lebenstüchtigkeit beeinflussen, im Eingehen der Eltern auf das Schreien des Kindes liegt.«[14]

Wut ist mehr als Zorn

Wir sind vielen Erwachsenen begegnet, die ihr ganzes Leben lang mit Wutanfällen zu kämpfen hatten. Wut ist ein viel intensiveres Gefühl als Zorn. Es ist nicht beherrschbar und bricht urplötzlich aus. Ein Mensch war eben noch ganz ruhig ... und im nächsten Moment befindet er sich in einem heftigen Gefühlssturm. Meist tritt das als Reaktion auf eine angenommene Bedrohung auf. Angemessen wäre es vielleicht, zornig oder enttäuscht zu sein, aber diese Menschen explodieren vor Wut. Manche meinen, dass Wut mit angestautem Ärger zu tun habe. In Wahrheit ist sie aber eine Auswirkung schlimmer Verletzungen in den ersten drei bis sechs Lebensmonaten.

Sie entsteht folgendermaßen:

Ein Säugling in Not schreit, um diese Not zu kommunizieren. Wenn keiner antwortet, wird das Kind in manchen Fällen das Schreien steigern, um sein Bedürfnis zu betonen. Wenn immer noch keine Reaktion erfolgt, wird es anfangen lauthals zu brüllen, damit vielleicht irgendjemand hört, dass es wahrscheinlich nicht überleben wird, wenn nicht bald etwas geschieht. Die Angelegenheit hat sich inzwischen zu einer Frage über Leben oder Tod entwickelt. Das Kind erlebt sie als Bedrohung für sein Leben. Die Angst, nicht zu überleben, steigert sich bis zur Verzweiflung und bis die Wut einhakt. Schreien im Säuglingsalter teilt ein Bedürfnis mit. Es ist kein Druckmittel auf die Eltern. Es ist uns von Gott gegeben, damit wir in den ersten Lebensmonaten unsere Bedürfnisse damit signalisieren. Wenn die Kommunikation gelingt und unsere Bedürfnisse erfüllt werden, dann werden wir in unserem Sein bestärkt und zum Überleben ermutigt. Diese Sprache des Säuglings zu ignorieren, heißt sein Selbstbewusstsein und seine Fähigkeit zur Kommunikation zu schwächen. In extremen Situationen kann hier die Wut ihre Wurzeln schlagen. Seelsorge an Menschen mit Wutanfällen macht es nötig, dass der Herr mit ihnen an den Einlasspunkt zurückgeht, sich dem von der Wut überfallenen Kind zu erkennen gibt und seine Not beantwortet. Der Herr zeigt sich immer als fürsorglicher Vater, der uns gibt, was wir gerade in diesem Moment brauchen.

» *Wir beteten für Agnes und baten den Herrn, ihr zu zeigen, dass er auch da war, als diese schmerzlichen Dinge mit ihr passierten, und wie sie nach seinem Willen hätten ablaufen sollen. Agnes konnte plötzlich die beschwichtigende Stimme des Herrn hören, als er sie aufnahm und in seinen Armen hielt. Jesus wusste, was sie brauchte … Als ihr Bedürfnis erfüllt war, konnte sie sich entspannen. Sie wurde ganz ruhig und hörte auf, darunter zu leiden.*
Einige Monate später schrieb sie uns Folgendes: »Meine Angst vor Männern und meine Verachtung für sie hat aufgehört. Es zieht mich auch nicht mehr nur zu hilflosen Männern hin. Unter Anleitung des Herrn lerne ich, wie ich mit männlichen Wesen kommunizieren und positiv mit ihnen reden soll. Wie ich meine eigenen Bedürfnisse furchtlos zugeben kann. Und wie ich ihnen helfe, so zu werden, wie Gott sie haben möchte. Ich sehe sie jetzt mit ganz neuen Augen. Es ist mir möglich geworden, Beziehung mit Männern aufzunehmen, ohne mich vor ihnen zu fürchten oder sie zu verachten, und ohne sie unter meine Fittiche nehmen zu müssen. Auch meine Beziehung zu Gott Vater ist aufregend neu geworden. Noch nie war ich ihm so nahe. Ich bin eine persönliche Beziehung mit ihm eingegangen«.

Genau darum geht es. Erlauben Sie dem Herrn, die Wunden Ihres Lebens zu heilen, die Sie auch von ihm immer weiter wegtreiben.

Wie Gott Vater eingreift

Wenn der Herr nicht eingreift und uns neue Lebensmöglichkeiten schenkt, indem er alle unsere wunden Bereiche heilt, werden wir diese Wunden an unsere Kinder weiterreichen. Jeder von uns ist in seiner Kindheit verletzt worden. Aber der Herr möchte uns heilen und von diesen Fesseln befreien, die uns daran hindern, die Fülle des Lebens zu erfahren.

» *In der Seelsorge fängt Martha an zu begreifen, dass schon unmittelbar bei der Geburt starke Erwartungen auf sie gelegt wurden, wie sie zu sein hatte. Sie wusste, ihre Eltern wollten immer nur ein Mädchen haben, und mit ihr hatten sie es bekommen. Während der Geburt und in der Zeit der Symbiose musste sie sich sehr anstrengen, um die Beachtung ihrer Mutter zu erlangen. Marthas kindliche Bedürfnisse wurden ignoriert … weil die Bedürfnisse ihrer Mutter Vorrang hatten. Gleich von Anfang konnte Martha fühlen, dass eindeutig von ihr erwartet wurde, ein »süßes, kleines Mädchen« zu sein. Dann ließ der Herr sie ein Bild sehen – ein bedrückend schweres Joch auf ihren Schultern, das sie nach unten drückte. Sie strampelte sich ab unter dem Joch der Sklaverei. Das Joch waren alle Erwartungen, die man auf sie gelegt hatte, die perfekte Tochter zu sein. Es wurde ihr von ihrer Mutter aufgezwungen. Sie musste ihre eigenen Bedürfnisse zurückstellen und sich um die Bedürfnisse ihrer Mutter kümmern. Doch das war noch nicht alles. Dieses Joch der Unterdrückung war zusätzlich beladen mit Furcht, Angst und einem tiefen Schuldgefühl, dass sie eventuell versagen könnte. Der Ärger, die Enttäuschung und die Wut, die sie ihr ganzes Leben hindurch begleiteten, kamen zustande, weil ihre eigenen auf das Überleben gerichteten Bedürfnisse niemals eine normale Beachtung gefunden hatten. Diese Wut richtete Martha in Form von Selbstmordversuchen gegen sich selbst.*
Während wir weiter beten, lässt uns Martha an ihren Erfahrungen teilnehmen: »Ich kann es hören, wie Gott Vater mit großer Freude allen rundherum meine Geburt mitteilt. Der Herr hat mich sofort in Empfang genommen und an sein Herz gedrückt. Sein

Gesicht strahlt vor Liebe und Freude über mich, seine Tochter. Die einzig mögliche Pose, die ich in diesem Augenblick einnehmen kann, ist es einfach da zu sein … Ich muss nichts tun, mir seine Liebe zu verdienen, kann es auch gar nicht, ich bin ja eben erst geboren. Dennoch kann er sich vor Freude gar nicht fassen über nichts als die Tatsache, dass ich ins Leben gekommen bin. Ich fühle überwältigende Liebe!! Und solche Freiheit!! Ich habe rein gar nichts getan, mir diese Liebe zu verdienen. Das Joch der Unterdrückung, das vierunddreißig Jahre lang auf mir gelastet hat … es ist zerbrochen. Es ist weg! Und damit auch Angst, Furcht und die Schuldgefühle über mein Versagen. Ich fühle mich umsorgt. Gott, mein Vater, wird sich um alle meine Bedürfnisse kümmern. Ja, ich gehöre in diese Welt. Ich soll leben und zu dem Menschen werden, als der ich von Gott geschaffen wurde«.
Fünf Jahre später berichtet Martha, dass es immer noch anhält: »In einem Wort … Freiheit! Ich habe die Freiheit, etwas zu probieren und die Freiheit, dabei zu versagen. Ich bin frei, von anderen Liebe zu empfangen, ohne sie in Frage zu stellen. Ich habe die Freiheit, mich selbst zu mögen und nein zu sagen, ohne mich abgelehnt zu fühlen«. Und sie fährt fort: »Der Dreh- und Angelpunkt war in erster Linie eine gewaltige Veränderung meiner Denkweise. Gott liebt mich! So wie ich bin. Er liebt mich wirklich!! Dieser Gedanke hat angefangen, die dunkle Wolke der Bedrückung, die sich immer in mein Leben schlich, wenn ich einer Sache nicht genügte, mehr und mehr aufzuhellen. Jetzt ist es ganz hell um mich herum! Ich möchte leben und anderen Hoffnung weitergeben.«

Während wir an diesem Buch schreiben, hält sich Martha und ihre Familie in Bosnien-Herzegovina auf, um der notleidenden Bevölkerung dort zu helfen. Sie kann jetzt das tun, was sie sich von ganzem Herzen gewünscht hat: Nämlich andere teilhaben zu lassen an dem, was Gott in ihrem Leben neu gemacht hat, und den Hoffnungslosen Hoffnung zu bringen. Dem Herrn sei Lob und Dank dafür. Martha ist, so wie Agnes und Dirk, nur eine von vielen, denen der Herr begegnet ist, um sie in die Freiheit zu führen.

Wir durften miterleben, wie zuverlässig sich der Herr zerbrochener und verwundeter Menschen angenommen hat, und wie er ihr Leben wieder aufregend lebendig gemacht hat. Wir können uns darauf verlassen, dass wir ihn in jeder schmerzvollen

Situation unserer verwundeten Vergangenheit antreffen werden. Er berührt diese Zeit des Schmerzes und macht alles wieder gut und neu. Es gibt nichts, das der Herr nicht anrühren und heilen könnte. Er wird es nie ablehnen, die Wunden zu heilen, die in unserem jungen Leben Schmerz und Tränen verursacht haben. Er versichert uns genau das Gegenteil (vgl. Ps 56,8; Mal 3,16; 2 Kö 2o,5).

Wahrheit: den Schmerz erkennen
Sehen Sie sich die Probleme des Erwachsenen an, die in diesem Kapitel identifiziert wurden. Ist irgendetwas davon in Ihrem Leben zu erkennen? Gehen Sie die Liste noch einmal durch und bitten Sie den Herrn, Sie erkennen zu lassen, was auf sie zutrifft. Die Wahrheit ist der einzige Weg, der in die Freiheit führt.

Aufdeckung: in die Vergangenheit hinabsteigen
Was in unserer frühen Kindheit geschah, bleibt ein Geheimnis für uns. Wir können uns an diese ersten Monate nicht erinnern. Aber die Erfahrungen dieser Zeit hinterlassen einen bleibenden Eindruck auf unserem Wesen, der sich bis in unser Erwachsensein auswirkt. Wir sind auf den Heiligen Geist angewiesen, damit er uns enthüllt, was in dieser frühen Zeit Wurzeln geschlagen hat. »Bittet, dann wird euch gegeben ... « (Mt 7,7). Bitten Sie Jesus, dass auch er sich in dieser Erinnerung ... Eindruck ... Bild ... in der aufsteigenden Ahnung usw. enthüllt. Die Anwesenheit des Herrn verändert die Dinge.

Wiederherstellung: geheilt und befreit werden
Der Prozess der Wiederherstellung fängt an zu wirken, indem uns Jesus den Vater enthüllt. Der Vater sehnt sich danach, uns zu heilen und uns die ganze Zuwendung zukommen zu lassen, die wir in dieser Zeit gebraucht hätten. Unser Urvertrauen, auch das Vertrauen in Gott, wurde durch die Vorkommnisse dieser Zeit schwer beschädigt. Es ist also leicht zu verstehen, warum diese Stufe so wichtig für uns und für unsere Beziehung zum Vater ist. Der Herr verspricht, dass er antworten wird, wenn wir um Hilfe schreien (vgl. Jes 30,19).

Erlösung: Der Herr pflanzt wieder ein
Die Erlösung rettet alles Verlorene: den Verlust des Vertrauens, der Fähigkeit, Probleme zu lösen, der Selbstachtung und der

Fähigkeit zur Kommunikation. Jesus bringt alles wieder, was uns gestohlen wurde. Indem er übernatürlich in unser Leben hinein bringt, was uns der Vater immer schon zukommen lassen wollte ... indem er unsere Persönlichkeit wieder ganz gesund macht.

Einen neuen Vater bekommen

Die Heilung und Wiederherstellung befreit uns dazu, dass wir anfangen erwachsen und reif zu werden. Ein weiteres Hindernis für den Prozess der Reife ist beseitigt und wir erleben die »Kraft«, in Freiheit zu leben. Die Beziehung zum Vater ist lebensnotwendig, nachdem wir in dieser Entwicklungszeit von ihm geheilt wurden. Suchen Sie seine Nähe und lernen Sie ihn kennen, wie er wirklich ist. Vertrauen und Glauben entwickeln sich im vertrauten Umgang mit dem Vater. Wenn er zu unserem Vater wird, werden unsere kindlichen Bedürfnisse erfüllt, unsere ängstlichen Herzen beruhigt, und der Friede, der alles Verstehen übersteigt, macht unser Leben sicher und geborgen in ihm.

Wie Gott Vater heilt

Schritte, die wir selber gehen müssen, um seine Heilung und Wiederherstellung zu erfahren:

1. Identifizieren Sie Ihre Probleme als Erwachsener, bzw. die Symptome, die auf Sie zutreffen. [nachfolgende Tabelle]
2. Bitten Sie den Heiligen Geist, die Wurzel des einzelnen Problems bloßzulegen. Die Wurzel ist all das, was Ihnen in der Kindheit zugestoßen ist, zu einer Verletzung in Ihrem Leben führte und auf diese Weise ermöglichte, dass sich das jeweilige Problem festsetzen konnte. Wie deckt der Heilige Geist Verletzungen auf? Zum Beispiel durch Erinnerungen, ein Bild, einen vagen Eindruck, einen Gedanken oder eine andere Art, einfach »zu wissen«. [Lk 8,17]
3. Bitten Sie Jesus, dass Sie seine Gegenwart an diesem Punkt wahrnehmen können. [Hebr 13,8; Ps 31,14–16]
4. Sagen Sie Jesus, was Sie dabei fühlen, denken, erfahren. Hören Sie auf das, was er dazu sagen möchte. [Ps 91,14–16]
5. Bitten Sie Jesus, Ihnen zu zeigen, wie der Vater diese Zeit haben wollte. Er will Ihnen alles Notwendige für die Entwicklung geben, um Sie heil zu machen. Er will alles wiederbringen, was an Ihnen versäumt wurde, und Sie zu dem Menschen »restaurieren«, der Sie ursprünglich nach seinem Plan sein sollten. [Jer 29,11; Mt 15,13].

6. Vergeben Sie Ihren Eltern und allen, die Sie verletzt haben. Wenn nötig, so brechen Sie die Flüche, die schon seit Generationen auf Ihrer Familie lasten. [Mt 6,14; Kol 3,13; Gal 3,13; siehe Anhang]
7. Nehmen Sie Gott Vater als Ihren ewigen Vater an. Und nehmen Sie das Erbe des Lebens in Empfang, das Jesus Christus Ihnen schenken möchte. [Joh 1,12–13; Röm 8,13–17]
8. Ergreifen Sie im Namen Jesu die Vollmacht über alle schädlichen Auswirkungen und Einflüsse in Ihrem Leben, die der Herr aufgedeckt hat. Befehlen Sie ihnen im Namen Jesu, für immer zu verschwinden. [Lk 10,19; Jak 4,7; Mk 16,17]

GESUNDE ENTWICKLUNG

ENTWICKLUNGSSTUFE: GEBURT BIS 6 MONATE

Wichtige Themen	**Erforderliche Lernziele für gesunde Entwicklung**	**Merkmale beim Erwachsenen**
Existieren / Urvertrauen Grundlage des Selbstverständnisses Grundlage der Problemlösung Grundlage der Kommunikation	Gesunde Symbiose mit der Mutter bedingungslose Liebe innere u. äußere Existenz festlegen Fühlen, Denken und Handeln zusammenfassen kommunikationsfähig werden	Vertrauen in Gott Vater Aufnahme gesunder Beziehungen Sicherheit in Beziehungen Gefühle identifizieren/ auf gesunde Art ausdrücken innere und äußere Grenzen anerkennen anderen vertrauen

9. Sprechen Sie die Verheißungen aus dem Wort Gottes aus. Sie sind seine Antwort auf Ihre Bedürfnisse und Nöte. [Gal 3,14; Apg 2,39; 2 Kor 1,20]
10. Suchen Sie jeden Tag die Nähe des Vaters, um ihn als Vater zu erfahren. Bitten Sie den Heiligen Geist, Ihnen zu zeigen, wie Sie Ihr neues Leben gestalten sollen. [Hebr 12,10; Ps 68, 5; Joh 14,26]

= zutreffend

FEHLENTWICKLUNGEN

ENTWICKLUNGSSTUFE: GEBURT BIS 6 MONATE

Wichtige Themen	Verletzungen in der Entwicklung	Symptome beim Erwachsenen
Existieren / Urvertrauen Entstehung des Selbstbildes Grundlagen der Problemlösung Grundlagen der Kommunikation	Unterbrechungen der Symbiose mit der Mutter von Eltern auferlegter Fütterungsrhythmus von Eltern auferlegte Erwartungen: unangemessene Reaktion auf das Schreien Reaktionen, die das Unbehagen verstärken fehlende Reaktionen Schmerz u. Unannehmlichkeiten im Inneren	Fehlendes Vertrauen in Gott Wut Probleme mit Abwertung problematische Beziehungen fehlendes Vertrauen Schwierigkeiten zu denken und Probleme zu lösen Minderwertigkeitsgefühle schlechtes Selbstbild Unfähigkeit, Bedürfnisse mitzuteilen

3. KAPITEL

Die Welt entdecken

(Die Zeit von 6–18 Monaten)

Mir gehört die Welt!

» *»NEIN!« Die schrille Stimme seiner Mutter hielt Peter zurück, einen weiteren vergeblichen Versuch zu unternehmen, seine Umgebung zu erforschen. Er war verwirrt und enttäuscht. Sein Forscherdrang brannte danach, sich zu entfalten. Der fünfzehn Monate alte Peter erlebte viele solcher Zusammenstöße mit seinen Eltern. Diese waren sehr erfolgreiche Akademiker, die ihr Leben fest im Griff hatten und hochgeachtet waren bei allen, die sie kannten. Doch ohne dass sie es merkten, übte ihre ständige Kontrolle großen Druck auf Peter aus und machte seiner Neugierde und seinem Forscherdrang langsam aber sicher ein Ende. Auf tragische Weise unterminierten sie damit die gesunde Entwicklung seiner Motivation, Initiative, Beweglichkeit und Kreativität.*

Diese Entwicklungsstufe ist eine sehr bewegte Lebenszeit voller Wunder und durchdrungen von dem starken Verlangen, die Welt zu erfahren und zu ergründen. In der Hauptsache geht es darum, Eigeninitiative zu entwickeln und sich selbst zu motivieren, die Dinge zu begreifen und beweglich zu werden. Für eine gesunde Entwicklung ist jetzt am wichtigsten, dass wir die Welt erforschen dürfen und dabei beschützt werden. Die eigenen Antriebe und Motive müssen gestärkt werden, ohne dass ein bestimmtes Verhalten erwartet, bestraft oder sehr viel verboten wird. Wenn die Eltern ihre Zuwendung entziehen, die Beweglichkeit für lange Zeit einschränken und starken Druck ausüben, ist das genau so schädlich, als wenn sie ein bestimmtes Verhalten erwarten, das Kind bestrafen oder beim Entdecken nicht beaufsichtigen.

Probleme beim Erwachsenen

» *Als Erwachsener kam Peter in die Seelsorge und bat um Rat und Hilfe.*
Peters Unterkiefer war ganz verspannt, als er von den Kämpfen berichtete, die er mit Autoritätspersonen in seinem Leben auszutragen hatte. Zornig und enttäuscht zu sein, war ihm allzu bekannt. Zeit seines Lebens war er entweder bevormundet oder kritisiert worden, weil ihm Initiative und Motivation fehlten. Er hatte den Drang, anderen unbedingt gefallen zu wollen. Sein Wesen und die Richtung, in die ihn der Herr wies, vermischten sich mit dem heftigen Ansturm der Erwartungen und Anforderungen anderer. Ja, Peter hatte es bitter nötig, wieder mit seinen eigenen Antrieben und Beweggründen in Berührung zu kommen. Er wurde von den anderen nicht nur unterdrückt, sondern erlaubte ihnen das auch noch. Das frustrierte und bedrückte ihn zwar, war aber paradoxerweise genau das, was er am besten kannte. Entweder wurde ihm vorgeschrieben, was er wann zu tun hatte, oder man kritisierte ihn und machte ihm Vorhaltungen, weil er selber nichts in die Hände nahm. Peter war ein bedrückter und demotivierter Mensch, der sich bemühte, den anderen zu gefallen. Die Wünsche anderer und ihre Herrschaft über ihn hatten ihn in Fesseln gelegt.

Es gibt viele solcher Menschen mit ähnlichen Lebensgeschichten. Peter wird uns in diesem Kapitel noch einmal beschäftigen.

Was ist mit Ihnen in dieser Zeit passiert? Die Folgen zeigen sich in Ihrem heutigen Leben. Fehlt es Ihnen an Initiative und Motivation? Fällt es Ihnen schwer, einen Zugang zu Ihren Gefühlen zu finden? Richtet Sie Ihr Verhalten aus nach der Angst, von anderen abgelehnt oder abgewiesen zu werden? Haben Sie es gelernt, anderen zu gefallen, sogar auf Kosten Ihrer eigenen Bedürfnisse? Können Sie erkennen, wo Sie in Ihrem Leben immer wieder von anderen Menschen ausgenützt werden? Fühlen Sie sich häufig von Umständen überfahren oder gerade von den Menschen erdrückt, die Ihnen besonders nahe stehen?

Haben Sie mit Passivität, Überanpassung, Ängstlichkeit oder Sturheit zu kämpfen?

Wo sind die Ursachen für solche Verhaltensweisen bei Erwachsenen zu suchen? Diese Frage ist einfach zu beantworten, sobald man nur gelernt hat, den Entwicklungsprozess zwischen sechs und achtzehn Monaten zu verstehen.

Der gesunde Entwicklungsprozess

Die Welt um uns herum rückt plötzlich in den Mittelpunkt unseres brennenden Interesses. Wir finden aus unserer Selbstbezogenheit heraus und werden auf all das Wunderbare um uns herum aufmerksam. Das ist die Zeit, in der wir auf dem Bereich der Beweglichkeit, Initiative, Motivation, Kreativität und räumlichen Vorstellung besonders lernfähig und entwicklungsbereit sind. Um zwischen Möglichem und Unmöglichem unterscheiden zu lernen, ist es notwendig, mit Problemen konfrontiert zu werden und Enttäuschungen zu erleben. Man darf dabei nicht vergessen, dass wir in diesem Alter die Symbiose* langsam verlassen und anfangen, selbständig zu handeln.

Wir müssen dazu ermutigt werden, unabhängig von den Eltern eine eigene Motivation zu entwickeln. Es ist wichtig, dass wir nicht die Erfahrung machen, verlassen und bestraft zu werden oder die Zuwendung unserer Eltern verlieren, wenn wir uns aus eigenen Antrieben und Beweggründen aufmachen, um unsere Umgebung zu erforschen. Das erfordert wirklich eine bedingungslose Liebe, so wie uns Gott Vater liebt, und wir brauchen sie jetzt dringend. Diese Entwicklungsstufe zeichnet sich dadurch aus, dass wir eine Fülle von Informationen sammeln. Wir lernen, dass es außer uns noch viele andere Dinge gibt.

Bevor wir weitergehen, wollen wir uns eine Sache etwas genauer ansehen. Überdenken Sie das vergangene Jahr: Mit wie vielen Menschen hatten Sie zu tun, die hoch motiviert, voller Initiative und sehr kreativ waren? Welcher Prozentsatz hatte Ihrer Einschätzung nach diese Eigenschaften? Drei, fünf oder eventuell zehn Prozent? Warum nur gibt es so wenige hoch motivierte, antriebsstarke und kreative Menschen?

* Symbiose bedeutet die gegenseitig abhängige Beziehung zwischen Mutter und Kind

Motivation, Initiative, Beweglichkeit und Kreativität

In diesem Stadium der Entwicklung bauen wir Selbstmotivation, Kreativität und Eigeninitiative auf. Diese Eigenschaften müssen entwickelt, ermutigt und belohnt werden. Wir alle gehen durch dieses Stadium hindurch. Wie kommt es dann, dass sie bei so wenigen unter uns voll ausgeprägt sind? Wir haben andauernd erlebt, wie die Fähigkeit zur Selbstmotivation, Kreativität und Eigeninitiative durch Menschen ausgelöscht wurde. Wie konnte das geschehen? Weil Eltern oft die Zusammenhänge nicht verstehen, zerstören sie in ihrem Erziehungseifer unabsichtlich Motivation, Initiative und schöpferische Kreativität ihres Kindes. Unsachgemäße Erziehung kann schlimmste Folgen haben für eine Individualität, die erst in der Entwicklung begriffen ist.

Es ist wichtig, dass wir mehr auf unsere eigene natürliche Motivation zurückgreifen dürfen und dazu sogar ermutigt werden, als auf die Wünsche und Erwartungen anderer eingehen zu müssen. In dieser Entwicklungsstufe, in der die eigene Motivation erst beginnt, wird sie entweder ermutigt, sich zu entfalten, oder sie wird entmutigt und hört wieder auf. Mit unserer Motivation in Berührung zu kommen, heißt, mit uns selbst in Kontakt zu kommen. Mit ihrer Hilfe entdecken wir, was wir tun können und was nicht.

Die Welt entdecken

Wir entdecken, was es alles gibt in dieser Welt, sammeln wichtige Informationen und machen damit persönliche Erfahrungen. In dieser Zeit lernen wir auch die Bedeutung folgender wichtiger Wörter kennen: nah und fern, über und unter, hart und weich, heiss und kalt, klein und groß, kaputtgehen und verschütten. Die Grundbedürfnisse nach Zuwendung bleiben weiter bestehen und sind ebenso wichtig wie die sich neu entwickelnden Bedürfnisse, die Welt zu erforschen. Neugierig zu sein fördert die Beweglichkeit. Wir werden zu »kleinen Forschern«. Alles wird in den Mund gesteckt und probiert, wenn es klein genug ist … und auch wenn es nicht hineinpasst.

Alles wird angefasst!

Auf dieser Stufe könnte man uns als »Automaten« bezeichnen, die alles durch ihre Hände laufen lassen. Wir leben, um zu berühren und wir berühren, um zu leben. Alles Erreichbare wird angefasst und angefühlt. Wir tun das nicht, um unsere Eltern extra herauszufordern, sondern weil wir unsere Neugierde befriedigen und die Welt erforschen wollen. Alles anfassen und auch anfassen dürfen, das ist es, was uns hauptsächlich dazu ermutigt, uns auf den Gebieten der Beweglichkeit, Eigeninitiative, Selbstmotivation und Kreativität weiterzuentwickeln. Wenn es Dinge gibt, die in unseren Händen nicht gut aufgehoben sind, sollten sie nach Möglichkeit beiseite geräumt werden.

Die übliche Erziehungsmethode

Oft wird die Frage gestellt, ob man seinem Kind denn niemals »nein« sagen dürfe. Das wäre unrealistisch. Es ist ganz in Ordnung, nein zu sagen, aber die Eltern sollten nicht beunruhigt sein, wenn wir es im »zarten Alter« von zwölf bis sechzehn Monaten schnell wieder vergessen. Es bedarf vieler solcher »Neins«, uns darauf zu programmieren, die unerwünschte Aktivität einzustellen. Das Nein zu einer lebensbedrohlichen Situation ist immer angemessen. Wenn wir jedoch bei ganz normalen Dingen gewohnheitsmäßig dazu angehalten werden, uns den Regeln zu fügen, werden wir nicht lernen, wie es ist, sich selbst zu motivieren und aus eigenem Antrieb angemessene Verhaltensweisen auf diesen Gebieten zu entwickeln.

Wir möchten herausfinden, was unter, hinter, oberhalb und innerhalb eines Dinges ist. Indem wir es untersuchen, fangen wir an, die Welt um uns herum zu begreifen.

Wissenschaftliche Bestätigung

Neuere Forschungsergebnisse haben betont, wie überaus wichtig es ist, dass in dieser Entwicklungszeit möglichst viele Nerven im Gehirn miteinander verknüpft werden. Das Nervensystem und die Koordination der Muskeln entwickelt sich jetzt beim Kind am schnellsten. Nervenverbindungen schießen nur so aus dem Boden. Im *Time Magazine* vom 3. 2. 97 war zu lesen:

Neurologen sagen, dass das kindliche Gehirn durch wiederholte Erfahrungen vernetzt wird. Jedes Mal, wenn ein Baby ein verlockendes Objekt zu berühren versucht, wenn es aufmerksam ein Gesicht betrachtet oder auf ein Wiegenlied lauscht, schießen viele kleinste elektrische Impulse durch das Gehirn und verknüpfen Nervenenden miteinander, in der Art, wie etwas auf Mikrobausteine eines Computers eingewirkt wird.«[1]

Diese Verbindungen müssen immer wieder stimuliert werden, damit sie auf Dauer bestehen bleiben. Je mehr Dinge das Kind erforschen, berühren und in die Hand nehmen darf, desto mehr Nervenverbindungen werden hergestellt, desto umfangreicher wird das Nervensystem. Werden diese Verbindungen aber nicht angeregt und eingeübt, indem das Kind etwas untersucht, berührt und handhabt, dann verschlechtern sie sich, werden beeinträchtigt oder gehen ganz ein. Das Nervensystem verkümmert langsam. Das Ergebnis ist ein erheblicher Mangel, der sich später im Leben in Lernschwierigkeiten äußern kann. Oft hat das Kind dann Probleme zu lesen, zu schreiben, zu denken oder etwas zu begreifen.

Das kindliche Gehirn leidet ohne anregende Umgebung
Forscher am Medizinischen Institut in Baylor haben z. B. herausgefunden, dass Kinder, die nicht viel spielen oder nur wenig anfassen, ein um bis zu dreißig Prozent kleineres Gehirn entwickeln als die der vergleichbaren Altersgruppe.[2]

Es bedarf nur der Erlaubnis, die Umgebung ohne unnötige Einschränkung oder Erwartungsdruck auskundschaften zu dürfen, damit dieser Schaden verhindert wird. Die Beaufsichtigung des Kindes beim Entdecken verhindert, dass es sich verletzt. Dann kann sich auch nicht der Eindruck festsetzen, dass es weh tut, motiviert und unternehmungslustig zu sein.

Grundlagen für die Problembewältigung des Erwachsenen und für sein räumliches Vorstellungsvermögen:

In dieser Zeit bildet sich das räumliche Vorstellungsvermögen und die Orientierung im Raum heraus. Diese Vorstellungen sind grundlegend notwendig, damit sich das zukünftige Denken, Lernen und Bewältigen von Problemen entwickeln kann.[3] Um welche Vorstellungen geht es? Wie entstehen sie?

Sich orientieren können heißt, ein Verständnis davon haben, wie sich die Dinge im Raum befinden. Wie steht ein Stuhl im Verhältnis zum Fußboden oder zum Tisch? In welchem Verhältnis zur Wand nimmt das Sofa seinen Platz ein? Welchen Raum gibt es zwischen den hölzernen Balken des Treppengeländers? Um diese Verhältnisse richtig einschätzen zu können, müssen wir über die Dinge hinweg kriechen oder über sie steigen, um ihre Beziehung zu anderen Dingen zu erforschen. Also zwängen wir unseren kleinen Körper zwischen Couch und Wand, stecken unseren Kopf zwischen die Stäbe der Brüstung und bleiben stecken. Auf diese

Weise erobern wir uns ein »persönliches« Verständnis der Verhältnisse im Raum. Diese Entdeckungen sind notwendig, um später im Leben effektiv denken und Aufgaben bewältigen zu können. Werden wir dabei zu sehr eingeschränkt, bleiben unsere Kenntnisse über die räumlichen Verhältnisse unterentwickelt. Überängstliche oder dominante und bevormundende Eltern neigen dazu, unseren Entdeckerdrang zu stoppen und die Erkundung der räumlichen Verhältnisse zu unterbinden. Doch damit können sie bewirken, dass wir später Lernschwierigkeiten bekommen und nur schwer Probleme lösen können.

Räumliches Vorstellungsvermögen
Die zweite Fähigkeit, die wir entwickeln, ist die der räumlichen Vorstellung. Das ist das Vermögen, mir einen Stuhl, Tisch, Couch oder mein Zuhause zu denken, auch wenn sich diese Dinge nicht unmittelbar vor meinen Augen befinden. Die Fähigkeit, sich diese Dinge vorzustellen. Wenn wir uns die Wohnung eines Menschen vorzustellen versuchen, ohne sie jemals gesehen zu haben, sind wir nicht in der Lage, uns ein genaues Bild davon vor Augen zu stellen. Wenn wir etwas nicht erforscht und gesehen haben und keine Möglichkeit hatten, es zu erfahren, können wir uns diese Dinge nicht vorstellen. Etwas zu begreifen, heißt im Wesentlichen, dazu fähig sein, sich etwas bildlich vorstellen zu können. Diese Fähigkeit, ein Bild in unserer Vorstellung hervorzurufen, ist die notwendige Voraussetzung, um später effektiv zu denken und wirksame Lösungen für Probleme zu finden.

Einer der schwer wiegendsten Fehler, die man in dieser Zeit machen kann, besteht darin, uns in unserer Beweglichkeit einzuschränken oder Dinge für uns unerreichbar zu machen. Wenn wir für längere Zeit ins »Baby-Gefängnis« eingesperrt werden – auch bekannt als Laufstall oder als Baby-Hopser, der im Türrahmen aufgehängt wird –, schränkt das unsere Beweglichkeit und unser Erforschen ernsthaft ein. Unser räumliches Vorstellungsvermögen und unsere Orientierung kann beeinträchtigt werden, weil unser Gehirn in dieser Hinsicht regelrecht »Lücken« aufweist. Das Erforschen gehört nun einmal unabdingbar zu unserer Entwicklung dazu und dient in erster Linie dem Ziel, möglichst viele Gehirnfunktionen in Gang zu setzen.

»Informationen, die das Kind einsammelt, wenn es sich in seiner Welt bewegt, werden im Gehirn in eine systematische Ordnung gebracht«,

sagt William Greenough von der Universität Illinois. »Wenn es in seinen Aktivitäten eingeschränkt wird, verhindert man damit, dass im Kleinhirn Nervenenden miteinander verknüpft werden«.[4]

Die Beständigkeit der Dinge entdecken
In diesem Entwicklungsstadium lernen wir, dass man Dinge wegnehmen kann und sie dennoch weiter bestehen, oder dass eine Person den Raum verlassen kann, ohne aufzuhören zu existieren. Beim Spielen werden Dinge versteckt und wieder hervorgeholt. Wir fangen an, uns Dinge und deren Beständigkeit vorzustellen. Bis zu diesem Zeitpunkt galt »aus den Augen, aus dem Sinn«. Objekte oder Personen hörten für uns auf zu existieren, sobald sie nicht mehr zu sehen waren. Das ist die Zeit, in der die Leute gern mit uns Verstecken spielen, sich über unser Lachen freuen und wir ganz aufgeregt sind, wenn sie plötzlich wieder auftauchen.[5]

» *Jakob, ein junger Mann, kam zur Seelsorge, weil er sein ganzes Leben lang Angst davor hatte, verlassen zu werden. Der Herr offenbarte uns im Gebet, dass Jakob, als er noch keine sieben Monate alt war, von seinen Eltern am Wochenende oft zu seinen Großeltern gebracht wurde, wenn sie ausgingen. Das geschah über mehrere Monate hinweg, was später von den Eltern auch bestätigt wurde. Wenn sie Jakob von den Großeltern wieder abholten, wollte er nie gerne zu ihnen zurückkommen. Er schien Mutter und Vater nicht wiederzuerkennen. Das passierte, weil Jakob noch keine Vorstellung über die »Beständigkeit der Dinge« entwickelt hatte. Seine Eltern waren ihm irgendwie fremd, weil er sich nicht mehr an sie erinnern konnte. Im Grunde machte Jakob die Erfahrung, von seinen Eltern im Stich gelassen worden zu sein, so wie das bei allen Kindern in diesem Alter der Fall ist, wenn sie von ihren Eltern für längere Zeit allein gelassen werden. Während des Gebetes erlebte Jakob, wie ihm der Herr in dieser aufgedeckten frühen Erinnerung begegnete und von der ständigen Angst, verlassen zu werden, befreite.*

Wie schön ist es, zu kleckern!
Wir brauchen die Freiheit, so sein zu dürfen, wie Gott uns gemacht hat. Wir müssen uns so entwickeln dürfen, wie Gott es in uns hineingelegt hat. Jetzt ist die Zeit der Kleckerei. Es ist wichtig, schmutzig sein zu dürfen, ohne die Ablehnung oder Zurückweisung der Eltern spüren zu müssen. In dieser Zeit »taufen« wir

einfach alles. Es macht Spass, etwas auszuschütten. Und es ist aufregend, all das Wunderbare zu beobachten, das passiert, wenn Milch, Saft, Suppe usw. verspritzt wird. Etwas zu Bruch gehen lassen oder zermatschen ist eine prickelnd neue Erfahrung. Wir machen ziemlich viel Schweinerei, wenn man uns nur lässt. Verschmiertes Essen im Gesicht und über den Kopf gegossener Saft vervollständigen noch den Gesamteindruck. Das ist entwicklungsmäßig ganz normal, wenn es ungefähr mit acht bis zehn Monaten auftritt und nicht länger als ein paar Monate anhält. Mehr denn je brauchen wir jetzt bedingungslose Liebe und Aufmerksamkeit. Auch die Symbiose ist nun am stärksten. Das ist der Grund, warum die Reaktionen der Mutter einen so tiefen und nachhaltigen Eindruck darauf haben, wie wir denken, fühlen und uns verhalten.[6] Je nachdem, wie die Mutter in dieser Entwicklungsstufe auf uns reagiert, wertet sie damit das Bild, das wir von uns selbst haben, auf oder sie wertet es ab.

Die Trennung ausprobieren

Zwischen fünfzehn und zwanzig Monaten nimmt der Forscherdrang noch zu. Wir verlassen langsam die Symbiose und sind nicht mehr ausschließlich von der Mutter abhängig. Wir entdecken die Trennung von ihr. Dabei finden wir heraus, was wir allein können und was nicht. Mehr denn je brauchen wir es jetzt, beim Erforschen ermutigt, gefördert und unterstützt zu werden.[7] In dieser Zeit sollte nicht ernsthaft gestraft und Disziplin eingeübt werden. Genauso wenig ist völlige, unkontrollierte Bewegungsfreiheit angesagt. Beim Entdecken der Welt ist es jetzt wichtig, dass wir richtig beaufsichtigt werden. Sowohl Überbehütung (sprich: erstickt und eingeengt werden) als auch Unterbehütung (vernachlässigt und unbeaufsichtigt sein) sollte vermieden werden. Beide Extreme wirken sich nachteilig auf die Qualität unseres Erforschens aus und verhindern, dass sich möglichst viele Gehirnfunktionen entwickeln.

Will selber essen!!

Irgendwann zwischen zehn und zwölf Monaten sollten wir selber essen dürfen und dazu auch ermutigt werden. Das fördert und stärkt die eigenen Antriebe und Motive. Vielleicht erlaubt man uns das nicht, weil zu viel daneben geht, oder weil wir dabei zu wenig in den Mund befördern. Es wäre richtiger, wenn sowohl wir wie auch der fütternde Elternteil einen eigenen Löffel hätte, anstatt unsere Motivation zum selbständigen Essen zu dämpfen. Sollten wir dabei unseren Mund verfehlen, kann Mutter oder Vater mit einem vollen Löffel nachhelfen. So lange wir selbst einen Löffel haben dürfen, um damit zu essen, wird es uns nicht aus der Fassung bringen, dass auch die Eltern einen haben, mit dem sie uns füttern. Selber essen dürfen ist eine weitere wichtige Aktivität, bei der eigene Motive und Antriebe gestärkt werden.

Was kann in diesem Alter alles falsch laufen? Und wie kann sich das auf den Erwachsenen und seine seelische Gesundheit auswirken?

Wunden und ihre Wurzeln

» *Peter ist einmal ein sehr aktives und neugieriges Kind gewesen. Er stellte alles nur Erdenkliche an. Der Herr deckte auf, dass ihn seine Eltern energisch davon abhielten, seine Umgebung zu erforschen. Dabei durchlebte er noch einmal den schon lange vergessenen Schock, den die Stimme seiner Mutter hervorrief, als sie ihn in seinen Unternehmungen unterbrach.*

Wo ist nur meine Motivation geblieben?

Wenn wir in unserer Beweglichkeit eingeschränkt und ständig ermahnt und bestraft werden, anstatt unsere Umgebung erforschen zu dürfen, können wir unsere Fähigkeiten nicht entdecken. Unsere Motivation kann sich nicht entfalten. Auch die aus uns selbst kommenden Antriebe und die räumliche Vorstellung und Orientierung werden darunter leiden. Wenn jeder Versuch, die Welt zu entdecken, durch ein rigoroses »Nein!« verhindert wird, ohne dass man unsere Energie je durch ein »Ja« in eine neue Richtung umlenkt, dann richtet sich diese auf andere Dinge. Das kann bewirken, dass wir zappelig, überaktiv und unfähig zur Konzentration werden. Fünfzehn Jahre Erfahrung als Schulpsychologe haben mich gelehrt, dass manche Lernschwierigkeiten funktionaler Art sind. Sie wurden wahrscheinlich durch unsachgemäße Erziehung erworben und gehen nicht auf organische Ursachen zurück. Unangemessene, falsche Erziehung durch die Eltern auf dieser Entwicklungsstufe kann dazu führen, dass wir später Schwierigkeiten mit der Konzentration, der Aufmerksamkeit und dem Lernen bekommen.

Schluss mit dieser Kleckerei!

In der Zeit, wo Sie Spaß am Kleckern haben, besteht eine Gefahr, dass Sie den Eindruck von Ihrer Mutter vermittelt bekommen, irgendetwas wäre mit Ihnen nicht richtig. Sie wären nicht richtig für sie. Diese Botschaften können Sie erreichen, wenn Sie eine »super saubere« Mutter haben, die Sie fortwährend abwischt und ihr Gesicht reinigt, sobald sich nur der kleinste Schmutzfleck zu zeigen wagt. Darin kann eine Spur von Ablehnung für Ihre Person und Ihr »Sosein« mitschwingen. Ihrem sich erst entwickelnden Bewusstsein und Ihrem Bild von sich selbst drückt sich die schmerzliche Auffassung und Meinung ein, irgendetwas würde bei Ihnen nicht stimmen. So entsteht der Eindruck bei Ihnen, dass Sie »falsch« liegen und aus diesem Grund nicht so akzeptiert würden, wie Sie sind oder je sein werden.

Kommt Ihnen das jetzt in Ihrem Leben irgendwie bekannt vor?

» *Ingrid hat erlebt, wie sie in dieser »unsauberen« Zeit ihres Lebens von ihrer Mutter abgelehnt wurde. Sie wuchs auf in der festen Überzeugung, dass keiner gelten ließ, wie sie war, besonders Autoritätspersonen nicht. Sie glaubte, irgendetwas Schmutziges oder Unsauberes an sich zu haben. Sie war der Meinung, keiner würde sie jemals wirklich lieben und schätzen können als der Mensch, der sie war. Immer wieder war die Botschaft bei ihr angekommen, dass sie wirklich nicht so war, wie Gott sie eigentlich haben wollte. Sie hatte das Gefühl, erst irgendwie anders werden zu müssen, um Liebe und Annahme zu erfahren. Gott nennt das »Menschen gefallen wollen«. Psychologen sprechen von Aufgabe der eigenen Identität. Als Ingrid in der Gebetszeit eine Begegnung mit dem Herrn hatte, konnte sie in der Erinnerung, die sie daran hatte, von ihrer Mutter immer sauber gemacht worden zu sein, auch ihn wahrnehmen. Ingrid durchlebte diese Zeit noch einmal angesichts des Herrn. Er versicherte ihr, dass sie ganz in Ordnung wäre und es normal sei, schmutzig zu sein. Ja, er ermutigte sie sogar dazu. Er hatte die reinste Freude an ihr inmitten all ihrer Kleckerei. Das war der Durchbruch zur Freiheit. Von ihm in diesen Situationen Annahme zu erfahren, war genau das, was sie brauchte, um die Ketten der Ablehnung abzuwerfen. Sie wurde frei, sich so zu akzeptieren, wie Gott sie geschaffen hatte. Da sie aufgehört hat, Ablehnung zu erwarten, ist sie frei geworden, sich selbst anzunehmen und von anderen Annahme zu akzeptieren.*

Eltern wissen manchmal nicht, was sie tun. Sie ziehen nicht in Betracht, wie lange sich das, was sie sagen und tun, später im Leben ihrer Kinder noch auswirken kann. Sie sind überrascht, wenn sie bei ihren erwachsenen Kinder die Früchte zu sehen bekommen, die sie selbst als Samen in deren Leben hineingelegt haben. Wir verkörpern Eindrücke, Gefühle und Meinungen, die sich darauf berufen, wie man mit uns umgegangen ist und was man zu uns gesagt hat. An unserem Leben ist zu sehen, wie wir von Menschen behandelt wurden, und wie wir diese Dinge aufgefasst haben.

Anfassen verboten!?!

Stellen Sie sich folgende realistische Lebenssituation vor: Ich bin fünfzehn Monate alt und Sie sind mein Vater bzw. meine Mutter. Sie nehmen mich in ein Kristall- und Porzellanwarengeschäft mit. Wenn Sie nun erwarten, dass ich nichts anfasse, dann haben wir beide ein Problem. Vergessen Sie nicht, dass ich ein »Berührungs-Automat« bin. Sie stellen meinen natürlichen Drang, Dinge zu berühren und zu erforschen, auf die Probe. In diesem Geschäft ist nichts vor mir sicher. Was müssen Sie tun, um einen Scherbenhaufen zu verhindern? Sie werden unaufhörlich »Nein« zu mir sagen müssen, damit ich nichts in die Hände nehme. Damit frustrieren Sie meinen angeborenen Drang, etwas anzugreifen. Wenn Sie möchten, dass ich nichts anfasse, dann müssen Sie mich im Geschäft entweder in ihren Armen festhalten oder erst gar nicht in den Laden mitnehmen. Aber stellen Sie mich bitte nicht auf den Boden in der Erwartung, dass ich nichts unternehmen werde. Das ist unrealistisch und wird für uns beide in einer Enttäuschung enden. Gott stellt uns nicht auf die Probe, und wir sollten es mit einem fünfzehn Monate alten Kind auch nicht tun.

Kannst du denn nicht hören!

Oder lassen Sie sich auf eine andere realistische Lebenssituation ein: Ich bin immer noch fünfzehn Monate alt und will etwas anfassen. Sie sagen »Nein!!« zu mir. Ich wende mich einer anderen Sache zu und muss wieder Ihr »Neeeiiin!!« hören. Wenn sich dieser Konflikt den ganzen Tag lang wiederholt, was soll dann aus meiner Energie werden, die sich nirgends richtig entladen konnte? Sie bleibt in mir stecken und wird sich als Bewegungsunruhe äußern. Ich werde sie einfach irgendwie loslassen, ohne etwas speziell anzupeilen. Kommt Ihnen das bekannt vor? Es kann sein, dass man mein Verhalten und die Unfähigkeit, meine Energie auf eine Sache zu richten, als Hyperaktivität einstufen wird. Das wiederum könnte zur Diagnose einer Konzentrationsstörung führen. Wie schnell doch aus vielen kleinen genervten »Neins« ein richtiges Problem werden kann ...

Wenn Sie mir manchmal verbieten müssen, bestimmte Dinge anzufassen, ersetzen Sie doch bitte den verbotenen Gegenstand mit einem anderen erlaubten. Auf diese Art wird meine Energie umgelenkt und meine Aufmerksamkeit auf ein neues Ziel gerichtet. Es ist dabei wichtig, dass der verbotene Gegenstand mit einem erlaubten ausgetauscht wird, der mich genauso brennend interessiert. Das hilft mit, meine Aufmerksamkeit neu auszurichten und meine Energie umzulenken. Bei dieser Methode werde ich darin bestärkt, weiterhin motiviert und aus eigenen Antrieben zu handeln. Es ist ein einfacher, aber weiser Trick, der später positive Folgen haben wird.

Auf der Grundlage der Furcht

Manche Eltern verkennen, was auf dieser Altersstufe zur gesunden Entwicklung beiträgt. Ihre Kinder werden oft zurechtgewiesen, zurückgehalten oder korrigiert. Eltern machen das aus den verschiedensten Gründen. Einer der Hauptgründe kann die Furcht sein. Eltern fürchten entweder, dass andere denken, sie würden ein ungezogenes, ungebärdiges Kind großziehen (Menschenfurcht); oder sie fürchten, das Kind könnte sich verletzen (Furcht vor Folgen) oder etwas kaputtmachen (Furcht vor Verlust). Damit wird die Furcht zur Triebfeder hinter der elterlichen Korrektur. Aus Furcht hält man Sie davon ab, etwas zu erforschen und ihre eigenen Antriebe und Motive zu entwickeln. Sie lernen dabei aber auch, dass Selbstmotivation, Erforschen und Initiative entwickeln etwas ist, vor dem man sich fürchten muss. Später, wenn Eigenantrieb und Selbstmotivation gefragt sind, ist diese Furcht immer noch da und hindert uns daran, effektiv und verantwortlich zu handeln.

Schlägt das auch in Ihrem Leben bekannte Saiten an? In der Seelsorge zeigt sich, dass eben diese Dinge bei Erwachsenen zutage treten, die während der Forscherphase ihrer Entwicklung in dieser Weise behandelt wurden.

Selbstständig essen dürfen

Vorhin wurde schon erwähnt, dass selbstständiges Essen eine Aktivität ist, zu der wir ermutigt werden sollen. Hat man Ihnen das nicht erlaubt, so wurden Sie in Ihren eigenen Motiven und Antrieben abgeschwächt und in Ihrer Abhängigkeit bestärkt. Sie haben sich dann fälschlich einverleibt, dass Abhängigkeit von den Eltern und anderen Autoritäten eine Eigenschaft ist, die es zu pflegen gilt. Das macht ihr Leben unfrei. Es ist dann nicht verwunderlich, wenn Sie mit fünfunddreißig Jahren immer noch zu Hause sitzen und darauf warten, von den Eltern »gefüttert zu werden«. Wenn es das Erziehungsziel Ihrer Eltern war, dass Sie sich gut entwickeln und zu einem reifen Menschen heranwachsen, der aus eigenen Antrieben und Motiven handelt, dann mussten sie diese Eigenschaften schon in diesem Alter hervorlocken und bestätigen. Wir haben viele Erwachsene seelsorgerlich begleitet, die von ihren Eltern in dieser Entwicklungszeit so im Zaum gehalten wurden, dass ihre Initiative und ihre Motivation völlig zerstört wurden.

Ich will es selber tun!

Herausfinden, was man selber tun kann, steht jetzt im Mittelpunkt. Sie mühen sich ab, einen Ball hüpfen zu lassen, Bausteine aufzustapeln, Würfel in Löcher zu stecken usw. Sicherlich sind Sie am Anfang ein wenig frustriert, weil Sie noch nicht geschickt genug sind. Wenn aber andere um Sie herum oft eingreifen und Ihnen zeigen, wie man es richtig macht, kann Sie das demotivieren. Sie erfahren dabei: Es gibt immer jemanden, der es besser kann als Sie und der das ständig unter Beweis stellt. Sie lernen weiter: Irgendwie können Sie etwas nicht so gut wie andere oder sind überhaupt unfähig dazu. Andere machen grundsätzlich alles besser. Es ist wirklich so, dass Sie immer Leute in ihrer Umgebung haben werden, die entweder Ihre Initiative oder Ihre Aufmerksamkeit haben wollen.

Es ist wichtig, dieses Bedürfnis anzuerkennen und dem Kind zu erlauben, zeitweise alleine spielen zu dürfen, damit es die eigenen Antriebe und Beweggründe kennen lernt. Wenn in Ihre Aktivitäten zu viel eingegriffen wird, verringert das Ihre Selbständigkeit, Initiative und spontane Motivation. Was Sie brauchen, sind nicht fürsorgliche Helfer, sondern die Erlaubnis, mit den Gegenständen in Ihrer Umgebung selbständig experimentieren und umgehen zu dürfen.

Menschen gefallen wollen

Ein weiteres großes Problem kann auftreten, wenn Sie von den Eltern aufgefordert werden, sich »anständig« zu benehmen. Sie passen sich dann an und lernen, vor Menschen eine Rolle zu spielen. Gott aber gibt uns die klare Anweisung, dass wir nicht danach suchen sollen, den Menschen zu gefallen (vgl. Gal 1,10). Wenn man von Ihnen erwartet, sich »ordentlich« zu benehmen oder es zumindest vor anderen zu sein, dann sind Sie gefährdet. Mit solchen Anforderungen werden Ihre Eigenantreibe und spontanen Motive verletzt. Sie lernen sich den anderen zu sehr anzupassen. Sie üben ein, auf die Wünsche anderer mehr zu achten als auf die Vorgänge in Ihrem Inneren. Als Erwachsener handeln Sie dann eher nach den Vorstellungen anderer als nach Ihren eigenen Beweggründen und Antrieben (so wie wir das bei Peter gesehen haben). Solche Menschen führen ein Leben, das mehr von den Wünschen und Erwartungen anderer bestimmt ist als von ihren eigenen inneren Impulsen. Sie sagen, sie hätten das Gefühl, als ob ihr Leben nicht ihnen selbst gehören würde. Und so ist es auch. Sie haben Schwierigkeiten, ihre Gefühle überhaupt wahrzunehmen und scheinen nicht zwischen den Wünschen anderer und den eigenen Bedürfnissen unterscheiden zu können. Sie berichten, dass sie nur schwer herausfinden, welche Bedürfnisse sie selber haben, um sie dann zuzulassen. Das sind die Menschen, die immer von den Ansprüchen und Erwartungen anderer im Leben herumgezerrt werden, anstatt auf Ihre eigenen Antriebe zu achten oder vom Heiligen Geist geleitet zu werden. Es ist schwer, die Stimme Gottes zu hören, wenn sich kein inneres Bewusstsein entwickelt hat. Wenn unser Mittelpunkt nicht in uns selbst liegt, sind wir anfällig dafür, dass andere über uns bestimmen.

Was durch Strafe wirklich bewirkt wird

Es ist auf dieser Entwicklungsstufe äußerst wichtig, dass Erwartungen, wie wir zu sein haben, auf ein Mindestmaß beschränkt bleiben. Es ist auch nicht angebracht, sehr viel zu disziplinieren und zu strafen. Erst im Alter von zwei Jahren ist es notwendig, mit strukturierter, beständiger Erziehung zu beginnen. Im Zeitraum von sechs bis achtzehn Monaten ist es besser, behutsam abzulenken als zu erziehen und ernsthaft zu bestrafen. Strafe ist ein direkter Angriff auf unsere sich entwickelnden Antriebe, auf Motivation, Kreativität und Beweglichkeit. Wenn Sie regelmäßig bestraft werden, verlieren Sie Ihre Motivation und reduzieren Ihre Antriebe. Sie werden entweder passiv oder hyperaktiv. Auf diese Art erleben Sie, wie man Ihre Eigeninitiative und Motivation hemmt, während alles dazu beiträgt, Sie in Richtung Passivität, Abhängigkeit und Überangepasstheit zu bewegen.

Strafe in diesem Alter bringt nicht viel. Am meisten scheinen noch die Eltern davon zu profitieren. In diesem Alter zu strafen, läuft darauf hinaus, ein von Natur aus unternehmungslustiges und neugieriges menschliches Wesen lahm zu legen.

Training fürs Töpfchen, viel zu früh ...!
Es ist noch zu früh, jetzt mit dem Training für das Töpfchen zu beginnen, weil wir mit unserer Entwicklung noch nicht so weit sind.[8] Jetzt damit zu beginnen, ist eine weitere Möglichkeit, um eigene Antriebe und Motive negativ zu beeinflussen. Erwartungen der Eltern sollten zwischen sechs und achtzehn Monaten um unseretwillen auf ein Minimum beschränkt bleiben, damit wir uns nicht an die Wünsche und Bedürfnisse anderer anpassen. Je mehr Anpassung von uns auf dieser Stufe verlangt wird, desto mehr neigen wir dazu, eine Lebenshaltung zu entwickeln, die Menschen zu gefallen sucht. Das heißt, dass wir lernen, unsere eigenen Wünsche und Bedürfnisse unberücksichtigt zu lassen und uns nach den Bedürfnissen und Wünschen anderer zu richten. Darüber können wir das Empfinden für unser eigenes Inneres verlieren und Schwierigkeiten bekommen, Gottes Stimme zu hören, wenn wir reif werden.

Der schädlichste Einfluss aber erstreckt sich auf die sich noch entwickelnde Fähigkeit, die Kontrolle über sich selbst und seine Impulse zu lernen. Wir fanden heraus, dass Erwachsene, die von ihren Eltern zu früh und mit Strenge ans Töpfchen gewöhnt wurden, tatsächlich die eigenen Antriebe und Motive aufgegeben haben, die nötig sind, um sich selbst beherrschen zu lernen. Sie haben die Kontrolle über sich selbst in hohem Maße aufgegeben und sich der Herrrschaft anderer gefügt.

Wenn Sie mit einer solchen Lebenshaltung zu kämpfen haben, dann sind sie in einem ständigen Kreislauf von Fehlverhalten, Selbstverurteilung und Enttäuschung über sich selber gefangen. Eine spezielle Gabe des Heiligen Geistes ist in Ihrem Leben nicht zu finden – Selbstbeherrschung oder Selbstdisziplin. Es gibt eine Möglichkeit, diese Gabe auch in Ihrem Leben zur Entfaltung zu bringen. Lassen Sie den Herrn die Verletzungen aufdecken, die

Sie auf dieser Entwicklungsstufe erlitten haben. Er wird die Destruktivität, die sich in Ihrem Leben eingenistet hat, mitsamt den Wurzeln ausreißen. Und er wird ersetzen, was man Ihnen geraubt hat.

Wie Gott Vater eingreift

» *Beim Gebet in der Seelsorge konnte Peter den Herrn zwischen sich und seiner Mutter stehen sehen. Er sah, wie er seine Mutter tröstete und Ihr erklärte, dass Peter die Freiheit haben müsse, seine Welt zu entdecken und zu erforschen, ohne dafür übermäßig ermahnt oder gestraft zu werden. Es sei ganz in Ordnung, Peter in diese Freiheit zu entlassen. Das würde ihn auch nicht ohne jede Erziehung aufwachsen lassen. Dann erlebte er, wie der Herr zu ihm kam, ihn in die Arme nahm und sagte, dass er jetzt die Freiheit hätte, alles zu entdecken. Er selber würde ihn dabei beaufsichtigen, damit er sich nicht verletze. Peter konnte diese Freiheit sofort spüren. Auch die damit verbundene Erleichterung. Er wusste sich vom Herrn ermutigt, loszugehen und war von neuem motiviert, seine Umwelt zu erkunden. Er sagte, dass sich eine große, bedrückende Wolke über ihm aufhebe. Zum ersten Mal in seinem Leben konnte er sie nicht mehr spüren. Stattdessen spürte er, wie Energie in seinen Körper zurückkam. Auch die Furcht wich von ihm, als er zusammen mit dem Herrn die verschiedensten Dinge untersuchte. Ganz systematisch und konsequent erweckte der Herr Peters Inititiative und Motivation wieder zum Leben. Er war frei. Frei, wirklich so zu werden, wie Gott ihn von Anfang an gewollt hatte.*

Gott, unser Vater möchte, dass jeder von uns, wenn er vom Kind zum Erwachsenen heranreift, zu einem kreativen und motivierten Menschen mit sehr viel Initiative wird. Davon sind wir überzeugt.

Die Wahrheit entdecken und sich dem Schmerz stellen
Stellen Sie in Ihrem Leben fest, dass Sie oft von anderen auf die Folgen Ihres Verhaltens verwiesen werden? Wenn Sie ehrlich zu sich selbst sind: Ist es Ihnen lieber, dass andere diese Dinge für Sie wieder in Ordnung bringen, oder dass Sie selber die Verantwortung dafür übernehmen? Wenn Sie auf die erste Frage mit »Ja« ge-

antwortet haben, ist das ein sicheres Zeichen dafür, dass Sie in der Forscherzeit Ihrer Entwicklung mehr eingeschränkt und gesteuert worden sind, als Ihnen gut getan hat. Wahrscheinlich wurde etwas gefordert, wozu Sie entwicklungsmäßig noch nicht die Reife hatten, oder man hat bestimmte Erwartungen auf Sie gelegt, wie Sie zu sein hatten. Es ist durchaus möglich, dass wir durch eine abgemilderte Form von »Dressur« uns daran gewöhnen, etwas zu tun oder zu lassen, noch bevor wir entwicklungsmäßig reif dazu sind. Darauf werden wir im nächsten Kapitel noch näher eingehen. Wenn Sie auf althergebrachte Weise in dieser Zeit »programmiert« wurden, hat man Ihnen nicht gestattet, Ihre eigene Fähigkeiten zu entwickeln, um damit Ihr Verhalten zu steuern. Sie haben die innere Herrschaft über Ihr Handeln aufgegeben und sich unter eine von außen auferlegte Fremdherrschaft gefügt. Diese äußere Kontrolle kommt jetzt von Leuten auf sie zu, denen Sie Autorität einräumen. Aus dieser Quelle schöpfen Sie die Motive, die Ihnen befehlen, wie Sie in Ihrem Leben zu handeln haben.

Aufdecken und noch einmal durchleben

Halten Sie inne und bitten Sie den Heiligen Geist, diese Zeit der Entwicklung in Ihr Gedächtnis zurückzubringen und aufzudecken, wodurch immer Sie verletzt worden sind. Bitten Sie anschließend Jesus darum, dass Sie ihm darin begegnen und er Ihnen gibt, was Sie gebraucht hätten, um sich gesund und richtig entwickeln zu können.

Wiederhergestellt, geheilt und befreit werden

Der Vater möchte Sie in die Freiheit führen. Er will Ihre Wunden heilen. Gott, unser Vater weiß, was in Ihrem Leben passiert ist, damit Sie nicht so werden konnten, wie er es haben wollte. Vielleicht haben Sie überhaupt keinen Zugang mehr zu sich selbst. Möglicherweise fühlen sie sich innerlich wie tot, ganz ohne Gespür für Ihre eigenen Bedürfnisse und Gefühle. Mit seinem Inneren in Verbindung zu stehen … mit seinem eigenen Herzen … ist eine wesentliche Voraussetzung, um die Stimme Gottes hören zu können und durch den Heiligen Geist geführt zu werden. Der Herr wird die destruktiven Mächte der Beherrschung und Furcht aus Ihrem Leben verbannen und Ihre Sehnsucht neu beleben, um unter seiner Aufsicht noch einmal auf »Entdeckungsreise zu gehen«. Er wird übernatürlich ergänzen, was Sie gebraucht hätten, um Ihr inneres Leben nach seiner Vorstellung zu entfalten.

Erlöst und neu gemacht werden

Der Vater möchte alles Verlorene zurückbringen und Ihre Initiative, Motivation und Kreativität wieder herstellen. Vor allem aber möchte er Ihr Inneres mit der Kraft seiner Auferstehung anhauchen ... Ihr Herzensohr öffnen, damit Sie seine Stimme hören können.

Noch einmal erzogen werden, weil Gott zu unserem Vater wird

Der Vater wünscht sich sehr, dass Sie Ihre Initiative, Motivation und Kreativität entfalten. Um der Mensch zu werden, zu dem er Sie erschaffen hat. Freiheit zu erlangen, ist dabei nur der Anfang. Er wird Ihnen zur Seite stehen und Ihre wieder erweckte Sehnsucht nach Initiative, Motivation und Kreativität stärken und beschützen. Er wird da sein, um mit Ihnen in Ihrem »Herzen« zu sprechen und Sie durch seinen Geist zu führen und zu leiten.

Wie Gott Vater heilt

Schritte, die wir selber gehen müssen, um seine Heilung und Wiederherstellung zu erfahren:

1. Identifizieren Sie Ihre Probleme als Erwachsener, bzw. die Symptome, die auf Sie zutreffen. [Vgl. auch nachfolgende Tabelle]
2. Bitten Sie den Heiligen Geist, die Wurzel des einzelnen Problems bloßzulegen. Wie deckt der Heilige Geist Verletzungen auf? Zum Beispiel durch Erinnerungen, ein Bild, einen vagen Eindruck, einen Gedanken oder eine andere Art, einfach »zu wissen«. [Lk 8,17]
3. Bitten Sie Jesus, dass Sie seine Gegenwart an diesem Punkt wahrnehmen können. [Hebr 13,8; Ps 31,14–16]
4. Sagen Sie Jesus, was Sie dabei fühlen, denken, erfahren. Hören Sie auf das, was er dazu sagen möchte. [Ps 91,14–16]
5. Bitten Sie Jesus, Ihnen zu zeigen, wie der Vater diese Zeit haben wollte. Er will Ihnen alles Notwendige für die Entwicklung geben, um Sie heil zu machen. Er will alles wiederbringen, was an Ihnen versäumt wurde, und Sie zu dem Menschen »restaurieren«, der Sie ursprünglich nach seinem Plan sein sollten. [Jer 29,11; Mt 15,13]
6. Vergeben Sie Ihren Eltern und allen, die Sie verletzt haben. Wenn nötig, so brechen Sie die Flüche, die schon seit Generationen auf Ihrer Familie lasten. [Mt 6,14; Kol 3,13; Gal 3,13; siehe Anhang]

7. Nehmen Sie Gott Vater als Ihren ewigen Vater an. Und nehmen Sie das Erbe des Lebens in Empfang, das Jesus Christus Ihnen schenken möchte. [Joh 1,12–13; Röm 8,13–17]
8. Ergreifen Sie im Namen Jesu die Vollmacht über alle schädlichen Auswirkungen und Einflüsse in Ihrem Leben, die der Herr aufgedeckt hat. Befehlen Sie ihnen im Namen Jesu, für immer zu verschwinden. [Lk 10,19; Jak 4,7; Mk 16,17]
9. Sprechen Sie die Verheißungen aus dem Wort Gottes aus. Sie sind seine Antwort auf Ihre Bedürfnisse und Nöte. [Gal 3,14; Apg 2,39; 2 Kor 1,20]
10. Suchen Sie jeden Tag die Nähe des Vaters, um ihn als Vater zu erfahren. Bitten Sie den Heiligen Geist, Ihnen zu zeigen, wie Sie Ihr neues Leben gestalten sollen. [Hebr 12,10; Ps 68,5; Joh 14,26]

GESUNDE ENTWICKLUNG

ENTWICKLUNG: 6 BIS 18 MONATE

Wichtige Themen	**Erforderliche Lernziele für gesunde Entwicklung**	**Merkmale beim Erwachsenen**
Entdecken: Beweglichkeit, Initiative, Motivation, Kreativität Lernen der Begriffe	Entdecken dürfen beim Entdecken beschützt werden eigene Motivation entdecken lernen, sich zu orientieren u. sich Dinge vorzustellen, Eigeninitiative entdecken bedingungslose Zuwendung erfahren	Sich selber motivieren Eigeninitiative haben gesunde Wechselwirkung mit anderen eigene Wünsche und Bedürfnisse akzeptieren Balance zwischen Selbstliebe und Nächstenliebe Sensibilität für den Heiligen Geist Freiheit im Herrn

FEHLENTWICKLUNGEN

ENTWICKLUNGSSTUFE: 6 BIS 18 MONATE

Wichtige Themen	Verletzungen in der Entwicklung	Symptome beim Erwachsenen
Erforschen: Beweglichkeit, Initiative, Motivation, Kreativität Lernen der Begriffe	Ungesunde Symbiose / Abhängigkeit lernen fehlende Beaufsichtigung beim Entdecken Einschränkung der Bewegungsfreiheit häufiges Strafen oder Disziplinieren zu frühzeitiges Training fürs Töpfchen	Fehlende Motivation u. Initiative fehlende Beherrschung der Impulse Probleme mit Kontrolle fehlende Selbstbeherrschung Missachtung der Gefühle bis zur Gefühlsexplosion symbiotische Beziehungen Menschengefälligkeit/ Überanpassung fehlende Freiheit im Herrn fehlendes Gespür für den Heiligen Geist

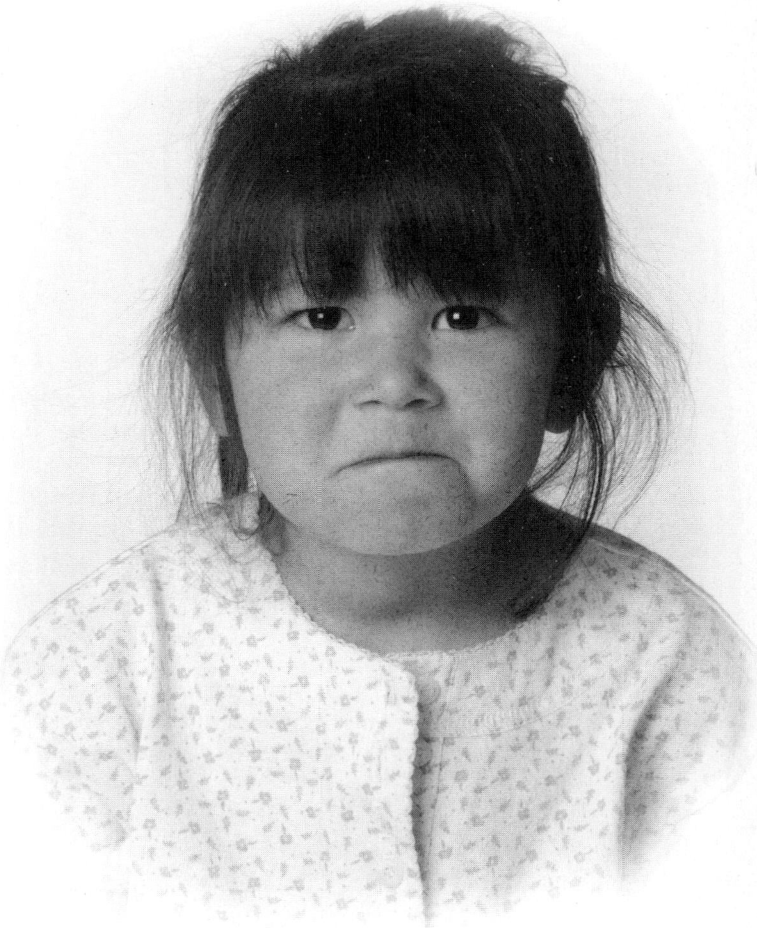

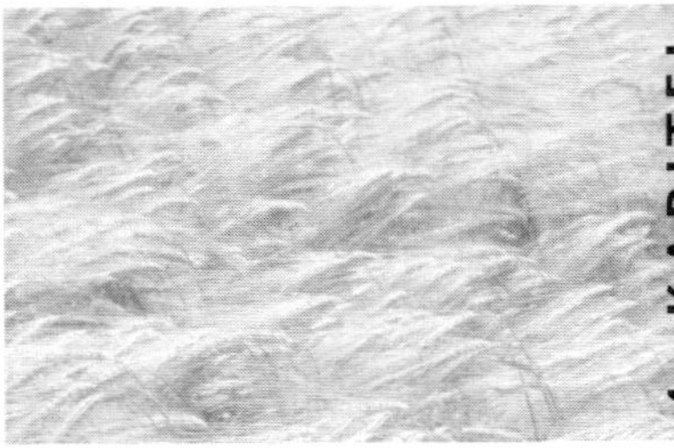

4. KAPITEL

Von der Freiheit, ich selbst zu sein

(Das zweite Lebensjahr)

»Frederick!! Wirst du augenblicklich hierher kommen!!« Frederick rührt sich nicht vom Fleck, bleibt wie angewurzelt stehen, jeder Zoll ein Stück Opposition. Die Befehle seiner Mutter fachen nur den gesamten Zorn, Trotz und Widerstand, zu dem Klein-Frederick mit seinen zwei Jahren fähig ist, erneut an. Seine Mutter, mit dieser Herausforderung konfrontiert, sieht sich in ihrer häuslichen Vorherrschaft gefährdet. Entschlossen, den »eisernen Griff« nicht zu lockern, lässt sie ihren Zorn eskalieren, um ihn zu unterwerfen. Episoden dieser Art tragen dazu bei, Frederick in seinem Entschluss noch zu bestärken, gegen den Druck anzukämpfen. Er ist bereits ein sehr störrisches und rebellisches Kind, da er seit seiner Geburt unter der Herrschaft seiner dominanten Mutter gelebt hat. Und wieder tobt der Kampf!! Mutter kontra Frederick – wer wird gewinnen?!?!

Zwei Jahre ... was für ein fürchterliches und turbulentes Alter! Es ist Zeit, die Symbiose mit der Mutter aufzulösen und zu einer selbstständigen Person zu werden. Zeit damit anzufangen, uns zu erinnern und effektiv und ursächlich zu denken. Zeit, darüber nachzudenken, wie man etwas machen kann und für unser Verhalten selbst verantwortlich zu werden. All das sind jetzt wichtige Aufgaben in unserer Entwicklung. Es ist auch die Zeit, um einen »sozialen Vertrag« einzugehen, d. h. festzulegen, wie wir in der Gesellschaft leben, mit anderen zurechtkommen und uns um sie kümmern werden. Wichtig ist jetzt, dass wir frei davon werden, uns nur um uns selbst zu drehen, dass wir lernen, uns mit anderen zusammen zu schließen und mit ihnen zu teilen. Die schönen Tage des Erforschen sind vorbei und werden von Machtkämpfen, Zorn und Opposition abgelöst.

Es ist schwierig, in diesen stürmischen Wogen zu segeln. Viele verfangen sich in den zahllosen Strudeln des eigenen Selbst und verirren sich darin. Es braucht Verständnis und göttliche Weisheit, um durchzuhalten und diese Altersstufe erfolgreich zu überstehen. Wie viele von uns sind auch noch als Erwachsene damit beschäftigt, Fragen aus dieser Zeit zu lösen? Viele schlagen sich in den späteren Jahren ihres Lebens mit den Angelegenheiten eines Zweijährigen herum. Einige schaffen vielleicht nie den Durchbruch, ganz gleich wie lange sie leben.

Wie wirkt sich diese Entwicklungsstufe auf unser Erwachsenenalter aus? Diese Zeit unseres Lebens ist von größter Bedeutung auf unserem Weg zur Reife. Für viele von uns stellen die Verletzungen aus diesem Alter große Hindernisse dar.

Probleme beim Erwachsenen

Die offensichtlichsten Symptome beim Erwachsenen, die darauf hinweisen, dass ein Kind auf dieser Altersstufe verwundet wurde, sind: Rücksichtslosigkeit, fehlende Selbstdisziplin, Opposition, Negativismus, Rivalität, Herrschsucht und Selbstbezogenheit. Viele Menschen leiden unter dem »Zweijährigen-Syndrom«, dass alles nach ihrem eigenen Kopf gehen muss. Es gibt viele erwachsen gewordene »Zweijährige«. Leute, die zornig, negativ und widerspenstig sind. Die immer und überall eine Art Wettstreit mit anderen austragen müssen und sie beherrschen wollen. Diese Menschen kämpfen oft darum, sich von ihrer Auffassung nach schikanösen Anforderungen an ihr Leben zu befreien. Sie üben auf andere Druck aus, um zu bekommen, was sie wollen. Im Extremfall sind sie egozentriert, beleidigend, in sich selbst verliebt und fordernd. Sie weigern sich, die Verantwortung für ihr Fühlen, Denken und Handeln zu übernehmen und damit auch für die Konsequenzen ihres Verhaltens. Sie lassen sich auf Beziehungen ein, in denen sie entweder andere beherrschen oder selber beherrscht werden. In jeder dieser Beziehungen ist es für sie nur gerecht, ihren ständigen Zorn auszuleben.

Wahrscheinlich kommen diese Dinge bei den meisten von uns

in irgendeiner Form vor. Es ist an der Zeit, die Wahrheit zu erkennen und uns damit zu beschäftigen. Es ist Zeit, persönlich Verantwortung zu übernehmen, anstatt andere zu beschuldigen. Die Zeit zum Handeln ist gekommen. Gehen Sie diese Dinge in Ihrem Leben durch, erlauben Sie dem Herrn, die Ursachen aufzudecken und die Wunden zu heilen. Wenn Menschen von ihrem »Zweijährigen-Ballast« befreit werden, verändert sich ihr Leben dramatisch.

» *Frederick war ein zorniger, schimpfender und herrschsüchtiger Ehemann. Er kam zur Seelsorge, weil ihn seine Frau verlassen hatte. Es versetzte ihm einen Schock, dass sie so abrupt fortgegangen war. »Nach all diesen Jahren, wie konnte sie mir das antun und mich jetzt verlassen?«, beklagte er sich darüber. Sie waren zwanzig Jahre lang verheiratet gewesen. Er hatte weder eine Vorstellung von einem »wir« in der Ehe, noch konnte er die Gefühle anderer verstehen. Bei ihm zu Hause wurde alles so gemacht, wie er es haben wollte. Er war sich nicht im Mindesten bewusst, wie selbstbezogen und egoistisch er war. Keiner hatte je gewagt, ihn mit seiner Selbstsucht zu konfrontieren, weil sie seine zornige Rache fürchteten. Frederick war wirklich kein besonders liebenswerter Mann. Das Schlimmste dabei war, dass er nicht einmal bemerkte, wie abscheulich er sich den anderen gegenüber verhielt. Er war blind für die Tatsache, dass er selbst seine Ehe zerstört hatte.*

Um besser verstehen zu können, wie es möglich ist, dass wir im Verhalten eines Zweijährigen »stecken« bleiben, lassen Sie uns noch einmal auf die Entwicklungsstufe eines zweijährigen Kindes zurückgehen und sie näher unter die Lupe nehmen.

Der gesunde Entwicklungsprozess

Neeiin!!! Diesen Schlachtruf lassen wir ertönen, wenn wir von unserer Mutter weg hinaus ins Leben stürmen. Über Nacht ist aus dem niedlichen Baby, das wir waren, ein kleiner Tyrann geworden. Wir werden deutlich negativ und zornig, widersetzen uns, manchmal bis zur offenen Rebellion. Gott hat ein spezielles Geschenk für das zweijährige Kind. Alle Kinder auf dieser Welt bekommen es im Alter von zwei Jahren, dieses eine Wort

»Nein!«. Wir beantworten fast alles mit »Nein«. Bei manchen Leuten heißt diese Zeit deshalb die »schrecklichen Zwei«. Wir ziehen jedoch vor, sie die »tollen Zwei« zu nennen.[1] In dieser Zeit passiert sehr viel. Es ist ein sehr bewegtes Entwicklungsstadium. In ihm entwickelt sich unsere Unabhängigkeit und unsere Individualität. Unsere Persönlichkeit nimmt ihre ganz besondere und einzigartige Form an. Es ändert sich vieles, um uns herum und auch innerhalb unseres Körpers. Wir müssen uns mit gesellschaftlichen Regeln und Anforderungen, wie wir uns zu benehmen haben, auseinander setzen. Im Alter von zwei Jahren fangen wir langsam an, zwischen gut und böse zu unterscheiden und verantwortlich für unser Verhalten zu werden. Das alles ruft neben den Veränderungen in unserem Körper viel Unbehagen hervor und macht uns zornig. Der größte Widerstand richtet sich auf Grund der Symbiose gegen die Mutter. Im Wesentlichen geht es hier nämlich um die Symbiose. Dieses Alter hat Gott dazu bestimmt, die Symbiose zu lösen. Wir müssen lernen, dass wir eine eigene Person sind, getrennt von der Mutter und von den anderen. Wir müssen lernen, unabhängig zu denken und Aufgaben zu lösen. Bei kleineren Problemen klappt das schon ganz gut. Wir brauchen z. B. nicht mehr die Mutter dazu, uns das ganze Essen zu besorgen, wissen wir doch genau, wo die Keksdose steht! Danke, Herr!

Wir haben angefangen zu denken und kleine Aufgaben selber zu tun, sind nicht mehr total von der Mutter abhängig. Die Symbiose, die früher für unser Leben dringend nötig war, beginnt sich aufzulösen. Stattdessen brauchen wir ermutigende Anstöße, selber zu denken und selber etwas anzupacken. Das erfahren wir, wenn die Eltern, und insbesondere die Mutter, unsere ersten Ansätze zur Unabhängigkeit unterstützt und nicht aufhört, uns zu lieben, für uns zu sorgen, sich um uns zu kümmern. Wir müssen erkennen, dass es in Ordnung ist, selbständige Wesen zu sein, ohne Zuwendung und Liebe grundsätzlich damit zu verlieren. Die Frage heißt: »Werde ich weiterhin bekommen, was ich brauche, wenn ich selber denke?«. Unser ganzes bisheriges Leben stand unter dem Zeichen der Symbiose. Wir sind sehr daran interessiert, diese Symbiose herauszufordern, aber gleichzeitig haben wir auch Angst davor. Wir müssen lernen, selber zu denken, unabhängig zu werden und Dinge selbständig zu bewältigen. Wir müssen lernen, Entscheidungen zu treffen, die sich im Leben positiv auswirken. Die Hauptaufgabe für Mutter und Vater besteht jetzt darin, uns dabei zu unterstützen, selber zu denken, selbständig zu werden und Aufgaben zu lösen.

Zorn und der soziale Vertrag

Wenn wir fünfzehn Monate alt sind, verschütten wir Milch, um zu beobachten, wie sie herunter rinnt. Wir lernen dabei all die wunderbaren Dinge, die verschüttete Milch verursacht: Kleine weiße Tropfen perlen an Mutters Beinen herunter, bahnen sich einen Weg von der Wand zum Fußboden hinunter ... wie aufregend das ist! Jetzt, im Alter von zwei Jahren, verschütten wir ebenfalls Milch. Wir beobachten dabei herausfordernd Mamas Gesicht und lernen all die aufregenden Dinge, die Ärger und Zorn mit ihr anstellen. Ja, auch das ist sehr aufregend! Wir sind zornig, wissen aber nicht, was wir damit anfangen sollen, wie damit umzugehen ist. Das müssen wir erst lernen. Die beste Person jedoch, von der wir es lernen können, ist die Mutter, mit der wir durch die Symbiose innig verbunden sind.[2]

Zorn ist das Mittel der Wahl, um aus der Abhängigkeitsbeziehung mit der Mutter auszubrechen. Indem wir für unsere Gefühle Verantwortung übernehmen, unabhängig denken lernen und uns angemessen verhalten, lösen wir uns aus der Symbiose.

Wir brauchen die Hilfe der Mutter dabei, unabhängig zu werden und Verantwortung zu übernehmen für unser Denken und Verhalten. Damit wir zu Menschen werden, die mit ihrem Fühlen, Denken und Handeln effektiv umgehen können. Wie die Mutter ihren Zorn handhabt, wenn wir ihn ganz offensichtlich herausfordern, das wird für uns zum Vorbild dafür, wie wir mit unserem Zorn umgehen und ihn ausdrücken. Wenn die Mutter ihren Zorn angemessen ausdrückt, lernen wir etwas über die Folgen, die ein unangemessenes Verhalten nach sich zieht. Wir lernen den Zorn richtig auszudrücken und unter mütterlicher Anweisung die Verantwortung für unser Verhalten zu übernehmen. Das ist unsere erste Begegnung mit einem »sozialen Vertrag«.

Der soziale Vertrag bedeutet, dass wir zustimmen, unser eigenes, nur uns selbst berücksichtigendes Verhalten zu zügeln, um mit anderen zurecht und dabei doch auf unsere Kosten zu kommen. Den sozialen Vertrag eingegangen zu sein, heißt gelernt zu haben, dass unser Verhalten etwas mit den Gefühlen und Gedanken anderer zu tun hat;

dass wir diese Gedanken und Gefühle anderer berücksichtigen müssen, wenn wir etwas tun;
dass wir nicht einfach tun oder sagen können, was immer uns gerade in den Sinn kommt, in vollkommener Missachtung anderer;
dass wir Rücksicht nehmen lernen auf andere, auf die jeweiligen Umstände und auf unser eigenes Fühlen und Denken sowie die Folgen unseres Handelns.

In dieser Zeit lernen wir, andere wahrzunehmen und dass unsere Taten Auswirkungen auf sie haben. Der soziale Vertrag liefert den Rahmen, innerhalb dessen wir im Leben handeln, mit anderen zusammenarbeiten und mit ihnen in Harmonie leben können. Auf diese Art begreifen wir, dass wir nicht mehr im absoluten Zentrum des Universums stehen. Auch das macht uns zornig! Die Welt dreht sich nicht um uns allein und ist nicht dazu da, nur unsere Gefühle, Wünsche und Bedürfnisse zu befriedigen. Wir müssen verstehen lernen, dass sich die Welt nicht über unsere Gefühle definiert. Ebenso müssen wir lernen, dass wir die Eltern und damit die Welt nicht mittels unseres Zorns, unserer Wutanfälle oder unserer Rebellion beherrschen können. Zorn und Rebellion müssen konfrontiert werden.

Die Beschäftigung mit dem sozialen Vertrag führt auch zu der Erkenntnis, dass es Dinge gibt, die wir tun müssen, ob wir wollen oder nicht ... ob wir uns danach fühlen oder nicht. Vielleicht sind Sie geschockt, wenn Sie einige der angeführten Dinge heute immer noch in Ihrem Leben als Erwachsener erkennen können. Gott selber sorgt für Situationen, in denen diese »Altlasten« wieder an die Oberfläche kommen. Die Angelegenheiten des Zweijährigen in uns sind immer noch nicht gelöst, auch nicht bei uns Christen. Das ist Ihnen bestimmt nicht entgangen: »O nein, dazu bin ich nicht von Gott beauftragt!« ... »Ich fühle mich nicht von Gott geführt, das zu tun!« ... »Diese Gabe hat Gott mir nicht gegeben!« ... – alles nichts anderes als das trotzige »nein, das mach ich nicht« eines Zweijährigen, nur in religiöser Verkleidung. Keiner von uns wird speziell von Gott beauftragt, die Toiletten zu reinigen oder braucht eine besondere Führung, um das Geschirr zu spülen oder muss dazu berufen werden, kleinen Kindern die Windel zu wechseln. Diese Dinge sind wirklich keine Geistesgaben. Sie sind vielmehr der Stoff, aus dem unser Charakter geformt wird ... und die dazu dienen, unser Ego absterben zu lassen, damit wir uns für eine höhere Berufung qualifizieren.

Ans Töpfchen gewöhnen
Wenn ein Kind ganz offensichtlich zwei Jahre alt geworden ist, was sich auch in seinem Verhalten und Benehmen zeigt, ist es an der Zeit, es ans Töpfchen zu gewöhnen. Warum mit zwei Jahren? Weil das die Zeit ist, die Gott für das Kind dazu bestimmt hat, aus seinem ichbezogenen, unkritischen und von Impulsen gesteuerten Lebensstil auszubrechen. Training für die Toilette ist eine von außen herangetragene Anforderung an einen von innen kommenden Impuls. Das ist eines der wichtigen Gebiete, auf denen Fragen gelöst werden, die das Fühlen, Denken und Handeln betreffen. Weil dieses Training auch den Willen des Kindes und die Zusammenarbeit mit ihm erfordert, ist es eine Aktivität, bei der Probleme wie Rivalität, Druck und Kooperation durchgearbeitet werden. Ein erfolgreiches Toilettentraining trägt dazu bei, die sich entwickelnden Persönlichkeitsmerkmale des Kindes mit der Fähigkeit zu bereichern, Probleme effektiv zu bewältigen und sowohl sich selbst als auch seine Impulse zu beherrschen. Diese Eigenschaften sind sehr wichtig für den sozialen Vertrag. Fehlen sie, dann ist das Individuum nur schlecht ausgerüstet, zukünftige Entwicklungsanforderungen zu bewältigen. Der Kampf mit den Angelegenheiten eines Zweijährigen wird ins Erwachsenenleben mitgenommen. Wir werden später in diesem Kapitel im Detail darauf eingehen, was geschieht, wenn das Kind zur Zeit des Toilettentrainings verletzt worden ist.

Disziplin
Disziplin, richtig angewandt, ist auf dieser Stufe von entscheidender Bedeutung. Es ist wichtig, dass Eltern bestimmte grundsätzliche Dinge erwarten und einen täglichen Zeitplan einrichten, nach dem wir uns richten müssen. Wir brauchen Konfrontation, um unseren eigenen Zorn und den der anderen zu testen und um die Grenzen und Konsequenzen unseres Verhaltens kennenlernen. Jetzt ist die Zeit der Disziplin und der Konsequenzen für unangemessenes Verhalten gekommen. Es ist notwendig, dass wir Entscheidungen treffen lernen, die auf ein richtiges und akzeptables Verhalten hinauslaufen.

Da viele Menschen durch körperliche Strafe verletzt worden sind, ist es vielleicht richtig, an dieser Stelle eine kurze Diskussion über disziplinare Maßnahmen einzuschieben. Welche Methoden führen dazu, die oben beschriebenen Ziele zu erreichen? Viele Eltern wenden körperliche Züchtigung an, indem sie einen

Klaps auf den Hintern geben, das Kind schlagen oder ihm irgendwie körperlichen Schmerz zufügen. Sie sind der Ansicht, das Kind lerne daraus, dass Schmerz eine Folge von Ungezogenheit ist. Die Christenheit ist ganz allgemein der Meinung, von Gott angeleitet worden zu sein, ihre Kinder zu züchtigen. Es wird dabei immer auf all die Schriftstellen verwiesen, die sich im Buch der Sprichwörter auf die Rute beziehen.

Es gibt zahlreiche Studien über die Folgen körperlicher Züchtigung.[3–11] Die Untersuchungsergebnisse zeigen grundsätzlich, dass diese Methode äußerst ineffektiv ist, um das Kind zu erziehen. In vielen Fällen bewirkt sie genau das Gegenteil davon, das Kind zu einem rücksichtsvollen, liebevollen und verantwortlichen Erwachsenen zu machen. Da wir es hier mit keiner Erziehungsanleitung für Eltern zu tun haben, werde ich die Diskussion über disziplinare Methoden nicht weiter in die Tiefe führen. Aber ich will darlegen, welche Erkenntnisse uns der Herr im Dienst der Seelsorge geschenkt hat. Um es kurz zusammenzufassen: Schlagen ist nicht die geeignete Methode, um das Kind dazu zu bringen, richtige und akzeptable Entscheidungen über sein zukünftiges Verhalten zu treffen und Aufgaben zu bewältigen. Das ist es aber, was wir alle von unseren Kindern erwarten. Doch Schläge sind nicht die beste Art, diese Dinge zu erreichen. Die »Rute« bezieht sich nicht buchstäblich auf einen Stock zum Schlagen, so wie viele Christen meinen.*

Vergessen Sie nicht, dass ein zweijähriges Kind lernen muss, zu denken, kleine Aufgaben zu lösen und sich richtig zu benehmen. Die wirksamste Erziehungsmethode ist diejenige, die dieses Verhalten fördert.

Durch unsere zornigen Zusammenstöße mit der Mutter und die richtige Erziehung realisieren wir mit der Zeit, dass wir von der Mutter getrennt sind und sich unsere Gefühle von den ihren unterscheiden. Dass wir jetzt verantwortlich sind für unser eigenes Fühlen, Denken und Handeln. Die Symbiose löst sich auf. Die Erziehung durch die Eltern hat dazu beigetragen, die Grenze zwischen uns und den anderen zu ziehen. Diese Grenzen testen wir aus. Das hilft uns herauszufinden, wie weit wir gehen dürfen, was wir unter unserer Kontrolle haben und was nicht. Wenn wir

*In der Anmerkung zu Spr 13, 24 ist in der NIV Study Bible zu lesen: »Disziplin ist in der Liebe verwurzelt. Die Rute ist wahrscheinlich bildlich zu verstehen als eine Metapher für die Erziehung«.

alles bekommen, was wir auf dieser Stufe brauchen, um uns richtig zu entwickeln, dann sind wir für die nächsten Entwicklungsstufen gut vorbereitet. Damit ist eine Grundlage gelegt, auf der wir mit den Herausforderungen aller weiteren Entwicklungsstufen effektiv umgehen können. Wir haben es gelernt, zu denken, Aufgaben zu lösen und für unser Verhalten verantwortlich zu sein. Wir sind einen »sozialen Vertrag« eingegangen und wissen, dass wir von der Mutter getrennt sind. Wir fangen an, Selbstkontrolle und Selbstdisziplin zu lernen.

Wenn Sie Ihre Kindheit betrachten, wie viele unter Ihnen haben wohl die volle Ausrüstung bekommen, um damit die Herausforderungen Ihrer nächsten Entwicklungsstufe zu bestehen?

Lassen Sie uns unsere Aufmerksamkeit darauf richten, was passiert ist, dass sich so viele Menschen im Erwachsenenalter noch immer mit den Problemen eines Zweijährigen herumschlagen.

Wunden und ihre Wurzeln

Kehren wir zurück zu Frederick, wie der Herr die Wurzeln seiner Verletzungen aufdeckt.

» *Frederick hat sich bis jetzt niemals darum gekümmert, welche Auswirkungen er auf das Leben anderer hat. Dass ihn seine Frau verlassen hat, war für ihn der Anlass, sich an Gott zu wenden und ihn zu fragen, wie es zu diesem Problem mit seiner Frau kommen konnte und wo das alles begonnen hatte. Frederick saß im Seminar und hörte den Vortrag über Zweijährige. »Als Sie anfingen, über zweijährige Kinder, ihre Mütter und über den sozialen Vertrag zu sprechen«, berichtet er, »konnte ich mich in allem, was Sie sagten, wiedererkennen. Ich bin noch immer zwei Jahre alt!! Ich habe mich niemals an so etwas wie einen sozialen Vertrag gebunden. Und meine Mutter könnte das Buch über Druck geschrieben haben, sie ist ein Meister darin!«. Fredericks Vater war ein Alkoholiker, der zu Wutanfällen neigte, mit denen er jedermann einschüchterte. Jeden, außer Fredericks Mutter. Frederick sagte: »Mama war die einzige, die Papa in Schach halten konnte. Das war ihre Überlebenschance und mein Schutz vor ihm«. Der Herr ließ Frederick erkennen, dass er bereits im Alter von zwei Jahren zwei Entscheidungen gefällt hatte: wie er in dieser Welt überleben würde, und dass er es einmal jemandem heimzahlen würde, unter solchen Bedingungen leben zu müssen. In diesem Augenblick gingen Frederick die Augen darüber auf, dass er sein ganzes Leben lang andere beherrscht und unterdrückt hatte als Rache dafür, was er unter seiner dominanten und herrischen Mutter zu erleiden hatte. Ja, er hatte gut gelernt, wie man überleben konnte. Der Herr ließ ihn blitzartig erkennen, dass sein extrem destruktives Verhalten seiner Frau gegenüber hauptsächlich dazu angelegt war, seiner Mutter etwas zurückzuzahlen. Aber es war Fredericks Frau, die den Preis bezahlte. Schuldgefühle, Reue und tiefer Schmerz überfielen ihn bei dieser Erkenntnis. Er brach zusammen und begann zu schluchzen. Als ich ihn in meinen Armen hielt, wurde er von Schluchzen geschüttelt wie ein Kleinkind, das er im Grunde noch war.*

Trennung von der Mutter und selbstständiges Denken

Die Geburt unserer Unabhängigkeit, wenn wir uns von der Mutter trennen und selbstständig zu denken beginnen, ist in diesem Alter eine echte Bedrohung für das Überleben. Wir sehen uns zwei widerspüchlichen Anforderungen gegenüber gestellt: »Wird sich meine Mutter immer noch um mich kümmern, wenn ich denke und Probleme löse? Wird sie mich im Stich lassen?«. Die Angst, nicht zu überleben, bleibt unser Hauptanliegen. Was würden Sie tun, wenn Sie zu der Überzeugung gelangten, dass Ihre Unabhängigkeit und ihr eigenes Denken für Ihre Mutter eine Bedrohung darstellen? Wenn sie aus diesem Grund aufhören könnte, sich um Sie zu kümmern und damit Ihr Überleben gefährdete? Natürlich würden Sie das Überleben vorziehen und unter allen Umständen vermeiden, zu denken. Diese Überzeugung lähmt Ihren Antrieb zum Denken sehr wirksam und kann in die Passivität führen. Das kann bei sehr unsicheren oder ängstlichen Müttern auftreten, die alles so sehr in der Hand haben, dass sie die aufkeimende Unabhängigkeit des Kindes als Bedrohung ihrer Autorität empfinden. Die Mutter war immer zur Stelle und hielt Sie zurück, machte es für Sie, erstickte Sie mit ihren ständigen Anweisungen, Drohungen und ihrem Druck … bis Sie kaum mehr atmen konnten … bis Ihr Herz nur mehr frustriert weinen konnte: »Ich muss es doch selber tun, Mama!«.

Eine gegensätzliche, aber genau so destruktive Szene ergibt sich, wenn die Mutter zu sorglos war und Sie verletzt wurden, als Sie sich, im Bestreben unabhängig zu werden, von ihr losrissen. Die Bedrohung ist in diesem Fall ganz offensichtlich. Auf der einen Seite bekommen Sie Mutters Zorn zu spüren, wenn Sie unabhängig werden wollen, was Ihr Überleben bedroht. Im extremen gegenteiligen Fall werden Sie körperlich verletzt, was Ihr Überleben ebenfalls gefährdet.

Wenn das auch Ihre Erfahrungen waren, dann setzen Sie alles daran, von anderen abhängig zu bleiben, damit diese für Sie die Aufgaben lösen. Wenn Sie von Ihrer Mutter unter Druck gesetzt wurden, dann haben Sie gelernt, dass man sich mit Gewalt holen muss, was man braucht. »Nicht zu denken« wird zu einem Schutz- und Kontrollmechanismus, der dazu dienen soll, den möglichen Gefahren des Lebens auszuweichen und andere zu zwingen, Aufgaben für Sie zu lösen.

Zorn und der »soziale Vertrag«

Viele Leute haben Schwierigkeiten, mit Zorn umzugehen, weil sie nicht gelernt haben, ihn richtig auszudrücken. Ein zweijähriges Kind ist sehr erfahren darin, den Zorn von Mutter und Vater zu erregen. Als Sie zornig waren, brauchten Sie ein Vorbild für Ihren eigenen Zorn. Wenn Sie die Mutter zornig machten und diese ihren Zorn abreagierte, indem Sie geschlagen wurden, dann hat Sie Ihnen eine wichtige Lektion erteilt. Nämlich die, dass man Zorn durch Schlagen oder sonst eine Art der Gewaltanwendung ausdrückt. Aber Sie müssen warten, bis Sie stärker sind als der andere.

Ein anderes Problem tritt auf, wenn Sie Ihre Eltern mit Zorn, Wutanfällen oder Rebellion einschüchtern konnten und nicht in die Schranken gewiesen wurden. Wenn Sie mit dieser Methode Erfolg hatten, so dass Sie bekamen, was Sie wollten, dann haben Sie gelernt, Ihre Eltern und somit die ganze Welt mit Ihrem Zorn, Ihrem Trotz und Ihren Wutanfällen zu beherrschen. Als Erwachsener sind Sie noch immer an diese Taktik gebunden.

Oder nehmen wir an, Sie wurden vom Zorn Ihrer Eltern überwältigt. Diese wurden sehr zornig mit Ihnen, als Sie Ihre rebellische Show als Zweijähriger abzogen. Vielleicht zorniger und drohender, als Sie ertragen konnten. Das erschreckte und verschüchterte Sie. Als Sie dann aufwuchsen, hatten Sie Angst vor Autoritäten. Oder Sie lernten andere einschüchtern, so wie in Fredericks Fall, um Ihr Ziel zu erreichen. Das Ergebnis ist in jedem Fall ein ungesunder und destruktiver Lebensstil, der Sie daran hindert, mit anderen so in Harmonie zu leben, wie Gott das möchte.

Es gibt viele »Zweijährige«, die in erwachsenen Körpern auf dieser Welt herumlaufen. Sie üben Druck aus, indem sie andere dominieren, einschüchtern und manipulieren, damit sie bekommen, was sie brauchen und haben wollen. Als Kinder haben sie vielleicht einiges über einen »sozialen Vertrag« gelernt, aber ihn niemals unterzeichnet oder ihm zugestimmt. Erwachsene, die sich in der oben beschriebenen Weise benehmen, sind im Alter von zwei Jahren verwundet worden. Da das zweijährige Kind von vielen Eltern generell missverstanden und falsch behandelt wird, müssen wir uns nicht wundern, dass die Welt voll selbstsüchtiger, egoistischer und herrschsüchtiger Erwachsener ist. Diese Leute sind dabei, ihr Erbe an ihre Nachkommen weiterzureichen.

Verletzungen aus der Zeit der Gewöhnung ans Töpfchen
Probleme mit der Selbstbeherrschung, der Kontrolle über die Impulse und mit der Kooperation sind an der Tagesordnung, wenn Menschen während dieser Zeit verletzt wurden. Wenn das Training für die Toilette zu streng und zu fordernd war, dann wirkt es sich nachteilig aus auf Ihre Bereitschaft zu kooperieren, zu denken, Aufgaben zu lösen und Selbstbeherrschung zu lernen. Rebellion und Widerstand gegen Autorität ist die Folge. Möglicherweise gehen Sie dann mit folgender Einstellung, besonders Autoritäten gegenüber, auf Ihre Lebensreise: » Versuchs nur, an mir wirst du dir schon die Zähne ausbeißen!«. Ihr sozialer Vertrag ist negativ eingefärbt, deutlich verzerrt oder sogar regelrecht falsch. Sie werden damit zu keinem Menschen, mit dem leicht zusammenzuarbeiten wäre oder der vorgegebene Autorität über sich sofort anerkennt. Das größte Problem aber ist die Rebellion gegen Gott und die fehlende Bereitschaft, sich seiner Herrschaft zu unterstellen.

Wenn von Ihnen zu früh verlangt wurde, aufs Töpfchen zu gehen, als Sie entwicklungsmäßig noch nicht dazu bereit waren, entstehen wieder andere Probleme daraus. Dieses Thema wurde im vorigen Kapitel, auf der Stufe von sechs bis achtzehn Monaten, im Bezug zu dieser Entwicklungsstufe bereits angesprochen. In diesem Kapitel werde ich noch einmal darauf eingehen und seinen Einfluss auf das zweijährige Kind beleuchten.

Dazu bietet sich eine weitere Sache an, die sich nachteilig auf Frederick auswirkte, dessen Geschichte wir hier in diesem Kapitel aufrollen:

» *Zu den wichtigsten Erinnerungen, die der Herr bei Frederick wieder wach werden ließ, gehören die Geschichten, die seine Mutter erzählte. Mit Stolz sprach sie davon, wie sie es geschafft hatte, Frederick bereits mit fünfzehn Monaten erfolgreich ans Töpfchen zu gewöhnen. Sie fing damit an, als er zwölf Monate alt war, und obwohl es drei Monate dauerte, lobte sie sich sehr für diese Leistung.*
Konsequenterweise schaffte es Frederick daraufhin nicht, erfolgreich das Entwicklungsstadium eines Zweijährigen zu bestehen und ging auch keinen »sozialen Vertrag« ein.

Wenn die Gewöhnung an das Töpfchen, so wie im Falle Fredericks, zu früh erreicht wird, ist dieser Erfolg auf Erziehungsmethoden alter Prägung zurückzuführen. Ivan Pavlov hat mit dieser Art der Dressur Experimente an seinen berühmten »speichelnden Hunden« durchgeführt. Er entdeckte dort den bedingten Reflex. Werden Methoden, die eher etwas mit Dressur zu tun haben, benutzt, so lernt das Kind zwar, sich so zu verhalten, wie man möchte, aber man nimmt ihm damit die Möglichkeit, sich dann mit Anforderungen auseinanderzusetzen, wenn es in seiner Entwicklung reif dazu ist. Man erlaubt ihm nicht, auf seine Art fühlen, denken und handeln zu lernen, um damit Aufgaben effektiv zu lösen. Wenn also das Kind auf die immer noch übliche Weise gedrillt wurde, die Toilette zu benutzen, noch ehe es reif dazu war, so führt das letztlich dahin, dass das Kind keine Gelegenheit bekommt, sich auf Auseinandersetzungen mit Kontrolle und Wettstreit bzw. Kooperation einzulassen, die jetzt wichtig wären. Das Kind hat nicht die Möglichkeit, selber zu entscheiden, ob es kooperieren und seinen Stuhlgang kontrollieren will oder nicht, weil die Vorentscheidung bereits von außerhalb getroffen wurde.

Die Beherrschung des Stuhlgangs ist eine Form der Selbstbeherrschung und trägt entscheidend dazu bei, die Selbstdisziplin eines Erwachsenen aufzubauen und zu entwickeln. Bitte lesen Sie dazu noch einmal im zweiten Kapitel unter »Wunden und deren Ursachen: Der Prozess der Nahrungsaufnahme« nach. Dort habe ich dieses Thema der zu frühen und von außen auferlegten Kontrolle für das Baby angesprochen. Anforderungen dieser Art bringen das Baby dazu, auf die Beherrschung der aus seinem Inneren kommenden Impulse und Prozesse zugunsten anderer zu verzichten. Zu frühes Töpfchentraining veranschaulicht sehr deutlich, dass Verletzungen hervorgerufen werden, wenn innere Impulse und Prozesse von außen reglementiert werden. Was hier wirklich passiert, ist Folgendes: Sie haben aufgehört, die Impulse aus Ihrem Inneren selber zu kontrollieren und überlassen die Sache Ihren Eltern. Damit verzichten Sie darauf, sich selbst in Ihrem Inneren zu erziehen. Sie lernen, sich äußeren Erziehungsmaßnahmen zu fügen. Auf diese Weise wird Ihrer Selbstdisziplin und Selbstbeherrschung der nötige Unterbau entzogen. In der Folge werden Sie zu einem »Problemkind« abgestempelt, das anscheinend immerzu von den Eltern diszipliniert, korrigiert und bestraft werden will. Die Eltern müssen Sie jede Minute beaufsichtigen oder Sie geraten in Schwierigkeiten. Es ist kein Wunder, dass Sie zum Problemkind wurden! Wurde doch ihre Fähigkeit, sich selbst zu erziehen, bereits im Keim erstickt und von Ihnen zugunsten Ihrer alles beherrschenden Eltern aufgegeben. Jetzt als Erwachsener haben Sie noch immer mit Selbstbeherrschung und Selbstdisziplin zu kämpfen. Sie tun oder sagen vielleicht Dinge, die andere dazu veranlassen, Sie korrigieren zu müssen. Viele erwachsene Christen stellen fest, dass sie aus einem bestimmten Fehlverhalten nicht herauskommen und es andauernd wiederholen. Sie wissen zwar, dass sie bestimmte Dinge nicht tun sollen, haben aber Schwierigkeiten, sie zu beherrschen. Das geht so lange, bis jemand kommt und dafür sorgt, dass sie aufhören. Natürlich gibt es auch noch andere Gründe dafür, dass Menschen bei ihrem Fehlverhalten bleiben und Ihr falsches und verletzendes Verhalten nicht aufgeben wollen. Doch der Verzicht auf die innere Kontrolle zugunsten einer äußeren Quelle ist und bleibt ein großes Problem. Sie ist eine der Ursachen für ständig wiederkehrendes falsches Verhalten, das viele Erwachsenen so frustriert und gefangen hält. Wer mit sehr dominanten Eltern aufgewachsen ist, für den ist ein solcher Lebensstil sehr wahrscheinlich.

Wir verweisen in diesem Zusammenhang auch auf den Anhang am Ende dieses Buches: »Kontrolle bringt Leben oder Tod«.

Folgen der Erziehung auf dieser Altersstufe

Wenn Sie nicht erzogen wurden oder eine falsche oder zu strenge Erziehung genossen haben, die starken Druck ausübte oder für Dinge bestrafte, die Ihnen nicht beigebracht wurden, werden Sie als Erwachsener oft mit Konkurrenz und Machtkämpfen zu tun haben. In Ihnen schlummert das Potenzial, ein negativer, trotziger oder rebellischer Mensch zu werden, der nur sehr widerwillig Autorität über sich anerkennt, auch die Autorität des lebendigen Gottes. Sie werden zum Gegenbild eines hilfsbereiten, selbstlosen Menschen, der immer Angst hat, nicht zu kriegen, was er im Leben braucht oder gern haben möchte, der andere einschüchtert, beherrscht oder manipuliert, um es doch zu bekommen. Kommt Ihnen das bekannt vor?

Gott ist stärker als ein Zweijähriger. Er ist auch stärker als der erwachsene Zweijährige. Der Herr möchte uns von all diesen selbstzerstörerischen Verhaltensweisen befreien, die uns unterjochen, seit wir zwei Jahre alt sind. Wir müssen ihm nur erlauben, uns zu zeigen, auf welche Ursachen diese besonderen Wunden aus unserer Zeit als Zweijährige zurückzuführen sind. In diese Gebiete will er hineinkommen. Er will unsere Herzen heilen und unser Denken wieder klar machen. Er kann es. Gott hat dazu die Macht. (Vgl. 2 Kor 8,9; Jud 24)

Wie Gott Vater eingreift

Auch hier kann der Kreislauf nur dadurch durchbrochen werden, dass wir diese Dinge erkennen, die Verantwortung dafür übernehmen und dem Herrn diese Gebiete öffnen, damit er die Probleme aus dieser Zeit heilt. Als befreite Menschen können wir dann ein gutes Erbe an die nächste Generation weitergeben.

» *Als wir so dasaßen und Frederick in meinen Armen schluchzte, betete ich darum, dass der Herr eingreife und Frederick begegnen möge. Langsam hörte er auf zu weinen, und ich bat Jesus, ihm zu zeigen, was er jetzt tun solle. Frederick fing an, sich an kleine Vorfälle zu erinnern, als er zwischen zwei und drei Jahren alt war. Es ging dabei immer um Machtkämpfe mit seiner Mutter, wer von beiden sich durchsetzen würde, er oder seine Mutter. Jedesmal, wenn Frederick unterdrückt wurde, konnte er den Herrn wahrnehmen, wie er ihn vor diesem Geist der Unterdrückung in Schutz nahm. In Situationen, in denen Frederick sich mit seiner Rebellion durchsetzte, schritt der Herr auch ein. Er stoppte ihn, zog die nötigen Grenzen und ließ ihm die Erziehung zukommen, die er brauchte. In jeder dieser Erinnerungen erlebte Frederick, wie er den Kampf aufgab und sich der erziehenden Korrektur des*

Herrn fügte. Der Herr führte ihn über eine Stunde lang durch eine Situation nach der anderen und befreite ihn Schicht um Schicht von diesen Dingen. Als keine Erinnerung mehr kam, sprach Frederick ein Gebet, in dem er diesem Geist der Unterdrückung die Macht entzog, sowohl auf sein eigenes Leben, als auch in den Generationen und auf das Leben seiner Frau. Er bereute und bat den Herrn, sein Vater zu sein und ihn in den Situationen zu leiten, in denen er dazu neigte, wieder automatisch in das alte Verhalten zurückzufallen. Frederick ist in dieser Gebetszeit auch einen »sozialen Vertrag« eingegangen, den er symbolisch unterzeichnete.

Die darauf folgenden Jahre waren keine leichte Zeit für Frederick. Aber was der Herr in sein Herz hineingelegt hat, kommt zur Entfaltung. Auch seine Frau ist wieder zu ihm zurückgekehrt. Sein Verhalten ihr und anderen gegenüber hat sich dramatisch verändert. Hin und wieder fällt er in sein altes Machtgehabe zurück. Aber er erkennt das sofort und übernimmt die persönliche Verantwortung für sein Verhalten. Eine andere radikale Veränderung zeigt sich darin, dass Frederick sensibel geworden ist für andere. Er kann seine Auswirkungen auf sie viel besser einschätzen. Frederick ist nicht mehr der stolze, selbstsüchtige und tyrannische Zweijährige, der er war. Er beschäftigt sich jetzt mit den Fragen, die aus der Zeit stammen, als er drei bis fünf Jahre alt war.

Viele Menschen sind auf die gleiche Weise verletzt worden wie Frederick. Einige mehr, andere weniger. Wie schlimm auch Ihre Wunden aus der Vergangenheit sein mögen, der Herr kann seine volle Macht entfalten und alle unfreien Bereiche Ihres Leben heilen. Er will sie berühren und wieder frei machen.

Wahrheit: Erkennen, wo es schmerzt

Kontrolle ist im deutschen Kulturbereich weit verbreitet und wird oft als positiv angesehen. In Wahrheit ist sie jedoch sehr negativ, wenn man sie auf Menschen anwendet. Kontrolle hindert uns daran, unabhängig zu werden, zu denken und Aufgaben zu bewältigen. Durch sie wird eine übertrieben starke Abhängigkeit von Autorität gefördert. Sie ist der perfekte Rahmen für Konkurrenzstreit. Ein durch Kontrolle verwundeter Mensch kann als Erwachsener zu einem herrischen Rebell oder zu einem passiven Kriecher werden.

Aufdeckung: den Auslöser finden

Manchmal macht uns Verdrängung oder Gewöhnung blind für die Wahrheit. Wir brauchen den Heiligen Geist, um diese Mechanismen zu durchbrechen, um unser Herz zu durchforschen und überall mit seinem Licht der Erkenntnis hineinzuleuchten. Bitten Sie ihn, dass er die Ursache jedes destruktiven Verhaltens in Ihrem Leben aufdeckt. Sie müssen das nicht allein durchstehen, denn Jesus wird zusammen mit Ihnen noch einmal durch diese Zeit hindurchgehen. Sie müssen ihn nur darum bitten, seine Gegenwart zu enthüllen.

Wiederherstellung: geheilt und befreit werden

Wenn wir bekommen, was wir auf dieser Entwicklungsstufe brauchen, integrieren wir es in unsere Persönlichkeit. Wir haben dann gelernt, unabhängig zu sein, selbständig zu denken, Aufgaben zu bewältigen und Verantwortung für unser Verhalten zu übernehmen. Wenn nicht, dann müssen wir wiederhergestellt und heil gemacht werden. Kontrolle ist eine Verfälschung der göttlichen Disziplin. Wir brauchen jetzt aber Disziplin, weil wir durch sie lernen, uns wirklicher Autorität in der richtigen Art zu unterstellen. Der Herr wird die Schädigung durch eine unterdrückende oder vernachlässigende Erziehung wurzeltief ausreißen und wieder gesunde Grenzen aufrichten. Diese brauchen wir um unserer selbst willen und um gesunde Selbstdisziplin im Leben zu entwickeln.

Erlösung: vom Herrn wiederbekommen

Der Herr will Sie erlösen und Ihnen alles geben, was Sie auf dieser Stufe brauchen, um sich gesund entwickeln zu können. Er wird Grenzen aufrichten, innerhalb derer Sie sicher sind. Und er wird die Grundlage der Selbstdisziplin auf übernatürliche Weise wieder einfügen. Unter seiner Herrschaft wird Ihre Seele Ruhe finden.

Umerziehung: Gott Vater wird zu unserem Vater

Wir lernen nur schrittweise, uns der Herrschaft Gottes zu unterstellen. Aber ohne dass wir diesen »Zweijährigen-Ballast« wirklich von uns werfen, ist es gar nicht möglich. Nachdem wir von ihm geheilt und wiederhergestellt worden sind, wird die tägliche Gewohnheit, nach ihm zu suchen, auf ihn zu hören und ihm zu gehorchen, unsere Selbstdisziplin wieder stärken. Ebenso wie die Fähigkeit, echte Autorität über uns anzuerkennen.

Wie Gott Vater heilt

Schritte, die wir selber gehen müssen, um seine Heilung und Wiederherstellung zu erfahren:

1. Identifizieren Sie Ihre Probleme als Erwachsener, bzw. die Symptome, die auf Sie zutreffen. [nachfolgende Tabelle]
2. Bitten Sie den Heiligen Geist, die Wurzel jedes einzelnen Problems bloßzulegen. Die Wurzel ist all das, was Ihnen in der Kindzeit zugestoßen ist, zu einer Verletzung in Ihrem Leben führte und auf diese Weise ermöglichte, dass sich das jeweilige Problem festsetzen konnte. Wie deckt der Heilige Geist Verletzungen auf? Zum Beispiel durch Erinnerungen, ein Bild, einen vagen Eindruck, einen Gedanken oder eine andere Art, einfach »zu wissen«. [Lk 8,17]
3. Bitten Sie Jesus, dass Sie seine Gegenwart an diesem Punkt wahrnehmen können. [Hebr 13,8; Ps 31, 14–16]
4. Sagen Sie Jesus, was Sie dabei fühlen, denken, erfahren. Hören Sie auf das, was er dazu sagen möchte. [Ps 91, 14–16]
5. Bitten Sie Jesus, Ihnen zu zeigen, wie der Vater diese Zeit haben wollte. Er will Ihnen alles Notwendige für die Entwicklung geben, um Sie heil zu machen. Er will alles wiederbringen, was an Ihnen versäumt wurde, und Sie zu dem Menschen »restaurieren«, der Sie ursprünglich nach seinem Plan sein sollten. [Jer 29,11; Mt 15,13]
6. Vergeben Sie Ihren Eltern und allen, die Sie verletzt haben. Wenn nötig, so brechen Sie die Flüche, die schon seit Generationen auf Ihrer Familie lasten. [Mt 6,14; Kol 3,13; Gal 3,13; siehe Anhang]
7. Nehmen Sie Gott Vater als Ihren ewigen Vater an. Und nehmen Sie das Erbe des Lebens in Empfang, das Jesus Christus Ihnen schenken möchte. [Joh 1, 12–13; Röm 8, 13–17
8. Ergreifen Sie im Namen Jesu die Vollmacht über alle schädlichen Auswirkungen und Einflüsse in Ihrem Leben, die der Herr aufgedeckt hat. Befehlen Sie ihnen im Namen Jesu, für immer zu verschwinden. [Lk 10,19; Jak 4,7; Mk 16,17]
9. Sprechen Sie die Verheißungen aus dem Wort Gottes aus. Sie sind seine Antwort auf Ihre Bedürfnisse und Nöte. [Gal 3,14; Apg 2,39; 2 Kor 1,20]
10. Suchen Sie jeden Tag die Nähe des Vaters, um ihn als Vater zu erfahren. Bitten Sie den Heiligen Geist, Ihnen zu zeigen, wie Sie Ihr neues Leben gestalten sollen. [Hebr 12,10; Ps 68,5; Joh 14,26]

GESUNDE ENTWICKLUNG

ENTWICKLUNGSSTUFE: ZWEI JAHRE

Wichtige Themen	Erforderliche Lernziele für gesunde Entwicklung	Merkmale beim Erwachsenen
Zorn, Opposition, Rebellion Unabhängigkeit »sozialer Vertrag« Selbstständigkeit Kontrolle Zusammenarbeit kontra Wettstreit	Erste Auflösung der Symbiose selbstständig werden den »sozialen Vertrag« unterzeichnen Grenzen und Einschränkungen erfahren Disziplin akzeptieren Zusammenarbeit lernen anfangen, Ursache u. Auswirkung zu bedenken	Rücksichtnahme Effektivität im Denken: Probleme lösen können rechtmäßige Autorität anerkennen Beziehungen, getragen von Selbstdisziplin, Zusammenarbeit und Synergie* Jesus als Herrn anerkennen mit dem Heiligen Geist zusammen arbeiten

*Synergie: 1. Das Zusammenwirken zweier (oder mehrerer), deren gemeinsamer Effekt größer ist als die Summe der einzelnen Bemühungen. 2. Die Lehre oder der Glaube, dass der menschliche Wille mit dem Heiligen Geist und der göttlichen Gnade zusammenwirkt, insbesondere im Akt der Bekehrung oder Wiedergeburt. (Collins English Dictionary)

FEHLENTWICKLUNGEN

ENTWICKLUNGSSTUFE: ZWEI JAHRE

Wichtige Themen	Verletzungen in der Entwicklung	Symptome beim Erwachsenen
Zorn / Opposition, Rebellion Unabhängigkeit Denken »sozialer Vertrag« Trennung Kontrolle Zusammenarbeit kontra Wettstreit	Keine Disziplin oder Erwartungen keine Konsequenzen erfahren Erwartungen zu hoch oder durch extremen Druck verstärkt Eltern forden Abhängigkeit Zorn wird nicht konfrontiert und zum Thema gemacht keine Konfrontation der Dominanz fehlendes Vorbild für Umgang mit Zorn keine klaren Grenzen / Einschränkungen	Rücksichtslosigkeit fehlende Selbstdisziplin oppositionell, ehrgeizig, dominant symbiotische Beziehungen Selbstbezogenheit Schwierigkeiten, effektiv zu denken u. Probleme zu lösen andere ärgerlich abwerten den Heiligen Geist bekämpfen / Widerstand leisten

Identität

(Das Alter von 3–5 Jahren)

» *Tom war gerade fünf geworden, als sein Vater aus dem zweiten Weltkrieg als ein gebrochener Mann zurückkam. Während der Abwesenheit des Vaters war seine Mutter sehr einsam gewesen und hatte große Angst vor der Zukunft. Ihre einzige Freude bestand darin, ihre Kinder aufzuziehen, insbesondere Tom. Als ihr Lieblingskind genoss er ihre besondere Zuwendung, manchmal auf eine Art, die ihn verwirrte. Der Magen verkrampfte sich in ihm, wenn sie ihn an sich zog. Wenn sich seine Mutter besonders ängstlich und einsam fühlte, ließ sie ihn neben sich schlafen, um ein wenig Trost zu finden. Tom aber fühlte sich dabei ganz unwohl …*

In der Zeit zwischen dem dritten und fünften Lebensjahr ist es wichtig, ein soziales Rollenverständnis aufzubauen und zu begreifen, worum es in der Welt geht. Wir ahmen nach, was wir sehen. Wir plappern nach, was wir hören. In dieser Zeit nimmt die Identität Gestalt an und die Geschlechtsrolle wird festgelegt: was es bedeutet, in unserer Familie, unserem sozialen Umfeld und Kulturkreis männlich oder weiblich zu sein. Die Kultur beeinflusst die charakterliche Entwicklung auf dieser Stufe sehr stark. Vater und Mutter werden in diesen Jahren zu wichtigen und entscheidenden Vorbildern für das Rollenverständnis.[1]

Probleme beim Erwachsenen

Eine Identität haben heißt, zu wissen, wer wir sind ... und wer wir sein sollen. Probleme eines Erwachsenen bezüglich seiner Identität können sich verheerend auswirken auf seine Fähigkeit, seine Bestimmung zu erkennen und zu erfüllen. Wenn wir nicht wissen, wer wir sind, wie können wir dann den Platz in der Welt einnehmen, den Gott uns zugedacht hat? Wie den Zweck unseres Lebens erfüllen? Es ist von großer Bedeutung, die Probleme eines Erwachsenen zu erkennen, die ursächlich auf diese wichtige Entwicklungsstufe zurückgehen. Das sind vor allem: Verunsicherung in der Geschlechtsrolle, Überanpassung, Ängste und Phobien, Tagträume, gesellschaftliche Unbeholfenheit, selbstgerechtes bzw. gesetzliches Verhalten und falsche Wahrnehmungen.

» *Tom ist ein sympathischer Typ. Er wird von jedermann in der Stadt außerhalb seines Hauses geschätzt. Aber tief in seinem Inneren wird er von einem bedrückenden Schuldgefühl gequält. Zeit seines Lebens hatte er Probleme damit, seine sexuelle Identität zu finden. Er war süchtig nach pornographischen Fernsehsendungen, Filmen und Zeitschriften. Im vergangenen Jahr hatte die sexuelle Beziehung zu seiner Frau immer perversere Züge angenommen. Tom und seine Frau hatten eine Beratung aufgesucht, die auch mit einigem Erfolg verbunden war. Aber die eigentliche Thematik – Schuld, sexuelle Abhängigkeit und Perversion sowie fehlende emotionale Nähe – wurde dabei nicht angerührt.*

Tom steht damit nicht alleine da. Verwirrung über die Geschlechtsrolle gibt es häufiger, als allgemein angenommen wird. Viele Menschen kämpfen mit ihrer Unsicherheit über ihre männliche oder weibliche Identität. Dazu trägt auch zusätzlich nicht unwesentlich die Verwischung der Unterschiede zwischen den Geschlechtern in der heutigen Zeit bei. Verwirrung über die Geschlechtsrolle bedeutet weniger, dass jemand homosexuell ist, sondern bezieht sich mehr darauf, sich in seiner Rolle als Mann bzw. Frau nicht ganz zu Hause zu fühlen, nicht sicher zu sein, wie man sich als solcher oder solche richtig verhält.

Homosexualität ist eine viel ernstere Identitätskrise, die zusätzlich von vielen anderen Dingen abhängig ist. Darauf werden wir in einem späteren Kapitel eingehen.

Fühlen Sie sich von anderen gezwungen, zu sagen oder zu tun, was diese von Ihnen erwarten? Würden Sie sich als ungeschickten oder introvertierten Gesprächspartner beschreiben? Sind Sie einverstanden damit, dass Gott sie als Mann bzw. als Frau erschaffen hat, oder kämpfen Sie mit Ihrer Identität? Haben Sie Probleme im Bereich der Sexualität? Werden Sie von Angst gequält, so lange Sie sich erinnern können? Wenn Sie auf eine der angeführten Fragen mit »Ja« geantwortet haben, ist es sehr wahrscheinlich, dass die Wurzeln dieser Dinge auf die Zeit zurückzuführen sind, als Sie etwa drei bis fünf Jahre alt waren.

Um die Ursachen dieser Probleme besser verstehen zu können, werden wir jetzt noch einmal in das Alter von drei bis fünf Jahren zurückgehen und uns die Entwicklung dieser Zeit genauer ansehen.

Der gesunde Entwicklungsprozess

Im Alter von drei Jahren

Im vorigen Kapitel wurde beschrieben, wie wir im Alter von zwei Jahren einen sozialen Vertrag eingegangen sind. Jetzt müssen wir möglichst viele Informationen sammeln, um ihn in Gang zu setzen. Wir tun, was wir sehen und wir sagen, was wir hören. Was für die Eltern in Ordnung ist, das stimmt auch für uns.

Wahrscheinlich werden wir auch Dinge sagen oder tun, die wir im unpassendsten Augenblick aufgeschnappt haben, sehr zum Verdruss unserer Eltern. Trotzdem, Eltern lieben dieses Alter. Sie genießen es und sind erleichtert, dass die Trotzperiode vorbei ist. Wir werden sehr hilfsbereit. Fortwährend helfen wir unseren Eltern, auch wenn sie uns nicht darum bitten. Wir sind liebenswerter, aufmerksamer und rücksichtsvoller geworden.

Unser unstillbarer Wissensdurst lässt manche Eltern zum Lexikon greifen, um unser beharrliches und unaufhörliches »Warum« zu beantworten. Gott macht allen Dreijährigen dieses eine Wort »Warum?« zum Geschenk. Eltern müssen sich mitunter sehr anstrengen, um darauf nicht mit »Sei doch endlich ruhig!« zu antworten, genervt von den vielen »Warums«.

Gehen Eltern manchmal auch die Antworten aus? Ja, das kann passieren.

Wir sind jetzt sehr aufnahmefähig. Nichts scheint uns zu entgehen. Wir sammeln Daten über die Welt. Es ist wichtig, dass wir genaue Informationen erhalten, ohne dass man uns lächerlich macht, aufzieht oder verspottet.

Wir lernen, worauf andere reagieren und worauf nicht. Wir müssen die gesellschaftlichen Regeln genau so dringend lernen wie die des Gesprächs. Wann wir reden dürfen und wann wir höflich schweigen müssen. Was wir sagen dürfen und was nicht.

Wir erleben, dass andere ebenso Gefühle haben wie wir und müssen lernen, sie in das Geschehen um uns herum einzugliedern. Eltern sollten uns helfen, diese Gefühle zu benennen: »Das macht mich glücklich ... traurig ... zornig usw.« Auf diese Art fangen wir an zu verstehen, wie wir und andere auf die Ereignisse in unserer Umgebung reagieren. In diesem Alter entwickelt sich der Zusammenhang zwischen Fühlen, Denken und Handeln sehr stark. Wir stellen Gedanken und Eindrücke auf den Prüfstand, um grundsätzlich herauszufinden, was es bedeutet, sich als Mensch unter Menschen zu bewegen.

Im Alter von vier Jahren

Sobald wir vier Jahre alt sind, wird es für uns sehr wichtig, dass wir uns gut benehmen. Wir möchten für unsere Eltern ein liebes Kind sein. Ein ganzes Jahr lang haben wir darüber Informationen gesammelt. Je mehr wir über die Welt lernen, desto mehr fragen wir uns, ob wir wohl gut genug sind, sie zu bestehen.

Der Beginn der Angst

Ist Ihnen schon aufgefallen, wie es vierjährige Kinder plötzlich mit der Angst zu tun bekommen? Sie fangen an, schlecht zu träumen und sprechen über schaurige Ereignisse und Geister. Vielleicht wollen sie Geschichten vorgelesen bekommen, wie Jesus böse Geister austreibt. Das ist das Alter, in dem das Nachtlicht brennen bleiben muss, weil es so dunkel und unheimlich ist. Wir haben schon erwähnt, dass es für das vierjährige Kind wichtig ist, sich gut zu benehmen. Oft befürchtet es, nicht gut genug für diese Welt zu sein. Aus diesem Grund legt es sich einen Mechanismus zu, der sein gutes Benehmen sichern soll: es fängt an sich zu fürchten. Wenn jemand z. B. von Angst überwältigt wurde, dann sagt er, dass er starr vor Angst war und sich nicht bewegen konnte. Wer sich nicht bewegt, kann sich nicht schlecht benehmen. Das ist der Extremfall, aber Sie verstehen, worum es geht.

Wir brauchen in diesem Alter eine konsequente und strukturierte Erziehung. Je mehr wir unser Verhalten ohne Einmischung der Eltern unter Kontrolle bringen müssen, desto mehr Angst wird benötigt, dieses Ziel zu erreichen. Unsicherheit und Angst haben in dieser Zeit also wesentlich mit einer konsequenten Erziehung zu tun. Je strukturierter und beständiger die Eltern in ihrer Erziehung, desto geringer die Angst. Wir müssen wissen, dass unsere Eltern da sind, um uns zu helfen, das gute Kind zu sein, das wir so gern sein wollen. Wenn Eltern aber inkonsequent in ihrer Erziehung sind und zu wenig auf unsere Bedürfnisse eingehen, dann wird die Angst zunehmen. Sie wird zu einem selbst auferlegten Kontrollmechanismus, um das Ziel des guten Benehmens zu erreichen. In dieser Lebenszeit werden wir anfällig dafür, von einem Geist der Angst ergriffen zu werden, der uns für den Rest unseres Lebens unter seine Herrschaft zwingen kann. Die ganze Sache ergibt für einen Erwachsenen vielleicht nicht viel Sinn, aber für einen Vierjährigen ist sie absolut logisch.

Wenn uns die Eltern eine konsequente und wohlüberlegte Erziehung zukommen lassen und die Angst nicht verstärken, indem sie als Erziehungsmittel gegen uns eingesetzt wird, dann sind wir gut gerüstet, den Anforderungen der nächsten Stufe vertrauensvoll und stark gegenüber zu treten.

Im Alter von fünf Jahren

Als Fünfjährige haben wir Gewissheit darüber erlangt, was richtig und was falsch ist. Wir wissen, was von uns verlangt wird, haben aber noch Schwierigkeiten, es umzusetzen. Dieses »Tun« müssen wir erst einüben. Das ist auch das Hauptthema für das Entwicklungsalter von sechs bis etwa zwölf Jahren.

Gerechtigkeitssinn

In diesem Alter entwickeln Kinder einen starken Gerechtigkeitssinn. Wir sehen alles schwarz oder weiß und in den Gegensätzen richtig oder falsch. Wenn Sie Gesetzlichkeit in seiner reinsten Ausprägung kennen lernen möchten, brauchen Sie nur ein fünfjähriges Kind zu beobachten. Eltern müssen in allem vollkommen sein, oder wir werden sie sofort daran erinnern. Wenn wir jetzt mit Gott Bekanntschaft machen und beten lernen, geben wir einen ernst zu nehmenden Beter ab. Weil wir Gott glauben und wissen, dass er tut, was er sagt. Der Glaube eines fünf Jahre alten Kindes kann den mancher Erwachsener weit übertreffen.

Eltern müssen jetzt wirklich vollkommen sein!!

In diesem Alter passen wir uns stark an. Wir nehmen viele Regeln, Werte und Moralvorstellungen unserer Familie in uns auf. Es wird von uns jetzt viel Wissen darüber erworben, welche Rolle Männer und Frauen in der Familie, in der Kultur und in der Welt spielen. Wie sich Männer gegenüber anderen Männern und gegenüber Frauen verhalten. Wie sich Frauen zu anderen Frauen und zu Männern verhalten. Dieses Rollenspiel wird bei uns eingeübt, indem wir Mutter und Vater dabei beobachten und es mit ihnen spielen. Väter werden zum großen Vorbild für ihre Söhne und Mütter für ihre Töchter. Beide Eltern liefern wichtige Informationen darüber, welche Rolle wir in Familie und Gesellschaft einnehmen werden, wenn wir erwachsen sind.

Weil wir jetzt sehr daran interessiert sind, zu lernen was gesellschaftlich richtig und falsch ist, wird es uns jedes Mal erschrecken und in unserem Gefühl für Gerechtigkeit verletzen, wenn wir jemanden beobachten, der sich über gesellschaftliche Normen hinwegsetzt. Wenn Vater das Tempolimit überschreitet, werden wir ihn aufgeregt auf sein Vergehen hinweisen.

» *Ich erinnere mich daran, als ich einmal unseren fünfjährigen Sohn Todd mit auf den Markt nahm. Eine frische Ladung Weintrauben war gerade angekommen und wurde zum Verkauf angeboten. Bevor ich sie kaufte, wollte ich davon probieren, um zu sehen, ob sie auch süß waren. Ich steckte also eine Beere in den Mund und fing an zu kauen. Geschockt durch meine Untat, brüllte Todd lauthals: «Daddy, Daddy, spuck das aus!« Von der Lautstärke erschreckt, gehorchte ich und spuckte die Weinbeere aus. Ich dachte, es wäre irgendetwas nicht in Ordnung mit ihr. »Was ist los, Sohn?«, fragte ich. Mit Tränen in den Augen antwortete Todd: »Du wirst ins Gefängnis kommen. Du hast eine Weintraube gestohlen.« Dem Gesetz nach hatte ich tatsächlich eine Weintraube gestohlen. Es wäre richtig gewesen, mir in Anwesenheit Todds die Erlaubnis dazu einzuholen und erst dann die Trauben zu probieren. Damit hätte ich gleichzeitig die peinliche Situation vermeiden können, als Dieb der öffentlichen Missbilligung ausgesetzt zu sein. Und was noch wichtiger ist, ich hätte meinem Sohn einen Schock erspart, als sein Gespür für rechtes Tun verletzt wurde.*

Viele Kinder werden in diesem Alter in ihrem Gefühl für Rechtschaffenheit verletzt. Weil Schlüsselpersonen in ihrem Leben Dinge tun, die nicht mit dem übereinstimmen, was sie in ihrem sozialen Umfeld als gut und richtig erkannt haben.

Beten lernen

Weil wir jetzt keine Schwierigkeiten haben, an Gott zu glauben, wäre es eine gute Zeit, uns das Beten beizubringen. Ich bin überzeugt, dass Gott Freude daran hat, auf die Gebete fünfjähriger Kinder zu hören. Er lässt sie anscheinend nie besonders lange auf eine Antwort warten. Kinder zweifeln nie. Ihr Glaube ist oft größer als der eines Erwachsenen. Ein Vater erzählte mir die folgende Begebenheit:

> » *Eines Tages kam er mit einer starken Erkältung von der Arbeit nach Hause. Seine Nase war völlig zu und er konnte kaum durch sie atmen. Er ließ sich auf der Couch nieder, um sich auszuruhen. Sein Sohn sah, wie schlecht es ihm ging. Er kam zu ihm herüber und fragte, ob er für ihn beten dürfe. Da der Vater wusste, wie schnell die Gebete Fünfjähriger beantwortet werden, sagte er: »O ja, bitte mach das!«. Der Sohn legte eine Hand auf die Nase des Vaters und hielt die andere zum Himmel hoch. Mit aller Autorität, die er aufbieten konnte, sprach er: »Herr, heile sie … oder nimm sie weg!«. Der Vater griff eilig ein und sagte: »Stopp, mit dem Gebet bin ich nicht einverstanden!!«*
> *Diese Gebetserfahrung mit seinem Sohn bewog ihn zu der Warnung: »Achten Sie sorgfältig darauf, was Sie Ihrem fünfjährigem Kind über das Gebet beibringen wollen.«*

Sicherheit haben über unsere Geschlechtsrolle und Identität

Am Ende dieser drei Jahre haben wir bereits einiges davon begriffen, wer wir sind. Wir haben die Gebote und Verbote aus unserem familiären und sozialen Umfeld in uns aufgenommen.[1] Wir haben ein gesellschaftlich akzeptiertes Verhalten angenommen und sind uns sicher über unsere Identität. Die Eltern haben uns viele Modelle für Aufgabenbewältigung geliefert. Damit sind wir gut ausgerüstet, um uns aktiv auf die nächste Stufe der Kindheit einzulassen, auf das Alter von sechs bis zwölf Jahren, das in der Tat ein aktives sein wird.

Doch vorher werden wir uns noch die Verletzungen ansehen, die in der beschriebenen Altersstufe auftreten können.

Wunden und ihre Wurzeln

Lassen Sie uns einen Blick auf einige der Verwundungen werfen, die in dieser Lebenszeit zugefügt werden können.

> *In den zwei Stunden, die wir mit dem jetzt fünfzigjährigen Tom zusammen waren, gab er uns folgende Hintergrundinformation: Tom war das älteste von drei Kindern und der einzige Sohn. Sein Vater war während seiner ersten Lebensjahre im Krieg. Die enge Beziehung, die sich zwischen Tom und seiner Mutter entwickelt hatte, wurde noch unbehaglicher, als sein Vater aus dem Krieg zurückkam. Sein Vater war ein depressiver und in sich gekehrter Mann, der nicht in der Lage war, auf die emotionalen Bedürfnisse seiner Frau einzugehen. Der fünfjährige Tom fühlte sich durch die Zuneigung seiner Mutter peinlich berührt. Er konnte sich an Abende erinnern, als sein Vater nicht zu Hause war und seine Mutter ihn bat, sich eng neben sie auf die Couch zu setzen. Als er sechs Jahre alt war, löste das enorme Schuldgefühle bei ihm aus. Er musste sich andauernd fragen: »Warum nur fühle ich mich so schlecht? Mutter braucht mich doch«. Er weiß noch, wie er betete und Gott darum bat, seinen Vater nach Hause zu schicken, damit er zu Bett gehen konnte. Denn er wollte seine Mutter nicht alleine auf der Couch zurücklassen.*

Toms Lebensgeschichte wird uns in dem Abschnitt über die Verwirrung der Geschlechtsrolle noch einmal beschäftigen.

Kannst du denn niemals ruhig sein?!

Mit drei Jahren finden Sie Gefallen daran, Ihre neu erworbenen sprachlichen Fähigkeiten anzuwenden. Sie reden viel, fragen unentwegt und sind sensibel für die Bedürfnisse Ihrer Eltern. Erwachsene, die sich in Gesellschaft unwohl oder fehl am Platz fühlen, die sich nicht zu fragen trauen, insbesondere Autoritätspersonen nicht, sollten in diesem Alter nach den Wurzeln ihres Problems suchen. Wenn ein Kind angefahren wird, doch endlich mit dem Reden aufzuhören, weil sich die Eltern von seinem ständigen Redefluss und den vielen Fragen überfordert fühlen, kann es anfangen, sich schuldig zu fühlen. Unsere Selbsteinschätzung wird negativ beeinflusst und wir glauben mit der Zeit, dass etwas falsch ist mit uns. Auf Grund dieser Schuldgefühle können wir zu der Meinung kommen, wir wären unbedeutend, hätten nichts zu sagen oder dürften uns nicht verbal äußern. Wenn wir in einem solchen Lebensmuster gefangen sind, stellen wir vielleicht nur Vermutungen darüber an, was andere denken, was sie von uns erwarten oder haben wollen, ohne es klar zu erkennen. Wir beurteilen dann manches nicht richtig und machen Fehler, die uns und sie in Schwierigkeiten bringen.

Wenn wir in dieser Zeit der Wissensansammlung gehänselt oder verspottet werden, kann es sein, dass wir Schwierigkeiten bekommen, uns ernsthaft auf neue Dinge einzulassen. Vielleicht sind wir unsicher in unserer Realitätsauffassung. Oder wir werden sehr misstrauisch, wenn man uns etwas erzählt, weil wir den Menschen nichts glauben.

Der Beginn der Angst

Wir sind vielen Erwachsenen begegnet, die fast immer von einer untergründigen Angst begleitet wurden. Sie haben zum Zeitpunkt, als sie am empfänglichsten dafür waren, nämlich mit vier Jahren, einen Geist der Angst eingelassen.

» *Sonja kam zum Gebet, weil sie von Angst beherrscht war. Diese raubte ihr alle Lebensfreude und Freiheit.*
Im Gebet erinnerte der Herr Sonja an eine Zeit, als sie vier Jahre alt war. Sie fuhr bei sich zu Hause im hinteren Teil der Veranda, oben auf dem ersten Stockwerk, mit ihrem kleinen Dreirad herum. Ihr kleiner Bruder schickte sich an, flink Richtung Treppe zu krabbeln, die zum Erdgeschoss hinunter führte. Sonja preschte mit ihrem Dreirad nach vorne, um vielleicht doch noch zwischen ihn und die Treppe zu gelangen, bevor er hinunter purzelte. Es gelang ihr gerade noch, aber in der Eile des Gefechts hatte sie dabei seine kleine Hand überfahren. Er fing an zu schreien. Die Mutter kam gelaufen, und ohne zu fragen, was geschehen war, schlug sie Sonja voller Angst, Zorn und Ärger, weil sie ihrem Bruder weh getan hatte. Sonja stand gerade am Rande der obersten Stufe, die Beine links und rechts über das Dreirad gegrätscht. Als sie geschlagen wurde, verlor sie das Gleichgewicht und stürzte kopfüber mitsamt dem Rad die Treppe hinunter. Sie landete unten mit einem gebrochenen Arm. Sie weiß noch, wie sie vor Angst und Schmerz aufschrie, als ihre Mutter zu ihr herunter gerannt kam und dabei ausrief: »O Sonja, es tut mir so Leid … so furchtbar Leid!«. Zu diesem Zeitpunkt hatte sich die Angst so weit gesteigert, dass ein Geist der Angst Einlass gefunden hatte.

Sonja nahm diese Angst in sich auf, und sie blieb treu an ihrer Seite als eine ständig vorhandene Macht, die sie beherrschte. Als wir miteinander beteten, baten wir den Herrn darum, sich in dieser Erinnerung zu offenbaren. Sonja erlebte, wie der Herr zu ihr kam, sie aufhob und tröstete. In diesem Augenblick fühlte sie einen unbeschreiblichen Frieden und große Freiheit, als alle Angst aus ihrer Seele wich. Einige Augenblicke später vergab Sonja ihrer Mutter und wies den Geist der Furcht in der Vollmacht des Herrn von sich. Sie sagte sich los von dieser Angst und hielt ihr Gottes Wort entgegen: »Gott hat mir keinen Geist der Verzagtheit gegeben …« (vgl. 2 Tim 1.7).
Sonja war frei von Angst! Nach dreiundzwanzig Jahren Unterdrückung durch Angst war sie endlich frei!

Es gibt viele solcher Sonjas, die im Alter von vier Jahren einen Geist der Angst hereingelassen haben. Jede beliebige seelische Erschütterung, der sie mit vier Jahren ausgesetzt sind, kann zur Folge haben, dass Sie von einer Angst befallen werden, die Sie bis auf den heutigen Tag quält.

Es kamen auch noch andere mit einem Angstproblem zur Seelsorge. Dabei zeigte sich oft, dass Erwachsene die Angst als erzieherische Maßnahme gegen das vierjährige Kind eingesetzt hatten.

» *Frank war für einige Wochen bei seiner Tante und seinem Onkel untergebracht. Eines Tages beobachtete seine Tante, wie Frank hinter einem Gebüsch Schutz suchte, als der Müll abgeholt wurde. Er hatte offensichtlich Angst vor den Männern der Müllabfuhr, was seiner Tante nicht entging. Als Frank wieder etwas anstellte und seine Tante verärgerte, drohte sie ihm: »Wenn du kein braver Junge bist, hole ich diese Männer von der Müllabfuhr, damit sie dich mitnehmen!«. Das reichte. Frank hörte sofort auf, ungezogen zu sein. Aber noch zwanzig Jahre später hatte er jede Nacht schreckliche Alpträume, in denen er voll Entsetzen vor Männern floh, die in der Müllabfuhr vorgefahren waren, um ihn mitzunehmen. Das ist ein hoher Preis für eine schnell wirksame disziplinare Maßnahme. In der Seelsorge erlebte Frank die Befreiung von seiner Angst.*

Angst stoppt zwar kurzfristig die Ungezogenheit, aber es lohnt sich nicht, eine damit möglicherweise verbundene langfristige negative Auswirkung in Kauf zu nehmen. Wurde Ihnen mit Angst gedroht, als sie vier Jahre alt waren, weil Ihre Eltern hilflos waren und nicht wussten, wie Sie mit Ihnen umgehen sollten?

Was immer damals mit Ihnen geschehen ist, der Herr möchte Sie so bald wie möglich davon befreien. Der Herr bevorzugt keinen (vgl. Apg 10, 34). Was er für Sonja, Frank und viele andere getan hat, wird er auch für Sie tun.

Wenn die Liebe zur Gerechtigkeit zum Zwang wird

Fühlen Sie sich gedrängt und getrieben, Ihren »Glauben zu verteidigen«? Für die Gerechtigkeit einzutreten, sich mit einer Sache vollkommen zu identifizieren und alle zu korrigieren, die einen Fehler machen? Die Betonung liegt hier auf »gedrängt und getrieben«. Es sollte für jeden Erwachsenen normal sein, für seine Überzeugung einzustehen. Auch ist noch normaler ethischer Standard, in seinem Reden und Handeln korrekt und wahrhaftig sein zu wollen. Erwachsene jedoch, die als fünfjährige Kinder in ihrem Gerechtigkeitsgefühl verletzt worden sind, leben unter dem Zwang, alle und alles korrigieren zu müssen, das sie als ungerecht empfinden.

» *Ewald pflegte sehr aufbrausend zu werden, wenn jemand etwas sagte oder tat, das ungehörig oder gesellschaftlich nicht ganz korrekt war. Wenn gar ein religiöser Leiter etwas sagte oder tat, was seiner Auffassung nach vor Gott nicht richtig war, wurde er noch zorniger. Ewald lebte nach dem Gesetz. Seine gesetzliche Haltung handelte ihm oft Schwierigkeiten ein, besonders mit seinem Pastor. Es wurde ihm oft gesagt, dass er ein religiöser Fanatiker sei. Aber darauf reagierte er nur mit »heiligem Zorn«.*
Ewald tat sich sehr schwer damit, anderen zu vergeben, wenn er überzeugt war, dass sie falsch lagen. Er war unfähig, sich von einer Sache abzuwenden, die er als ungerecht empfand.
Im Gebet deckte der Herr auf, dass Ewald, als er fünf Jahre alt war, also zu einer Zeit, wo Kinder am sensibelsten für Gerechtigkeit sind, fortwährend mit ansehen musste, wie sein Vater ganz offensichtlich ungerechte und falsche Dinge tat. Er sah und hörte, wie der Vater seine Mutter schlug, wie er aus Geschäften etwas mitgehen ließ, wie er log, während Ewald den wahren Sachverhalt kannte. Er konnte sich genau daran erinnern, dass ihn der Vater zurechtwies und für Dinge bestrafte, die er bei ihm selber gesehen hatte. Im Alter von fünf Jahren legte er den

Schwur ab, dass er jeden zurechtweisen würde, der vor seinen Augen etwas Ungerechtes tat. Durch Seelsorge, Gebet und Gottes Eingreifen in viele von Ewalds Erinnerungen aus dieser Zeit wurde er systematisch von diesen Dingen befreit. Er widerrief den Schwur, ein Verteidiger der Gerechtigkeit zu sein und gab die Verantwortung dafür an Jesus zurück, wo sie auch hin gehört. Er bat den Herrn darum, ihm eine ebenso tiefe Einsicht in die Gnade und Barmherzigkeit Gottes zu schenken, wie er sie bereits in die Gerechtigkeit und Furcht Gottes hatte.

Wenn der Herr in Ihnen Kindheitserinnerungen wach werden lässt aus einer Zeit, in der sie drei, vier oder fünf Jahre alt waren, dann ist es seine Absicht, mit Ihnen noch einmal durch diese Zeit zu gehen und die Wunden zu heilen, die Ihnen geschlagen wurden. Der Herr will Sie von den Dingen in Ihrem Leben als Erwachsener befreien, die Sie fesseln und hindern, in ihm zu wachsen und zu reifen. Lassen Sie nicht zu, dass der überzogene Gerechtigkeitssinn eines Fünfjährigen, die Angstgefühle einer Vierjährigen oder die Schuldgefühle und Unzulänglichkeit eines Dreijährigen davon abhalten, dem Herrn zu erlauben, diese Bereiche Ihres Lebens zu berühren. Gott möchte Sie wirklich beschenken.

Verwirrung der Geschlechtsrolle

Lassen Sie uns die wichtigsten Wurzeln ansehen, die der Herr bei Tom aufdeckte.

» *Als wir zu beten begannen, deckte der Herr entscheidende Dinge auf, die den Problemen von Tom als Erwachsenem auf den Grund gingen.*

Da sein Vater die emotionalen Bedürfnisse seiner Mutter nicht erfüllen konnte, so wie es ein Ehemann normalerweise tut, suchte sie diesen fehlenden Beistand bei ihm. Die gesunden und natürlichen Gefühle, die eine Mutter für ihr Kind empfindet, waren mit all den Gefühlen vermischt, für die eigentlich der Ehemann zuständig ist. Das war eine explosive Mischung, die Toms Auffassung über seine eigene Geschlechtsrolle völlig durcheinander brachte. Tom war jetzt besonders empfänglich dafür, weil gerade in dieser Zeit die Formung der geschlechtlichen Identität ein Hauptthema in der Entwicklung ist. Tom wurde für seine Mutter zum Ersatz-Ehemann. Seine Mutter näherte sich ihm nicht sexu-

ell, aber die Bedürfnisse nach Gemeinschaft mit ihrem Ehemann wurden auf ihren Sohn gerichtet.
Eine solche Familiensituation kann man als emotionalen Inzest *bezeichnen. Toms Mutter hatte das sicher nicht beabsichtigt. Wenn aber eine Frau keine gefühlsmäßige Zuwendung von Ihrem Mann erfährt, bleiben diese Bedürfnisse unbefriedigt. Zusammen mit den damit verbundenen Sehnsüchten vermischen sie sich mit den normalen Gefühlen einer Mutter für ihre Kinder. Unbewusst verlangt die Mutter von ihren Kindern, auf Bedürfnisse einzugehen, die eigentlich ihr Ehemann erfüllen sollte.*
Toms tiefes Schuldgefühl ist auf diese Bedürfnisse zwischen Frau und Mann zurückzuführen, die von seiner Mutter auf ihn übertragen wurden. Seine Mutter hatte nicht die Absicht, eine Verzerrung seiner geschlechtlichen Entwicklung zu bewirken. Aber weil Tom fünf Jahre alt war und seine geschlechtliche Identität gerade im Entstehen begriffen war, wurde diese Vermischung der Gefühle einer Mutter und einer Ehefrau zur Ursache für seine geschlechtliche Verwirrung. Es rief auch eine Verdrehung in Toms Haltung gegenüber Sexualität und sexuellen Aktivitäten hervor. Er erinnerte sich auch daran, die Entscheidung getroffen zu haben, sich um seine Mutter zu kümmern und immer für sie da zu sein, koste es, was es wolle. Diese Entscheidung war die Ursache dafür, dass Tom und seine Frau einander emotional nicht nahe kommen konnten. Die fehlende emotionale Nähe brachte seine Frau in die gleiche Situation, in der sich auch Toms Mutter vorgefunden hatte. Toms Frau wandte sich ihrem ältesten Sohn zu, um ihre Bedürfnisse erfüllt zu bekommen, so wie sich seine Mutter ihm zugewandt hatte. Das Problem ging damit auf seinen Sohn über. Zu erkennen, wie diese Dinge von einer Generation zur anderen weiter gereicht werden, war ein Schock für Tom.
[Siehe Anhang B]

Die Einzelheiten, Triebfedern und eventuellen Probleme für den Erwachsenen, die wir an Tom gesehen haben, sind nur ein Beispiel unter vielen, denen wir in der Seelsorge in Deutschland begegnet sind. Es ist ein Problem, das anscheinend in manchen Kulturkreisen weiter verbreitet ist als in anderen. Die Identität wird durch diese Verletzung unbarmherzig angegriffen. Wir haben auch herausgefunden, dass Toms Probleme keine spezifisch männlichen sind. Es gibt Frauen, die eine ähnliche Verzerrung und Verdrehung in der Beziehung zu ihren Müttern erfahren haben. Als Folge solcher problematischer Erfahrungen im Alter zwischen drei und fünf Jahren kommen zur Verwirrung der Geschlechtsrolle zusätzlich noch eine Komponente der Feindseligkeit gegenüber Männern und die Anfälligkeit für homosexuelle Neigungen hinzu.

Wie Gott Vater eingreift

» *Die Gebetszeit mit Tom war emotionsgeladen und sehr bewegt. Wir baten den Herrn, das für ihn Entscheidende ans Licht zu bringen. Sofort kam Tom eine bestimmte Situation in den Sinn: Er lag in seinem Bett, und die Mutter lag neben ihm und gab ihm Gutenachtküsse. Er hatte extreme Schuldgefühle und fühlte Angst und heftigen Abscheu. Der Herr zeigte, dass sich dieser Vorfall zu einer Zeit ereignete, als die Mutter besonders starke Bedürfnisse nach emotionaler Zuwendung hatte. In diesem Moment traf er die Entscheidung, sich immer um seine Mutter zu kümmern. Die Verbindung zwischen ihnen war hergestellt, und damit auch die Qual, mit der er sein ganzes Leben lang leben würde.*

Wir beteten darum, dass sich der Herr in dieser Erinnerung offenbarte. Tom berichtet: »Jesus tritt in mein Zimmer. Er winkt meiner Mutter zu, aus meinem Bett zu steigen und zu ihm zu kommen. Meine Mutter geht zu ihm hin. Er nimmt sie in seine Arme, und sie weint. Jesus kümmert sich selbst um sie. Er redet mit ihr, während er sie in seinen Armen hält. Dann wendet er sich mir zu und sagt, dass er sich um meine Mutter kümmern wird. Es läge nicht in meiner Verantwortung. Ich spüre, wie Schuldgefühle und Angst aufhören. Ich bin frei geworden!«.

Dann brach Tom im Gebet alle ungesunden sexuellen und symbiotischen Verbindungen zwischen sich und seiner Mutter ab. Er löste alle geistigen, seelischen, willentlichen und gefühlsmäßigen Bindungen, Verbindungen und Verhaftungen auf. Er unterbrach die Macht von Perversion, Verwirrung und Schuldgefühlen in seinem Leben. Er vergab seiner Mutter, was sie getan hatte, und bat den Herrn, ihr auch zu vergeben. Er bat um Vergebung dafür, dass er die Verantwortung für seine Mutter übernommen hat, obwohl das Sache Jesu ist. Tom machte den Schwur rückgängig, dass er sich immer um seine Mutter kümmern und ihr gefühlsmäßig nahe sein werde, damit ihre Bedürfnisse erfüllt wer-

den. Er sprach vor Jesus aus, dass er seine Mutter jetzt endgültig verlässt und die Bindung an sie und ihre Familie aufgibt, um sich an seine Frau zu binden und mit ihr ein Fleisch zu werden (vgl. Gen 2,24). Ebenso sprach er vor ihm aus, dass er nun die Frau an seiner Seite in ihrer rechtmäßigen Stellung als Ehefrau, Vertraute und Geliebte annimmt. Tom war damit endlich frei geworden, der Ehemann zu sein, der er sein wollte.

Ihre Identität entscheidet über Ihre Zukunft. Wenn Sie nicht wissen, wer Sie sind, wie wollen Sie Ihr rechtmäßiges Erbe antreten? Wenn Sie nicht wissen, wozu Sie erschaffen sind, wie können Sie Sinn und Zweck Ihres Lebens erreichen? Der Vater möchte Sie heilen und das Versäumte ersetzen. Eine irregeleitete Identität wird Ihnen den Weg versperren, aber der Vater will ihn für Sie frei machen.

Wahrheit: den Schmerz aushalten

Der Schmerz unseres Leben kann uns nur im Verborgenen weiter quälen. Wenn wir ihn ans Licht bringen und den Herrn suchen, damit er ihn heilt … wird er uns in die Freiheit führen. Geben Sie Jesus die Erlaubnis, Ihnen zu zeigen, mit welchen Dingen er sich in diesem Entwicklungsabschnitt Ihres Lebens beschäftigen möchte.

Aufdeckung: die Szene noch einmal betrachten

Der Heilige Geist kennt die Ursache Ihres Schmerzes. Erlauben Sie ihm, Ihre Aufmerksamkeit darauf zu lenken, was in dieser Zeit Ihres Lebens geschehen ist und Sie heute noch behindert. Er tut das, indem er ein Bild vor Ihr inneres Auge stellt, eine Erinnerung oder einen Eindruck wach werden lässt, indem Ihnen etwas bewusst wird oder auf irgendeine andere Art. Sie brauchen keine Angst zu haben. Was der Herr aufdeckt, das heilt er auch. Der Heilige Geist weiß, was wir brauchen, um die Wahrheit zu erkennen.

» *Julia hat unter Angst gelitten, so lange sie sich erinnern kann. Sie hatte Angst, nachts nach draußen zu gehen. Sie fürchtete sich, nachts alleine zu sein. Und diese Angst wurde mit den Jahren immer schlimmer. Als sie in die Seelsorge kam, baten wir den Heiligen Geist, die Wurzel dieser Angst aufzudecken. Sie konnte sich an einem dunklen Ort sehen, als sie etwa vier Jahre alt war. Sie hörte Geräusche und wie ihre Mutter schrie, konnte aber nicht klar erkennen, was vor sich ging. Sie spürte, wie die Angst über sie kam. Wir beteten, dass Jesus sich in diesem Bild zu erkennen geben möge. Julia konnte ihn aber nicht erkennen und geriet in Panik. Da sagte der Herr: »Julia soll tief durchatmen und sagen, was sie riecht«. Sie nahm eine tiefen Atemzug und sagte: »Ich rieche frische Bettwäsche!«. Sie hörte Jesus zu sich sprechen: »Ich bin hier und halte dich an meine Schulter gedrückt. Das hier ist nicht für deine Augen bestimmt«. Plötzlich brach die Erkenntnis aus ihr heraus ... »Ich rieche Jesus!«. Augenblicklich verringerte sich auch die Angst. Im Namen Jesu befahl Julia dieser Angst zu verschwinden. Sie kam nie wieder zurück.*

Wiederherstellung: geheilt und befreit werden

In dieser Zeit der Entwicklung ist es möglich, dass wir mehr dadurch verletzt werden, wie wir die Realität verstehen als durch das tatsächliche Geschehen selbst. Die Wunden sind aber genau so real und bedürfen der Heilung. Eltern wissen oft nicht, was sie tun sollen, damit wir uns gesund entwickeln können, deshalb bleiben unsere Bedürfnisse unbefriedigt. Nur Jesus allein kann diese Bedürfnisse jetzt noch erfüllen. Bitten Sie ihn, seine Gegenwart in der Zeit Ihres Mangels aufzudecken und Ihre innere Leere auszufüllen.

Wiederinstandsetzung: Der Herr pflanzt Neues ein

Der Vater will wieder gut machen, was in dieser Zeit Ihres Lebens an Ihnen versäumt wurde. Auf übernatürliche Weise wird er Ihrem Wesen die Wahrheit über Ihre Identität mitteilen, nämlich dass Sie ein befreites Kind des lebendigen Gottes sind. Er weiß die Antwort auf jedes »Warum«, auch auf die »harten Nüsse«, die sich bei Ihnen angesammelt haben. Er allein kann sie beantworten und Ihr unruhiges Herz wieder zur Ruhe kommen lassen. Er wird Sie ermutigen, Ihre wahre Identität als Mann ... als Frau ... zu erkennen, die mit seinem perfekten Plan für Ihr Leben übereinstimmt. Seine vollkommene Liebe wird alle Furcht austreiben, Ihr Herz mit Liebe erfüllen und es stark und fest machen.

Eine zweite Chance bekommen: Vater – sei du mein Vater!

Der Vater wartet jeden Tag neu darauf, dass Sie nach ihm suchen ... herausfinden, was ihm am Herzen liegt ... damit Sie alles bekommen, was er für Sie bereit hat. Um Sie zu lehren, zu trainieren, zu korrigieren … zu Ihrem Besten, damit Sie Anteil haben an seiner Heiligkeit.

Wie Gott Vater heilt

Schritte, die wir selber gehen müssen, um seine Heilung und Wiederherstellung zu erfahren:

1. Identifizieren Sie Ihre Probleme als Erwachsener, bzw. die Symptome, die auf Sie zutreffen. [Vgl. auch nachfolgende Tabelle]
2. Bitten Sie den Heiligen Geist, die Wurzel des einzelnen Problems bloßzulegen. Die Wurzel ist all das, was Ihnen in der Kindheit zugestoßen ist, zu einer Verletzung in Ihrem Leben führte und auf diese Weise ermöglichte, dass sich das jeweilige Problem festsetzen konnte. Wie deckt der Heilige Geist Verletzungen auf? Zum Beispiel durch Erinnerungen, ein Bild, einen vagen Eindruck, einen Gedanken oder eine andere Art, einfach »zu wissen«. [Lk 8,17]
3. Bitten Sie Jesus, dass Sie seine Gegenwart an diesem Punkt wahrnehmen können. [Hebr 13,8; Ps 31, 14–16]
4. Sagen Sie Jesus, was Sie dabei fühlen, denken, erfahren. Hören Sie auf das, was er dazu sagen möchte. [Ps 91, 14–16]
5. Bitten Sie Jesus, Ihnen zu zeigen, wie der Vater diese Zeit haben wollte. Er will Ihnen alles Notwendige für die Entwicklung geben, um Sie heil zu machen. Er will alles wiederbringen, was an Ihnen versäumt wurde, und Sie zu dem Menschen »restaurieren«, der Sie ursprünglich nach seinem Plan sein sollten. [Jer 29,11; Mt 15,13]
6. Vergeben Sie Ihren Eltern und allen, die Sie verletzt haben. Wenn nötig, so brechen Sie die Flüche, die schon seit Generationen auf Ihrer Familie lasten. [Mt 6,14; Kol 3,13; Gal 3,13; siehe Anhang]
7. Nehmen Sie Gott Vater als Ihren ewigen Vater an. Und nehmen Sie das Erbe des Lebens in Empfang, das Jesus Christus Ihnen schenken möchte. [Joh 1, 12–13; Röm 8,13–17
8. Ergreifen Sie im Namen Jesu die Vollmacht über alle schädlichen Auswirkungen und Einflüsse in Ihrem Leben, die der Herr aufgedeckt hat. Befehlen Sie ihnen im Namen Jesu, für immer zu verschwinden. [Lk 10, 19; Jak 4, 7; Mk 16, 17]
9. Sprechen Sie die Verheißungen aus dem Wort Gottes aus. Sie sind seine Antwort auf Ihre Bedürfnisse und Nöte. [Gal 13,14; Apg 2, 39; 2 Kor 1,20]

10. Suchen Sie jeden Tag die Nähe des Vaters, um ihn als Vater zu erfahren. Bitten Sie den Heiligen Geist, Ihnen zu zeigen, wie Sie Ihr neues Leben gestalten sollen. [Hebr 12,10; Ps 68,5; Joh 14,26]

GESUNDE ENTWICKLUNG

ENTWICKLUNGSSTUFE: 3 BIS 5 JAHRE

Wichtige Themen	Erforderliche Lernziele für gesunde Entwicklung	Merkmale beim Erwachsenen
Identität: sich einfügen	Identifizierung mit gesundem Rollenvorbild	Selbstannahme
Identifizierung der Geschlechtsrolle	angemessene Antworten auf »Warum« bekommen	Annahme des eigenen Geschlechts
Auswirkung auf Beziehungen	in der Wissbegierde ermuntert werden	Sicherheit in Gesellschaft
Sammeln von Informationen	Verbindung herstellen zwischen Fühlen u. Denken	sicherer Zusammenhang zwischen Fühlen, Denken u. Lösen von Problemen
Umgangsformen und sprachliche Fähigkeiten	Gefühle erkennen u. benennen lernen	angemessene sprachliche u. gesellschaftliche Umgangsformen
	sprachliche u. gesellschaftliche Umgangsformen lernen	unerschütterliche Identität in Christus

FEHLENTWICKLUNGEN

ENTWICKLUNGSSTUFE: 3 BIS 5 JAHRE

Wichtige Themen	Verletzungen in der Entwicklung	Symptome beim Erwachsenen
Identität: sich einfügen Identifizierung der Geschlechtsrolle Auswirkung auf Beziehungen Informationen sammeln Umgangsformen und sprachliche Fähigkeiten	Fehlende gesunde Rollenvorbilder sexueller Missbrauch inkonsequente, unstrukturierte Erziehung Kind darf nicht mitdenken Furcht verstärken oder gegen das Kind richten keine angemessenen Umgangsformen beibringen Verletzung des Gerechtigkeitsgefühls	Überangepasstheit / Selbstgerechtigkeit Selbstgerechtigkeit / Gesetzlichkeit verwirrte Auffassung der Geschlechtsrolle gesellschaftliche Unbeholfenheit schwache Verbindung zwischen Fühlen, Denken, Handeln / Problemlösungen fehlende Umgangsformen u. sprachliche Fähigkeiten Ablehnung der Identität Selbstmotivation aus Furcht Überanpassung an andere Bedrückung durch Geist der Furcht dürftige Identität in Christus

6. KAPITEL

Gaben und Berufungen

(Das Alter von 6–12 Jahren)

» *Markus war schon aus der Schule zurück und befand sich in der Küche, als es an der Haustür klingelte. Seine Mutter ging zur Tür. Draußen stand ein Polizist und überbrachte die tragische Nachricht, dass sein Vater gerade bei einem Autounfall ums Leben gekommen sei. Seine Mutter schrie geschockt und voller Schmerz auf und konnte es nicht fassen. Markus lief weinend zu ihr. Sie klammerten sich aneinander und konnten nicht aufhören zu weinen.*

Wie schlimm für ein neunjähriges Kind, so etwas gerade in dieser Entwicklungszeit durchstehen zu müssen.

Jetzt ist die Zeit, in der wir alle unser Kräfte darauf konzentrieren, notwendige Fähigkeiten zu entwickeln, um es zu schaffen, unabhängig durchs Leben zu kommen. In dieser Zeit lernen wir effektiv zu sein und unseren Fähigkeiten zu vertrauen. Wir entwickeln Wertmaßstäbe und strenge moralische Regeln. Wir bemühen uns, in allen Dingen geschickt zu werden, mit denen wir zu tun haben, hauptsächlich wie etwas zu tun ist. Das Hauptgewicht liegt auf der Aktion, Gefühle sind weniger wichtig. Gesunder Wettstreit und Erprobung unserer Fähigkeiten stehen ganz oben auf der Liste der Prioritäten.[1]

> » *Markus wurde erwachsen, heiratete und bekam drei entzückende Töchter. Obwohl er eine reizende Familie hatte, stimmte es an einer Stelle überhaupt nicht. Markus litt darunter, dass die Beziehung zu seinen Töchtern sehr ungesund und destruktiv war. Sie waren zehn, dreizehn und fünfzehn Jahre alt. Markus berichtet, dass die Beziehung zu allen dreien anfangs immer wunderbar war und auch so blieb, bis sie neun Jahre alt wurden. Zu diesem Zeitpunkt veränderte sich seine Beziehung jedesmal dramatisch. Über Nacht wurde sie destruktiv. Er merkte, dass er dann mit jeder Tochter sehr aufbrausend und gereizt umging und ihre Gefühle verletzte. Er reagierte immer auf diese Art, weil er den Eindruck hatte, dass sie ihn nicht ernst nahmen. Er fühlte sich in seinen Worten, Gedanken und Gefühlen nicht respektiert. Die Beziehung zu seinen Töchtern war im Grunde ein Scherbenhaufen.*

Sind Sie unbeugsam, ungeduldig und untergründig aggressiv mit Menschen, insbesondere denen des anderen Geschlechts? Das heißt, dass Sie kaum je Ihre Gefühle offen ausdrücken, wenn sie aufgebracht sind. Wie zornig Sie wirklich sind, lässt sich nur aus Ihrem Verhalten ablesen. Haben Sie Schwierigkeiten, Schwerpunkte zu setzen? Zögern Sie bestimmte Dinge hinaus, weil Sie es nicht auf die Reihe kriegen, endlich anzufangen? Fällt es Ihnen schwer, Projekte zu einem Abschluss zu bringen, weil Sie gleichzeitig mehrere Sachen laufen haben? Sind Sie durch irgendeine Form von Sucht gebunden? Wenn Sie eine dieser Fragen mit »Ja« beantwortet haben, sollten Sie Ihre Aufmerksamkeit auf die Zeit richten, als Sie sechs bis zwölf Jahre alt waren, und dort nach den Wurzeln dieser Probleme suchen.

Der gesunde Entwicklungsprozess

Wer hat das »grünere« Gras?

Mit dem Schuleintritt fängt ein neuer Abschnitt an. Wir sind jetzt längere Zeit von Zuhause weg und lernen die Welt außerhalb unserer Familie kennen. Unsere Bedürfnisse verlagern sich mehr auf den Wettstreit mit anderen. Das ist das Alter der gesunden Rivalität. Wir lassen uns auf viele Dinge ein und entwickeln vielfältige Fähigkeiten. Mit anderen wetteifern, ist jetzt völlig in Ordnung. Dabei entdecken wir unsere Fähigkeiten, probieren sie aus und feilen daran. Wir fangen an, die Welt eher mechanistisch zu verstehen: das Handeln liegt uns am Herzen, Gefühle werden weniger beachtet. Wir tun etwas oder lassen uns auf Aktivitäten ein, weil es uns gerade so in den Sinn kommt. Konsequenzen werden so gut wie nicht in Betracht gezogen. So kommt es, dass Erwachsene manchmal recht wenig zu schätzen wissen, was dabei herauskommt.

> *»He, Basti! Ich wette, dass ich mit diesem Stein näher am Fenster vorbeischießen kann als du, ohne dass es dabei kaputt geht!«.*
> *»Kannst du eben nicht!«.*
> *Und schon geht der Wettstreit los. Präzision in der Kunst des Steinewerfens steht auf dem Prüfstand. Abwechselnd werfen wir den Stein immer noch näher am Fenster vorbei. So lange, bis das Fenster plötzlich leider zerbricht, weil ich das Ziel verfehle. Vater stürzt heraus und ist ganz aufgebracht. Lautstark und zornig verurteilt er eine Aktivität, die eigentlich unsere Fähigkeiten schärfen sollte.*
> *»Aber Papa, warum regst du dich so auf? Ich wollte doch die Fensterscheibe nicht zerbrechen. Ganz im Gegenteil, wir haben uns wirklich sehr bemüht, sie nicht zu treffen. Was ich dazu zu sagen habe? Nun, es ist daneben gegangen! Eben ein schlechter Schuss! Alles, was mir fehlt, sind noch ein paar zusätzliche Übungsstunden!«.*

Es schien so eine gute Idee zu sein. Aber wir haben die Folgen nicht bedacht. Eltern könnten diese Situation nutzen, um uns das richtige Verhalten beizubringen und auf Konsequenzen hinzuweisen. Solche Unternehmungen sagen nichts darüber aus, ob wir ein destruktives oder aufsässiges Kind wären, das Strafe verdient hat. Die Aussage heißt vielmehr, dass wir Eltern brauchen, die uns Anleitungen und Verhaltensmaßregeln geben und uns erziehen.

Austesten und Wettstreit bezieht sich nicht allein auf körperliche Aktivitäten, sondern schließt auch die Werte, Ideale und Ansichten unserer Eltern im Vergleich zu denen anderer Eltern ein. Andere Erwachsenen neben unseren Eltern fangen jetzt an, unsere Werte und Ideale zu beeinflussen. Weil wir uns im Entwicklungsalter der Rivalität befinden, beginnen wir, die Werte anderer Leute mit denen unserer Eltern zu vergleichen. Auf diese Art werden wir mit dem Milieu außerhalb unserer Familie bekannt, was dazu beiträgt, dass wir uns mit der Gesellschaft im Allgemeinen identifizieren. Das ist nötig, um herauszufinden, wie wir uns in diese Gesellschaft eingliedern können. Durch Vergleiche auf diesem Gebiet können wir zur Ansicht gelangen, dass es in anderen Familien besser als zu Hause sei. Die beste Lösung ist dann, so finden wir, einfach von zu Hause wegzulaufen.

> *Der Tag, an dem ich meinem Vater mitteilte, dass ich von zu Hause abhauen werde, wird mir immer im Gedächtnis bleiben. Wie mein Vater damals reagierte, hat mich ein für alle mal von dem Gedanken befreit, jemals wieder damit zu drohen. Ich sagte ihm eines Tages, dass ich ausziehen würde. Ich hätte die Absicht, zu meinem Freund zu ziehen, weil mir die Regeln bei uns zu Hause nicht gefielen. Mein Vater sagte: »In Ordnung«. So leicht war das!*
> *Ich fand das toll! Schnell rannte ich nach oben, packte meine Sachen und wollte das Haus verlassen. Aber mein Vater blockierte den Eingang, beide Hände an seine Hüften gestemmt.*
> *Auf meine Taschen zeigend, fragte er: » Was nimmst du da mit?«*
> *»Das sind meine Klamotten. Die brauche ich, wenn ich ausziehe!«*
> *Er befahl: »Fallen lassen!« Was ich auch tat.*
> *Als ich ihm so mit meiner neunjährigen Herausforderung gegenüberstand, maßen wir unsere Kräfte. Sein nächster Satz versetzte mir einen Schock. Ich wagte nicht, meine Überraschung zu zeigen.*
> *Mit unnachgiebiger Stimme verlangte er: »Zieh deine Sachen aus, und zwar alle!«*
> *Schon etwas ernüchtert, aber ohne es zugeben zu wollen, fragte ich: »Wie bitte?«*
> *Er hob die Stimme: »Herunter mit der Kleidung!«*
> *Ich kam noch mehr zur Besinnung und fragte: »Warum denn, Papa?«*
> *Dann folgte der Satz, den ich mein Leben lang nicht vergessen werde.*
> *Mein Vater blickte mir tief in die Augen und sagte: »Du warst nackt, als du zu uns gekommen bist, und nackt wirst du dieses Haus auch wieder verlassen!«*
> *Das reichte. Augenblicklich bereute ich meinen Entschluss und bat meinen Vater um Erlaubnis, zu Hause bleiben zu dürfen und*

nicht ausziehen zu müssen. Er gratulierte mir zu meiner guten Entscheidung und sagte dann:
»Komm herunter zum Abendessen, wenn du wieder alles ausgepackt hast, mein Junge.«
Danach habe ich nie wieder damit gedroht, fortzulaufen. Ich spielte vielleicht mit dem Gedanken, aber ich zog es vor, meinen Vater kein zweites Mal herauszufordern.

Kein Zutritt für das andere Geschlecht

Das ist die Zeit, in der Jungen grundsätzlich mit Jungen und Mädchen mit Mädchen zusammensein wollen. Unsere soziale Aktivität und unsere Identität richtet sich jetzt mehr nach dem gleichen Geschlecht aus. Wir schließen das andere Geschlecht aus, damit wir uns besser mit dem eigenen Geschlecht identifizieren können. Wir tun es auch, damit wir unsere geschlechtsspezifischen Fähigkeiten besser entdecken und entwickeln können. Das andere Geschlecht ausschließen zu dürfen, dient einerseits dazu, sich mit der eigenen Geschlechtsrolle zu identifizieren, ist aber auch wichtig, damit beide Geschlechter in ähnlichen Situationen aufeinander einwirken können. Das liefert uns die nötigen Informationen, um uns als Erwachsene dem anderen Geschlecht gegenüber richtig zu verhalten. Sowohl Jungen wie Mädchen brauchen Umgang mit gleichgeschlechtlichen Erwachsenen. So lernen sie, wie in gesellschaftlich-kulturellen Situationen etwas auf die richtige Art getan wird.[2]

In dieser Zeit ist es wichtig, dass die Eltern weiterhin für eine gute Erziehung sorgen, sich auf Konflikte einlassen, uns zum Lernen ermutigen, vernünftige Regeln aufstellen und bestimmte Dinge von uns erwarten.

Es kann sein, dass wir in dieser Zeit heftig widersprechen und uns mit ihnen anlegen. Widerspruch und Streit wird benutzt, um zu beweisen, dass wir eine Person sind, die sich von den anderen unterscheidet. Es ist eine Möglichkeit, unsere Ideen und Wertvorstellungen zu testen. Wir legen uns mehr mit der Mutter als mit dem Vater an. Damit wollen wir sicher gehen, dass die Zeit der Symbiose zwischen Mutter und Kind auch wirklich hinter uns liegt. Wenn sie noch nicht gelöst wurde, was oft der Fall ist, stellt der Streit einen Versuch dar, die Auflösung der Symbiose letztendlich doch herbeizuführen. Auf diese Art wollen wir der Mutter und uns selbst beweisen, dass wir eine eigene, selbständige Person sind. Wir wollen als ein Individuum erkannt werden, das eigene Vorstellungen und eine besondere Art hat, Dinge anzupacken. Es ist wichtig, dass die Eltern diese Streitereien mit uns durchstehen. Es ist nötig, dass sie uns bei unserer Individualisierung bestärken und uns zeigen, wie wir von ihnen abgesondert sein können, ohne es durch Streit beweisen zu müssen. Wir müssen lernen, dass es in Ordnung ist, zu denken, unsere eigenen Ideen zu entwickeln und etwas auf unsere Art zu tun. Über allem aber muss für uns auch die Sicherheit stehen, dass wir von den Eltern getrennte Wesen sein dürfen und dennoch Liebe und Zuwendung von ihnen erfahren.

Streitereien und Konflikte sind normal und notwendig. Sie erlauben unsere Profilierung. Sogar Gott Vater erlaubt uns, mit ihm zu argumentieren (vgl. Jes 43,26). In dieser Zeit des Streites und der Auseinandersetzungen erleben wir, wie andere ihre Gedanken und Meinungen begründen. Wir lernen dabei auch, uns für diese Dinge zu interessieren. Diese Wortgefechte machen uns Mut, als Erwachsene eigene Begründungen für unsere Meinungen und für unser Handeln zu finden. Das legt eine feste Grundlage für unsere Ansichten, Werte und Ideale.

Neue Dinge ausprobieren

Es gibt so vieles, das wir gerne tun würden. Wir springen von einer Aktivität zur anderen. Vielleicht scheint es den Eltern, als ob wir unfähig wären, uns einer einzelnen Sache oder Aufgabe für längere Zeit zu widmen. Es ist jetzt wichtig, dass wir Aktivitäten nach einer angemessenen Zeitspanne wechseln dürfen, ohne uns als Drückeberger fühlen zu müssen. Auch wenn wir nicht bei einer Sache bleiben, müssen wir uns nicht verantwortungslos vorkommen. Das ist das Alter, in dem wir viele Dinge kennen lernen wollen. Es ist notwendig, dass wir von einer Aktivität zur anderen und von einer Aufgabe zur nächsten gehen. Dabei lernen wir, bestimmten Aufgaben den Vorrang zu geben, etwas anzufangen und auch zu beenden. Wir bekommen auch die Möglichkeit, unsere besonderen Fähigkeiten und Begabungen zu entdecken und richtig einzuschätzen. Eltern sollten uns weniger das Gefühl geben, dass wir zu schnell aufgeben, wenn sie ständig darauf drängen, doch bei der einmal angefangenen Sache zu bleiben. Es wäre besser, sie würden uns in der richtigen Art anleiten, wie wir etwas in Angriff nehmen und zum Abschluss bringen können.

Es ist eine sehr dichte Zeit in unserem Leben. Grundlegende

Entscheidungen über unseren Lebensplan, unsere Berufung und unseren Beruf werden jetzt gefällt. Es ist die Zeit der Träume und des Ausblicks in die Zukunft, der brennenden Sehnsucht danach, was alles sein wird, »wenn ich erwachsen bin«. Die Methoden, Fähigkeiten, Werte und Moralvorstellungen, die wir jetzt kennen lernen, versorgen uns mit dem nötigen Material, um damit begeistert, vertrauensvoll und sicher in unsere Teenagerjahre weiterzugehen.

Lassen Sie uns einige der offensichtlicheren Verletzungen betrachten, die in diesen Entwicklungsjahren vorkommen und beim Erwachsenen zu Problemen führen können.

Wunden und ihre Wurzeln

» *In der Seelsorge sagt Markus: »Nie zuvor habe ich meine Mutter so voller Schmerz, Angst und Traurigkeit gesehen. Ich war mir bewusst, das sie nicht nur einsam und traurig war, sondern sich auch darüber sorgte, ob wir genug Geld zum Leben haben würden. Ich dachte, ich wäre jetzt der Mann im Haus. Ich müsste herausfinden, wie der Lebensunterhalt für Mutter und die Familie zu bestreiten sei. Der Großteil meiner wachen Stunden war mit sorgenvollen Gedanken darüber angefüllt. Eines Tages nahm mich Mutter beiseite und sagte: »Markus, Du musst dir keine Sorgen über unser Geld machen. Du bist nicht finanziell für mich verantwortlich.« Wieso wissen Mütter, was Söhne denken? Ich habe niemals ein Wort darüber fallen lassen. Meine Mutter schien immer genau zu wissen, was sich in mir abspielte. So als ob sie Gedanken lesen könne. Ich erinnere mich daran, dass sie, nicht lange nachdem sie mir gesagt hatte, mir keine Sorgen über unsere Finanzen zu machen, eine andere Sache von mir erbat. Eines Abends, kurz bevor wir schlafen gingen, bat sie mich darum, neben ihr im Bett zu schlafen, weil sie sich so einsam, traurig und ängstlich fühlte.*

Diese Nacht schlief ich im Bett meiner Mutter. Ich weiß noch, dass es mir sehr unangenehm war und dass ich mich schlecht und zornig fühlte. Aber ich habe niemals mit meiner Mutter über diese Gefühle gesprochen. Ich wollte sie nicht noch mehr beunruhigen oder verletzen, als sie es ohnehin schon war. Seit dieser Nacht habe ich bei Mutter im Bett geschlafen, bis ich zwölf Jahre alt war. Erst dann zog ich in mein eigenes Zimmer zurück. Die ganze Zeit unterdrückte ich mein Unbehagen, meine schlechten Gefühle und meinen Zorn. Ich dachte, dass das die Art sei, wie ich für meine Mutter sorgen könnte.«

Markus war neun Jahre alt, als sein Vater ums Leben kam und er anfing, im Bett seiner Mutter neben ihr zu schlafen. Die Neigung, Gefühle zu unterdrücken, ist für diese Entwicklungsstufe charakteristisch. Genau das hat Markus auch getan. Er verdrängte seine Schuldgefühle und seinen Zorn, weil er seine Mutter damit nicht belasten wollte. Aber das verletzte Markus so sehr, dass er einen Groll gegen seine Mutter entwickelte. Er wurde ihr gegenüber streitsüchtiger, als es sonst für ein Kind seines Alters üblich ist. Verdeckte Aggressivität und ständige Streitereien mit ihr waren an der Tagesordnung. Er konnte sich an keinen Tag erinnern, an dem er nicht mit seiner Mutter gestritten hätte. Markus hatte deswegen so ungewöhnlich viele Auseinandersetzungen und Streitereien, weil er auf diese Art gegen die unangenehme Schlafvereinbarung protestieren und besonders deutlich machen wollte, dass er sich von seiner Mutter gelöst hatte.

Im Abschnitt über die gesunde Entwicklung etwas früher in diesem Kapitel, wurde dargelegt, wie Kinder in diesem Alter Streit und Auseinandersetzungen dazu benutzen, um ihre Individualität zu umreißen und sich insbesondere von der Mutter abzugrenzen. Markus konnte diese quälenden Gefühle über die Schlafsituation mit seiner Mutter niemals auflösen. Sie wollte ihn jede Nacht neben sich haben, und er kam dieser Bitte nach. Auf diese Weise blieb Markus in einem passiv-aggressiven, streitlustigen Verhalten stecken. Er war einfach nicht in der Lage, diese Dinge zu lösen, als es an der richtigen Zeit war, sie zu bewältigen. Dieses Verhaltensmuster zog sich durch sein ganzes Leben hindurch. Und es zeigte sich auch in der Beziehung zu seinen Töchtern. Er fing an zu erkennen, was seiner destruktiven Beziehung ursächlich zugrunde lag.

Verletzungen, die schulische Leistungen beeinträchtigen

Die ersten drei Jahre dieser Entwicklungsstufe entscheiden darüber, wie wir mit der offiziellen Erziehung, die an Schulen geboten wird, zurechtkommen. In dieser Zeit können Umstände auftreten, die unseren schulischen Erfolg ernsthaft gefährden.

» *Daniel war inzwischen zweiundzwanzig Jahre alt. Im Alter von sieben Jahren war bei ihm eine extreme Lernbehinderung aufgetreten. Vor diesem Alter gab es nicht die geringsten Anzeichen für eine Dyslexie [schwere Form der Legasthenie]. Fünfzehn Jahre lang kämpfte er mit diesem Problem, jedoch ohne Erfolg. Auch sein Gefühlsleben war völlig durcheinander und über seine geschlechtliche Identität war er mehr als unsicher. Es war offensichtlich Führung Gottes, dass Daniel auf das Seminar über die menschliche Entwicklung aufmerksam gemacht wurde. Er glaubte an Gott und wünschte sich, von ihm geheilt und befreit zu werden. Er kam mit großen Erwartungen zu diesem Seminar.*
Im seelsorgerlichen Gespräch deckte der Herr den sexuellen Missbrauch auf, dem Daniel in seiner Familie ausgesetzt war. Er hatte das jahrelang verleugnet und verdrängt. Als Daniel ungefähr sieben Jahre alt war, wurde er von seinem älteren Bruder regelmäßig und exzessiv missbraucht. Das dauerte einige Jahre lang an. Mit Beginn des Missbrauchs veränderten sich Daniels Fähigkeiten in der Schule dramatisch. Über Nacht wurde er unfähig, zu lesen und etwas Geschriebenes zu verstehen. Er wurde von heftigen Schuldgefühlen und dem Empfinden, unsauber zu sein, überfallen. Er fürchtete, verrückt zu werden.

Diese Furcht, wahnsinnig zu werden, ist charakteristisch bei Inzest. Es ist wie bei Tamar, Davids Halbschwester, die einsam und trostlos wurde, nachdem sie von Amnon sexuell missbraucht worden war (vgl. 2 Sam 13,20). Die reale Möglichkeit, trostlos einsam zu werden, herrscht bei allen Menschen vor, die von jemanden innerhalb der Familie sexuell missbraucht wurden. Die Familie ist der Ort, an dem Kinder Sicherheit und Schutz in dieser Welt erfahren sollten. Wenn Kinder in der eigenen Familie nicht sicher und geschützt sind, wo sonst könnten sie es sein?

Für ein Kind ist es das Schlimmste, was ihm zustoßen kann. Missbraucht zu werden hinterlässt in seinem jungen Leben eine Spur der Verwüstung.

» *Als wir beteten, offenbarte sich der Herr auf machtvolle und intensive Art. Daniel erlebte den Herrn, wie er in eine Erinnerung hineinkam, als ihn sein Bruder gerade missbrauchen wollte. Jesus brach mit einem fast unerträglich hellen Glanz plötzlich in diese Szene ein. Die Mächte des sexuellen Missbrauchs, der Zer-*

störung, Perversion und Unsauberkeit, die diesem Licht des anwesenden Herrn ausgesetzt waren, stoben in alle Richtungen davon … und flohen voll Entsetzen. Daniel hatte die Augen geschlossen und sah zu, wie sich die Vision entfaltete. Er berichtete:
»Der Herr greift in das Geschehen ein. Er beschützt mich. Er tritt zwischen meinen Bruder und mich. Ich spüre, wie mit dem Herrn Schutz und Sicherheit in diese Situation und auch in mein Leben kommen. Jesus spricht zu meinem Bruder. Ich habe den Eindruck, er befiehlt, dass die ganze Perversion aus seinem Leben zu weichen habe.
Daniel betete und wies im Namen Jesu alles von sich, was ihn in diesen vergangenen fünfzehn Jahren gequält hatte und zerstören wollte. Er wusste, irgendetwas war geschehen. Am späten Abend schlug er eine Bibel auf und konnte zu seinem großen Erstaunen fließend darin lesen. Er konnte auch alles verstehen, was er las. Ein Wunder war geschehen. Tränen der Freude strömten ihm über die Wangen, und er lobte Gott mit lauter Stimme. Voller Aufregung lief er hinaus und weckte die Leute auf, um ihnen zu zeigen, wie er jetzt lesen und verstehen konnte. Gott hatte ihn von seiner Dyslexie geheilt.

Wenn der Herr heilt, dann macht er ganze Sache. Daniel, der einst unfähig war zu lesen und seine Muttersprache zu verstehen, beherrscht jetzt Chinesisch und ist seiner Berufung nachgekommen, als Missionar in China zu wirken. Dem Herrn allein gebührt alle Ehre.

Dieser Bericht über Daniel soll keinesfalls nahelegen, dass sämtliche Lernschwierigkeiten darauf zurückgeführt werden könnten, dass Kinder auf einer frühen Entwicklungsstufe verwundet worden sind.

Wenn ein Kind aber in seiner Entwicklungszeit verletzt wird, so schlägt sich das in den meisten Fällen, je nachdem wann und in welcher Form die Verletzung stattgefunden hat, in Problemen nieder, die es in seinem späteren Leben quälen werden.[3]

Wir glauben, der Herr möchte, dass jeder von uns von den Folgen der Verletzungen und Misshandlungen, die er in seiner Kindheit erlitten hat, frei wird, damit er den Zweck seines Lebens erfüllen kann, zu dem er berufen ist.

Ungerechtigkeit: Es ist einfach nicht fair!

Die häufigsten Verletzungen in diesem Alter haben mit Ungerechtigkeit zu tun. Viele Menschen wurden ungerecht bestraft, als sie zwischen sechs und zwölf Jahre alt waren, manche sogar schwer. Zumeist für ein Verhalten, das altersgemäß und harmlos war. Auch für Dinge, auf die wir uns eingelassen haben, ohne die Folgen zu bedenken.

Wir tun jetzt manches, wie bereits geschildert, weil wir im Moment Gefallen daran finden. So wie z. B. der zuvor beschriebene Wettstreit im Steinewerfen. Die Konsequenzen unseres Verhaltens müssen uns von den Eltern beigebracht werden, indem sie uns in angemessener Weise dafür bestrafen. Schwere Bestrafung für altersgemäßes Verhalten kann und wird für gewöhnlich eine Verletzung zur Folge haben, die im späteren Leben wieder auftaucht. Zu den lästigsten Dingen, mit denen Eltern sich jetzt befassen müssen, gehören Streitereien, Auseinandersetzungen und Raufereien. In diesem Alter sind sie durchaus normal. Wie bereits erläutert, dienen diese Verhaltensweisen dazu, unsere Individualität zu umgrenzen. Um zu beweisen, dass Sie ein von Mutter, Vater, Schwester und Bruder abgesondertes Wesen sind. Gehen Eltern nicht in der richtigen Art damit um, können später im Leben Probleme auftreten.

» *Rolf, ein Pastor, vertraute uns an, dass er kein echtes Mitgefühl für Menschen habe. Das zeigte sich in versteckter Schadenfreude und anmaßender Überheblichkeit, die in ihm aufstieg, sobald andere leitende Personen, mit denen er nicht übereinstimmte, dienstliche oder private Schwierigkeiten bekamen. Anstatt mit ihnen zu fühlen und für sie zu beten, empfand er eine heimliche Genugtuung darüber. Er war sich bewusst, dass diese Haltung nicht in Ordnung und destruktiv sei. Er wollte sie gerne aus seinem Leben weghaben.*

Wir beteten miteinander, und der Herr erinnerte Rolf an die Zeit zwischen sieben und neun Jahren. »Mein Bruder war drei Jahre älter als ich«, erzählte Rolf, »und wir teilten in dieser Zeit das Zimmer miteinander. Ich erinnere mich noch gut daran, dass mein Bruder immer Kämpfe und Gefechte mit mir austrug. Er war natürlich stärker als ich und deshalb im Vorteil, wenn wir aneinander gerieten. Unsere Eltern griffen immer in diese Streitereien ein. Mein Bruder wurde regelmäßig dafür bestraft, manchmal schwer, weil die Eltern meinten, er nütze es aus, dass ich jünger und schwächer sei. Sie straften ihn auch dann, wenn ich den Kampf provoziert hatte. Ich weiss noch, dass ich mich glücklich fühlte, wenn er die Strafe einstecken musste. Aber um ehrlich zu sein, meistens wurde er zu hart und auch ausgesprochen ungerecht bestraft«.

Der Herr öffnete Rolf die Augen dafür, dass er Gefühle und Haltungen, die er im Alter von sieben bis neun Jahren in sich aufgenommen hatte, bis in sein Erwachsenendasein mitgenommen hatte. Die Art, wie er in dieser Zeit auf die Bestrafung seines Bruders reagierte, hielt ihn auch später noch gefangen.

Wir beteten weiter, und Rolf fiel eine Szene ein, als sein Bruder für einen solchen Kampf mit ihm von den Eltern besonders hart bestraft wurde. Der Herr kam in diese Erinnerung hinein und schlichtete auf gerechte Weise die Situation zwischen ihm und seinem Bruder. Rolf befahl diesen unangemessenen Gefühlen und Haltungen, die sich bei ihm fest verankert hatten, aus seinem Leben zu verschwinden.

Der Herr deckte auch auf, dass es für das Vergnügen und den beißenden Spott, den das Missgeschick anderer bei ihm hervorrief, eine Ursache gab, die schon seit Generationen in der Familie bestand. Rolfs Mutter und Vater hatten das Vorbild für ihn und seinen Bruder geliefert. Wenn Leuten, die sie kannten, etwas Unangenehmes passierte, zeigten sie weder Mitleid noch Erbarmen. Im Gegenteil, sie schienen immer ihren Spaß an den Problemen anderer zu haben.

Rolf betete und nahm diese schon seit Generationen festverwurzelte Haltung in Angriff. Er berichtete, dass er sich jetzt auch freute, aber nicht mehr über das Missgeschick anderer, sondern über das Mitgefühl, das er ihnen entgegenbringen konnte.

»Der Herr hat den anmaßenden Sarkasmus endgültig beseitigt«, gestand er. »An seine Stelle ist barmherziges Wohlwollen für andere getreten.«

Sind Sie ein Drückeberger?

Ein anderes Problem, auf das ich Ihre Aufmerksamkeit lenken möchte, bezieht sich auf das Hinauszögern und auf das Verschleppen mehrerer Projekte, die unterschiedlich weit gediehen sind.

Diese Zeit unseres Lebens ist dazu da, herauszufinden, was wir können und wofür wir besonders geschickt sind. Wenn Eltern das nicht verstehen und befürchten, dass Sie vielleicht überhaupt nicht imstande seien, sich irgendeiner Sache zu widmen, dann wird man Sie möglicherweise dazu zwingen, bei einer Aufgabe oder einer Aktivität zu bleiben. Eine solche Situation kann später Probleme verursachen, weil Sie niemals gelernt haben, eine Sache anzufangen, sie durchzuziehen und zum Ende zu bringen, etwas abzubrechen und etwas anderes zu starten. Das Ergebnis könnte sein, dass Sie jetzt einer der vielen Menschen auf dieser Welt sind, die Schwierigkeiten haben, etwas anzufangen. Sie rechnen von der Stunde Null an nach rückwärts. Sie warten bis zur allerletzten Sekunde, um zu beginnen und arbeiten dann in Hetze durch, um überhaupt zu einem Abschluss zu kommen. Vielleicht macht es Ihnen keinerlei Mühe, anzufangen. Es fällt Ihnen ausgesprochen leicht, und so haben Sie verschiedene Projekte laufen, mit denen Sie unterschiedlich weit voran gekommen sind. Aber Sie haben große Mühe, diese auch abzuschließen.

Menschen, die mit einem solchen Problem in die Seelsorge kommen, erfahren Befreiung durch den Herrn, wenn sie ihre Aufmerksamkeit auf den Schaden richten, der dadurch entstanden ist, dass sie von den Eltern in dieser Lebenszeit gezwungen wurden, bei nur einer Sache zu bleiben. Ich möchte damit aber nicht sagen, dass Kinder in diesem Alter niemals angehalten werden sollten, an manchen Dingen dran zu bleiben. Es ist jedoch übertrieben, das Verlangen des Kindes, etwas Neues zu beginnen, immer als Unfähigkeit zur Ausdauer einzustufen. Wenn damit nicht richtig umgegangen wird, können Probleme der Art auftreten, wie sie oben beschrieben wurden.

Ist Gott in der Lage, zu tun, was wir in diesem Kapitel beschrieben haben? Ja, er ist nicht nur fähig dazu, sondern er wird es auch bestimmt tun. In unserer Verantwortung liegt es, zuzugeben, dass wir unfrei sind und den Wunsch haben, frei zu werden. Gottes Verantwortung ist es, die Sache auszuführen.

Das Wesen der Sucht: Destruktion pur

Das letzte Problem, mit dem wir uns hier befassen, ist das der Süchte. Was ich hier darlege, hat nicht vor, schon bekannte umfassende Studien über die Ursachen der Süchte zu widerlegen. Ich beabsichtige auch keine alles berücksichtigende Theorie über Sucht anzubieten. Was hier diskutiert wird, soll eine zusätzliche Teilinformation liefern. Wenn diese zu anderen Forschungsergebnissen hinzugefügt wird, kann sie zu einem besseren Verständnis dieses zerstörerischen Problems beitragen.

Ich möchte eine praktische Entwicklungskomponente diskutieren, die in der Seelsorge bei vielen Menschen, die durch irgendeine Form von Sucht gebunden waren, an die Oberfläche kam.

Die Entwicklungsspanne zwischen sechs und zwölf Jahren ist, wie schon erwähnt, eine sehr intensive Zeit. Wir lassen uns jetzt auf viele Aktivitäten ein, um unsere Neigungen, Fähigkeiten und Begabungen zu entdecken, zu entwickeln und auszufeilen. Diese Dinge nehmen Sie mit, wenn Sie erwachsen werden. Auf diese Art sichern Sie Ihren Erfolg in Beruf, Familie, Gemeinschaft und Gesellschaft im Allgemeinen.

Wenn folgende Bedingungen auftreten, sind Sie anfällig dafür, in die Abhängigkeit einer Sucht zu geraten:

- Wenn Sie auf dieser Entwicklungsstufe das Gefühl vermittelt bekommen, dass Sie unzulänglich, zweitrangig oder hilflos sind, was Ihre Fähigkeiten, Fertigkeiten und Begabungen betrifft.
- Wenn man Ihnen nicht erlaubt oder Sie nicht darin bestärkt, etwas selber zu tun.
- Wenn Ihre Mutter eingreift und vieles für Sie erledigt.

Es kann ja recht angenehm für Sie sein, aber Sie sollten lernen, viele Dinge selbst zu tun! Wahrscheinlich meint Ihre Mutter sogar, Ihnen damit ihre große Liebe zu beweisen. Oder sie tut mehr als nötig für Sie, weil sie den fehlenden Vater in Ihrem Leben ersetzen will. Was auch immer der Grund ist, es hilft Ihnen nicht, beruhigt und in falscher Sicherheit gewiegt zu werden, dass Sie den Anforderungen dieser Welt schon genügen würden. Sie werden gerade dann in Abhängigkeit von der Mutter gehalten, als Sie lernen sollen, Ihre eigenen Aufgaben selbstständig zu bewältigen. Das Training, das Ihnen zuteil wird, geht in Richtung Abhängigkeit. Sie üben es nicht ein, eigene Fähigkeiten und Methoden zu entwickeln, um das Leben als Erwachsener bestehen zu können.

Wenn Sie mit solchen Defiziten ins Jugendalter gehen, wird es eine äußerst stürmische Zeit für Sie werden. Sie erfahren jetzt eine solche Minderwertigkeit und Unzulänglichkeit, dass Sie unbedingt etwas brauchen, auf das Sie sich stützen können, um das Leben zu ertragen. Auf den vorangegangenen Entwicklungsstufen hat man Ihnen nur zögernd bis gar nicht erlaubt, Ihr eigenes Denken und Handeln zu entwickeln. Sie haben eingeübt, eher abhängig zu sein als unabhängig zu werden. Jetzt, in den

Stürmen des Jugendalters, sind Sie nicht genügend darauf vorbereitet, den Herausforderungen des Lebens auf der sicheren Grundlage selbstentwickelter Fähigkeiten und Begabungen zu begegnen. Sie fangen an, sich minderwertig, unzulänglich, hilflos und unfähig zum unabhängigen Denken zu fühlen. Vielleicht haben Sie gar kein Vertrauen mehr in Ihre Fähigkeiten, etwas zu bewältigen oder mit schwierigen Situationen fertig zu werden. Natürlich würden Sie das niemals sagen. Sie sind ja erwachsen. Und zu sehr von dieser Situation betroffen, um eine solche Schwäche zuzugeben. Hier meldet sich oft ein völlig verkehrter Stolz, der wie die ganze Sache nur ein Ziel kennt, Ihr Leben kaputtzumachen. Den Menschen zu zerstören, das ist es, was jede Sucht anstrebt.

Ein Merkmal sollte noch gesondert betrachtet werden. Die Zeit zwischen sechs und zwölf Jahren ist eine »mechanistische« Entwicklungsstufe. Das Handeln wird betont, und Gefühle werden jetzt mehr als auf irgendeiner anderen Stufe unterdrückt. Wenn die Pubertät in Ihr Leben hereinbricht, branden die Gefühle plötzlich wieder auf und können sehr intensiv werden. Sie sind auf dieses Wiederaufleben der Emotionen wahrscheinlich nicht vorbereitet. Vielleicht wissen Sie auch nicht, wie Sie mit diesen überwältigenden Gefühlen umgehen können. Das ist besonders dann der Fall, wenn Eltern nicht für eine Atmosphäre sorgen, in der es möglich ist, Gefühle zuzulassen und sich mit ihnen auseinanderzusetzen. Sie müssen dann selber einen Weg finden, mit dem Problem fertig zu werden.

Die Gefühle der Unzulänglichkeit, Minderwertigkeit und Hilflosigkeit kommen zu diesem Aufwogen der Emotionen noch dazu und überwältigen Sie endgültig. Auf den vorigen Entwicklungsstufen wurden Sie trainiert, abhängig zu sein. Jetzt ist es nicht anders. Sie werden fortfahren, das zu tun, was Sie schon kennen. Sie werden nach irgendetwas oder nach irgendjemanden suchen, Sie selbst ausgenommen, dem Sie sich unterordnen können. Alles, was Ihnen hilft, Ihre Gefühle unter Kontrolle zu bringen und was Ihnen Beistand für die wilden Stürme des Lebens verspricht. Es ist wichtig anzumerken, dass Sie etwas oder jemanden wählen werden, der Sie in dem bestätigt, was Sie über sich selbst glauben. Nämlich dass Sie nicht genügen, zu schwach und hilflos sind, um selber handeln und denken zu können, um Aufgaben selbstständig lösen und schwierige Lebenssituationen meistern zu können.

Wenn Vater, Mutter oder andere Vorfahren bereits mit Süchten zu tun hatten, ist es naheliegend, wenn auch Sie diesem destruktiven Muster folgen. Süchte verschaffen eine falsche Erleichterung. Sie überdecken die Gefühle der Minderwertigkeit, Unzulänglichkeit und Hilflosigkeit. Sie setzen das Lebensmuster fort, sich auf etwas oder auf jemanden zu verlassen, der nicht Sie selber sind. Im schlimmsten Fall verwirklichen sie die versteckte Aufforderung, sich selbst zugrunde zu richten.

Es ist möglich, dass einige unter Ihnen, die diese Zeilen lesen, mit irgendeiner Art von Sucht zu kämpfen haben. Bitte hören Sie, was Gott Ihnen sagen möchte: Er ist größer als jede Sucht, die Ihnen zu schaffen macht. Er ist wirklich stärker als alles, was Sie gefangen hält.

In der Seelsorge an Menschen, die von einer Sucht tyrannisiert werden, offenbart sich der Herr als höchste Autorität. Er zerbricht alle Fesseln und löst alle Ansprüche auf, die Süchte an einen Menschen stellen. Er treibt die geistigen Mächte aus, die jede Sucht begleiten. Danach heilt er die vielfachen Wunden, die Ihnen zugefügt wurden, als man den Mantel der Abhängigkeit über Sie geworfen hat. Er macht der Unzulänglichkeit, Minderwertigkeit und Hilflosigkeit ein Ende. An ihrer Stelle baut er Sie auf, bestärkt Sie und richtet Sie wieder auf. Das ist sein neuer Anfang für Sie.

Danach kommt Ihr Part. Sie werden Ihr Verhaltensmuster ändern müssen, um das umzusetzen, was Jesus neu in Sie hineingepflanzt hat. Bestimmte Verhaltensmuster sind charakteristisch für alle Süchte. Manche Verhaltensweisen werden sich entschieden ändern müssen. Sie werden täglich darauf angewiesen sein, dass der Herr Ihnen zeigt, was, wann und wie Sie etwas tun sollen. Das erfordert eindeutig, dass Sie nahe bei Jesus bleiben. Dass Sie in allem von ihm abhängig werden. So wie wir alle es nötig haben. Es ist jedenfalls ein viel besserer Tausch: Jesus, der Lebensbringer, an der Stelle, die zuvor eine vernichtende Sucht eingenommen hatte. Wir danken dir dafür, Herr, dass du uns heilst, befreist und ewiges Leben schenkst.

Wie Gott Vater eingreift

> » *Der Herr ließ Markus erkennen, welch ungeheure Auswirkungen auf sein weiteres Leben von den unausgesprochenen Gefühlen ausgingen, die er mit neun Jahren erlebte. Wie er seinen alten Groll und Zorn jetzt auf seine Töchter verlagerte, weil er nicht in der Lage war, mit seiner Mutter darüber zu sprechen. Ein helles Licht ging ihm auf, als er plötzlich erkennen konnte, wann die Beziehung zu seinen Töchtern destruktiv wurde: immer wenn sie neun Jahre alt wurden. Das war das gleiche Alter, in dem auch die Beziehung zu seiner Mutter problematisch wurde. Die Neunjährigkeit seiner Töchter war der Katalysator, an dem sich alle seine Gefühle als Neunjähriger für seine Mutter entzündeten. Diese Entdeckung machte ihn sehr betroffen. Danach offenbarte sich ihm der Herr in einer Erinnerung, als er im Bett seiner Mutter war. Markus berichtet: »Der Herr holt mich aus dem Bett heraus. Ich verstehe plötzlich, dass es in seiner Verantwortung liegt, sich um die Gefühle und um das Leben meiner Mutter zu kümmern, nicht in meiner«. In diese Verantwortung des Herrn ließ er jetzt seine Mutter los. Er gab alle Schuldgefühle, allen Groll und all seinen Zorn gegenüber seiner Mutter auf und trennte sich davon. Der Herr heilte die Verletzungen in Markus und pflanzte die väterliche Zuwendung in sein Leben ein, die er brauchte, um sich auf gesunde, liebevolle Weise um seine eigenen Töchter kümmern zu können.*
>
> *Markus war sich bewusst, worin der nächste Schritt bestand. Er sollte jede Tochter einzeln beiseite nehmen und mit ihr darüber sprechen, was er erkannt hat und wie der Herr ihn heute heilte. Er ging die Verpflichtung ein, seine Töchter um Vergebung zu bitten. Er wollte mit jeder beten und Gott darum bitten, dass er alle Verletzungen heilt, die er in ihrem jungen Leben verursacht hat.*

Der Herr Jesus nahm das Kreuz auf sich, ohne auf die Schmach zu achten (vgl. Hebr 12,2). Er nahm alle unser Schwächen, Gebrechlichkeiten und Krankheiten auf sich (vgl. Jes 53,4). Was Jesus für uns alle getan hat, ist ein Geschenk seiner Gnade an uns, die Erlösung. Sie schließt auch unsere Heilung und Befreiung mit ein. Es liegt an uns, ihn anzunehmen und uns von ihm beschenken zu lassen. Unser Geist wird von neuem geboren, wenn wir ihn als Herrn und Retter annehmen. Damit fängt es an. Dann beginnt der Herr an unserer Seele zu arbeiten, dort, wo alle Wunden aus unserer Entwicklungszeit zu finden sind, die unsere Entfaltung im Sinne des Herrn einschränken, hemmen und hindern.

Es liegt in unserer Verantwortung zu erkennen, wo wir in unserem Leben nicht frei sind und uns nach Freiheit sehnen. Es liegt auch an uns, den Herrn um diese Freiheit zu bitten und dann das Geschenk anzunehmen, das er an dieser Stelle für uns hinterlegt hat. Und es liegt an uns zu tun, was er uns aufträgt. Eigentlich ist das ein einfacher Vorgang. Aber doch so schwer für diejenigen unter uns, die von Stolz geplagt werden. Er ist das älteste Hindernis, das sich dem Wirken Gottes in unserem Leben entgegen stemmt. Aber selbst dieser Stolz kann überwunden und vernichtet werden, indem wir ihn vor dem Herrn bekennen.

Wahrheit: den Schmerz aushalten

Der Schmerz, den Ungerechtigkeit hinterlässt, ist nicht immer leicht zu entdecken, aber er gibt sich in unserem Verhalten zu erkennen. Mit dieser Verletzung regen wir uns über jedes Unrecht auf, dem wir begegnen. Wir können so empfindlich dafür werden, dass wir uns leicht betroffen fühlen und dazu neigen, auch die Angelegenheiten anderer auf uns zu nehmen. Auf diesem Hintergrund ist es möglich, dass wir in die irrige Annahme verfallen, wir sollten auf unseren weißen Rossen herumreiten und mit jeder Ungerechtigkeit zu Gericht gehen. Das verleiht uns zwar einen edlen Anstrich, führt aber nur in die Erschöpfung. Im schlimmsten Fall kann es uns in Delikte verwickeln, deren Lösung wirklich nicht unsere Aufgabe ist. Es ist Zeit, die Wahrheit zu erkennen: »Manch einem scheint sein Weg der rechte, aber am Ende sind es Wege des Todes« (Spr 14,12).

Sehend werden, wie es wirklich war

Bitten Sie den Heiligen Geist, für Sie aufzudecken, was in diesen Jahren Ihres Lebens passierte. Ungerechtigkeit und andere Probleme, die in dieser Lebenszeit ihre Wurzeln haben, hindern Sie ganz unmittelbar daran, mit den Gaben Gottes und seinen Aufträgen in Berührung zu kommen. Manchmal beruht sogar die Fähigkeit, diese Gaben und Berufungen in Ihrem Leben zu erkennen, darauf, welche Erfahrungen Sie in dieser Entwicklungszeit gemacht haben. Jesus wird an Ihrer Seite sein und neben Ihnen hergehen, was immer Ihnen begegnen wird. Die Zeit ist gekommen, von so manchem Verhaltensmuster frei zu sein.

Wieder gesund werden durch Heilung und Befreiung
Der Herr will Sie vom Schmerz der Ungerechtigkeit und der Unsicherheit über Ihre Fähigkeiten befreien. Er möchte auf Ihre Gedanken und Gefühle eingehen und Ihnen helfen, Klarheit in die inneren Konflikte zu bringen, mit denen Sie zu kämpfen haben. Er wird Ihr Anwalt sein und für Gerechtigkeit in den Situationen sorgen, in denen Sie ungerecht behandelt wurden. Vor allem aber möchte er Ihre Gaben und Berufungen von neuem bestätigen und Sie ermutigen, wieder zu träumen.

Erlöst werden durch den Herrn, der Neues schafft
Sie sind aus einem ganz bestimmten Grund geboren. Der Herr möchte Sie mit Ihrer ewigen Bestimmung versöhnen. Was immer auch dazu beigetragen hat, den Traum in Ihrem Herzen auszulöschen … der Herr wird ihn wieder einpflanzen und groß ziehen, bis er zur Reife kommt, wenn Sie auf ihn hören und tun, was er Ihnen sagt. Es ist nicht zu spät … denn in ihm sind alle Dinge möglich.

» *Christian erinnert sich in allen Einzelheiten an diesen Tag. Er hatte bei einem Freund übernachtet und war auf dem Weg nach Hause. An der Straßenbiegung sah er, dass das Haus seiner Eltern in Flammen stand. Er empfand die Realität wie einen unwirklichen bösen Traum. Der Schock distanzierte ihn von den heulenden Sirenen der Feuerwehren, die an ihm vorbeirasten. Während Nachbarn an ihm vorüberstürmten, erstarrte er für Stunden, so schien es ihm, an dieser Stelle und er konnte es einfach nicht glauben. Schließlich ging er zögernd auf das Haus zu, das Schlimmste befürchtend. Christian erinnert sich schwach an einen Nachbarn, der tröstend auf ihn zukam. Beide Eltern waren im Feuer umgekommen. Alles, was er in diesem Moment denken konnte, war: »Was soll ich jetzt bloß tun?« Er war erst neun Jahre alt.*
Christian ist heute ein sachverständiger Berater, der für die Sicherheit von Personen in ihren Häusern und an der Arbeitsstelle zuständig ist. Als Erwachsener suchte er nach diesem schrecklichen Erlebnis, das ihn plötzlich als Waise in dieser Welt zurückließ, nach Heilung und Gesundung seiner Seele. In der heilenden Begegnung mit dem Herrn sagte dieser zu ihm, dass der Beruf, den er ergriffen hatte, Gott helfen würde, aus seiner persönlichen Tragödie für andere Menschen Segen entstehen zu lassen.

Christian, der zwar den Tod seiner Eltern nicht hatte verhindern können, wurde von Gott dazu gebraucht, Leid und Tod anderer Menschen zu verhüten, indem er die Augen der Leute für die Gefahren und ihre Beseitigung öffnet. Der Herr konnte die Tragik aus Christians Leben nicht herausnehmen, aber er konnte sie verwandeln und etwas Gutes daraus entstehen lassen.

Wir konnten das oftmals beobachten: Männer, die in einer gewalttätigen Familie groß geworden waren, wurden ausgezeichnete Polizisten; andere, die eine Kindheit in Armut hinter sich hatten, wurden erfolgreiche Unternehmer, die jedoch nie aufhörten, sich um Waisen und Familien zu kümmern, die in Not geraten waren; wie viele Ärzte stammen aus Familien, die mit schlimmen Krankheiten geschlagen waren. Gott hat seine Wege, aus dem vielen, was im Leben der Menschen kaputtgegangen ist, immer wieder etwas Neues entstehen zu lassen. Oft lässt er gerade da viel Gutes aus unserem Leben erwachsen, wo der Feind vorhatte, uns zu schaden.

Von Gott, unserem Vater neu erzogen werden

Die größte Herausforderung auf dieser Entwicklungsstufe besteht darin, dass wir einüben, unsere Meinung in der richtigen Art zu vertreten. Ohne Übung und Korrektur lässt sich das unmöglich erlernen. Wir sind auf Gott, unseren Vater angewiesen, der sich auf diesen Kampf mit uns einlässt und ihn mit uns durchsteht. Er lädt uns sogar dazu ein: »Lade mich vor, gehen wir miteinander ins Gericht …« (Jes 43,26). Gott behält immer Recht, aber er ist willens, uns ausreden zu lassen. Das ist die Erziehung, die wir damals gebraucht hätten und die wir heute brauchen.

Wie Gott Vater heilt

Schritte, die wir selber gehen müssen, um seine Heilung und Wiederherstellung zu erfahren:

1. Identifizieren Sie Ihre Probleme als Erwachsener, bzw. die Symptome, die auf Sie zutreffen. [Vgl. auch nachfolgende Tabelle]
2. Bitten Sie den Heiligen Geist, die Wurzel des einzelnen Problems bloßzulegen. Die Wurzel ist all das, was Ihnen in der Kindheit zugestoßen ist, zu einer Verletzung in Ihrem Leben führte und auf diese Weise ermöglichte, dass sich das jeweilige Problem festsetzen konnte. Wie deckt der Heilige Geist Verletzungen auf? Zum Beispiel durch Erinnerungen, ein Bild,

einen vagen Eindruck, einen Gedanken oder eine andere Art, einfach »zu wissen«. [Lk 8,17]

3. Bitten Sie Jesus, dass Sie seine Gegenwart an diesem Punkt wahrnehmen können. [Hebr 13,8; Ps 31,14–16]
4. Sagen Sie Jesus, was Sie dabei fühlen, denken, erfahren. Hören Sie auf das, was er dazu sagen möchte. [Ps 91,14–16]
5. Bitten Sie Jesus, Ihnen zu zeigen, wie der Vater diese Zeit haben wollte. Er will Ihnen alles Notwendige für die Entwicklung geben, um Sie heil zu machen. Er will alles wiederbringen, was an Ihnen versäumt wurde, und Sie zu dem Menschen »restaurieren«, der Sie ursprünglich nach seinem Plan sein sollten. [Jer 29,11; Mt 15,13]
6. Vergeben Sie Ihren Eltern und allen, die Sie verletzt haben. Wenn nötig, so brechen Sie die Flüche, die schon seit Generationen auf Ihrer Familie lasten. [Mt 6,14; Kol 3,13; Gal 3,13; siehe Anhang]
7. Nehmen Sie Gott Vater als Ihren ewigen Vater an. Und nehmen Sie das Erbe des Lebens in Empfang, das Jesus Christus Ihnen schenken möchte. [Joh 1,12–13; Röm 8,13–17]
8. Ergreifen Sie im Namen Jesu die Vollmacht über alle schädlichen Auswirkungen und Einflüsse in Ihrem Leben, die der Herr aufgedeckt hat. Befehlen Sie ihnen im Namen Jesu, für immer zu verschwinden. [Lk 10,19; Jak 4,7; Mk 16,17]
9. Sprechen Sie die Verheißungen aus dem Wort Gottes aus. Sie sind seine Antwort auf Ihre Bedürfnisse und Nöte. [Gal 3,14; Apg 2,39; 2 Kor 1,20]
10. Suchen Sie jeden Tag die Nähe des Vaters, um ihn als Vater zu erfahren. Bitten Sie den Heiligen Geist, Ihnen zu zeigen, wie Sie Ihr neues Leben gestalten sollen. [Hebr 12,10; Ps 68,5; Joh 14,26]

GESUNDE ENTWICKLUNG

ENTWICKLUNGSSTUFE: 6 BIS 12 JAHRE

Wichtige Themen	Erforderliche Lernziele für gesunde Entwicklung	Merkmale beim Erwachsenen
Argumentieren Streit Widerspruch Wettstreit Fertigkeiten lernen	Selbstständige Identität aufrichten etwas auf eigene Art tun lernen Fertigkeiten fürs Leben überblicken und entwickeln Lernen lernen Prioritäten setzen u. Dinge zu Ende führen Einsicht in Werte u. Regeln bekommen	Prioritäten setzen können / Aufgaben zu Ende führen kreative Problemlösungen finden gesunde Entwicklung gesellschaftlicher Gewandtheit u. Umgang mit Gefühlen feste Werte u. Regeln, in Güte angewandt Vertrauen in die eigene Art, etwas zu tun Sicherheit gegenüber den Herausforderungen des Lebens Bestimmung Gottes im Leben erkennen und erfüllen

FEHLENTWICKLUNGEN

ENTWICKLUNGSSTUFE: 6 BIS 12 JAHRE

Wichtige Themen	**Verletzungen in der Entwicklung**	**Symptome beim Erwachsenen**
Argumentieren Streit Widerspruch, Wettstreit Fertigkeiten entwickeln	Zu starre Regeln u. Werte fehlende Werte u. Regeln oder Inkonsequenz Unfähigkeit, Regeln vernünftig zu begründen bei einer Sache bleiben müssen keine Unterstützung bekommen, Projekte zu beginnen u. zu beenden strenge u. ungerechte Bestrafung	Starre Werte u. Regeln Schwierigkeiten, etwas zu beginnen u. zu beenden suchtgefährdete Persönlichkeitszüge versteckte Aggressivität zwanghafte Kriegsführung gegen Ungerechtigkeit Einschüchterung anderer durch Gefühle sich selber mit Gefühlen bestrafen, Schuldgefühle haben göttliche Bestimmung nicht kennen Unsicherheit über Gaben u. Berufungen

7. KAPITEL

Träume und Ausblicke

(Das Alter von 13–14 Jahren)

» *Gerd konnte sich an nichts Negatives aus seiner frühen Kindheit erinnern, das er mit diesen schweren Verunsicherungen und der Panik hätte in Verbindung bringen können, die ihn seit seinen Teenagerjahren überfielen. Mit Vorliebe kamen sie gerade dann über ihn, wenn er öffentlich oder in geschäftlichen Angelegenheiten zu sprechen hatte. Er war buchstäblich gelähmt vor Angst und Unsicherheit.*
Gerd quälte sich mit symbiotischen Beziehungen und war viel zu abhängig von der Meinung anderer über seinen eigenen Wert, aber sonst? War in seinen Teenagerjahren etwas geschehen? Was hatte sich verändert?

Teenagerjahre – die Höhen und Tiefen dieser stürmischen Zeit haben sich tief in unsere Seele eingegraben und hinterlassen lebenslange Eindrücke. Wieder wach gewordene Gefühle und schwankende Hormone verkünden den Beginn der Jugendzeit. Wir schütteln den langen emotionalen Winterschlaf ab und fangen wieder zu fühlen an. Gesellschaftliche Gewandtheit rückt jetzt in den Mittelpunkt unseres Interesses. Freunde und Freundschaften haben oberste Priorität. Pflichten, Hausaufgaben u. ä. haben dagegen die Neigung, wie Steine auf den tiefsten Grund unseres Bewusstseins hinunterzusinken.

Gott hat in seiner Weisheit in den Entwicklungsprozess der Teenagerjahre eine Art Ausgleich eingebaut. Die Jugend ist die Brücke zwischen der Kindheit und dem Erwachsensein. Zunächst wird dem Prozess des Heranwachsens mit der Pubertät eine weitere interessante Wendung hinzugefügt. Schließlich bestimmt eine besondere Zeit der Reifung, die sogenannte Adoleszenz, die letzten Jahre der Jugend (etwa das Alter zwischen 17 und 20 Jahren). In diesem Lebensabschnitt geht der Teenager noch einmal auf alle früheren Stufen der Entwicklung zurück, um bestimmte Themen zu einem endgültigen Abschluss zu bringen.[1] Es stellt eine Chance dar, unerledigte Angelegenheiten früherer Entwicklungsstufen zu korrigieren und zu vervollständigen. In dieser Zeit fängt auch unsere sexuelle Identität an zu reifen. Die Zeit der Adoleszenz fasst frühere Entwicklungen mit den Beziehungen und Fertigkeiten, die in der Teenagerzeit erworben werden, zusammen.

Ein fertiger, reifer Mensch ist zwar durchaus in der Lage, sein Leben als Einzelner zu meistern, er ist aber auch fähig, gesunde Beziehungen einzugehen und zu pflegen. Diese gelungene Kombination kommt in der Regel jedoch nur sehr selten vor. Die Verletzungen früherer Jahre behindern unseren Prozess der Reife und haben zur Folge, dass wir uns immer und immer wieder mit den gleichen Problemen herumschlagen müssen, die wir bereits allzu gut kennen. Wir merken erst, dass wir schon wieder um den ganzen Berg herumgelaufen sind, wenn wir wieder an der gleichen Stelle angekommen sind. Es scheint, als ob wir unfähig wären, die »Spurrille« zu verlassen und weiter zu gehen. Der Apostel Paulus hat das bestens beschrieben:

»Denn ich begreife mein Handeln nicht: Ich tue nicht das, was ich will, sondern das, was ich hasse. … Denn ich tue nicht das Gute, das ich will, sondern das Böse, das ich nicht will. … Ich unglückseliger Mensch! Wer wird mich aus diesem dem Tod verfallenen Leib erretten? Dank sei Gott durch Jesus Christus, unseren Herrn!« (Röm 7,15; 19; 24–25).

Wie kann es so weit kommen?

Probleme beim Erwachsenen

Schwierigkeiten in den frühen Teenagerjahren tauchen im Erwachsenenalter in verschiedener Weise wieder auf. Typische Probleme des Erwachsenen, die ihren Ursprung in dieser Entwicklungsstufe haben, sind:

- Schwierigkeiten mit der Zeiteinteilung und Schwerpunktsetzung,
- Schwierigkeiten, zu denken und Aufgaben zu bewältigen,
- Unsicherheit bezüglich Grenzen,
- abhängige Beziehungen,
- Unfähigkeit, Zorn und Ärger angemessen auszudrücken,
- Essstörungen,
- Süchte.

Wenden wir uns nochmals Gerds Geschichte zu:

> »*Gerds Mutter war gestorben, als er zehn Jahre alt war, und als er ungefähr dreizehn war, heiratete sein Vater ein zweites Mal. Seine Stiefmutter erwies sich als das genaue Gegenbild seiner leiblichen Mutter. Alles Gute, das seine Mutter in sein Leben investiert hatte, wurde von seiner Stiefmutter durch schlimme Missachtung seiner Gefühle systematisch wieder zunichte gemacht. Von morgens bis abends zog sie über ihn her, nichts war ihr gut genug. Ihre Flüche und ihr Geschimpfe verschüchterten Gerd und ließen ihn auch noch als Erwachsenen mit Angstanfällen und Verunsicherungen kämpfen. Das untergrub oft seinen Erfolg im Beruf und im Leben.*

Um besser zu verstehen, wie diese Probleme bei uns Fuß fassen können, ist es wichtig, die Aufmerksamkeit auf das zu lenken, was zur gesunden Entwicklung in den frühen Teenagerjahren beiträgt.

Der gesunde Entwicklungsprozess

Alles, was man mit dem Mund machen kann, aber auch Zeiteinteilung, Zorn, Rebellion, Widerstand und Unabhängigkeit sind die Dinge, die uns in dieser Lebenszeit fordern.

Wenn Sie je mit jungen Teenagern zu tun hatten, dann sind Ihnen diese »mündlichen Aktivitäten« wahrscheinlich nicht unbekannt. »Kaum im Kopf, und schon raus aus dem Mund«: Alles wird sofort ausgesprochen. Wir hatten noch keine Gelegenheit, mit dem Taktgefühl Bekanntschaft zu schließen. Auf dieser Stufe ist es die Norm, unentwegt zu reden. Mädchen lassen meistens die Worte nur so heraussprudeln. Während sie Kaugummi kauen reden sie pausenlos und bauen so ihren Stress ab. Jungen probieren gewöhnlich aus, zu welchen Geräuschen ihr Mund fähig ist und wie weit diese zu hören sind. Oft kann man sie schon von weitem kommen »hören«, bevor sie zu sehen sind. Jungen in diesem Alter essen mit Vorliebe alles, was ihnen in die Hände gerät. Natürlich gibt es dabei wie bei jeder Regel Ausnahmen, sowohl Jungen wie Mädchen können sich auf diese unguten Angewohnheiten einlassen. Ein geschäftiges Mundwerk ist jedenfalls eines der Merkmale, dass die frühe Jugendzeit begonnen hat.

In den Anfängen unserer Teenagerzeit sind wir keine Blitzstarter, wenn es um etwas geht, das nur entfernt an Aufgaben oder Arbeit erinnert. Es ist erforderlich, dass wir unter Anleitung der Eltern jetzt lernen, bestimmten Aufgaben den Vorzug zu geben und unsere Zeit einzuteilen. Auch der fleißigste und aufgabenorientierteste Mensch zeigt in dieser frühen Übergangsperiode seine Ausfallserscheinungen. Die gute Nachricht ist: Das ist normal. Damit soll nicht gesagt werden, dass man uns ruhig Unverantwortlichkeit zugestehen kann. Es ist nur wichtig zu wissen, dass es zum Prozess der Entwicklung einfach dazu gehört. Wir brauchen Eltern, die uns dabei helfen, eine ausgewogene Balance zwischen Pflichten und unseren persönlichen Interessen zu finden.

Auch Zornanfälle, Rebellion und Widerstand sind jetzt normal. Es ist nun mal die Zeit, in der wir darum kämpfen, selbstständig und unabhängig zu werden.

Entwicklungsbedingte Bedürfnisse im Alter von zwölf bis dreizehn Jahren

Die frühesten Stufen unserer Entwicklung werden jetzt wieder hervorgeholt. Die Thematik, die in den ersten eineinhalb Jahren aktuell war, taucht noch einmal an der Oberfläche auf, um gelöst zu werden. Es ist eine zweite Chance, die Vergangenheit zu bewältigen und mit den ungelösten Dingen, die aus den ersten Lebensmonaten übrig geblieben sind, zu Rande zu kommen. Junge Teenager scheinen sich oft rückläufig zu entwickeln, worüber Eltern oft sehr bestürzt sind. Diese »Wiederaufbereitung« zu verstehen, kann die Dinge ins rechte Licht rücken. Junge Teenager erinnern in ihrem Benehmen oft an die Zeit, als sie Babys waren. Wie Babys lieben sie es zu essen, zu schlafen, zu spielen und zu weinen. Sie bekommen Sehnsucht nach der »guten alten

Zeit« der Symbiose, als die Mutter allein für alle Arbeit zuständig war. Junge Teenager möchten von der Mutter umsorgt werden ... möchten wieder alles von ihr gemacht bekommen. Kurzum, sie versuchen, die Symbiose wiederherzustellen. Wir brauchen jetzt Eltern, die Widerstand leisten gegen Abhängigkeiten. Wir müssen lernen, um Dinge zu bitten, die wir brauchen. Und dass wir Zuwendung bekommen, wenn wir darum bitten. Die Bibel bestätigt diese Wahrheit mit den Worten Jesu: »Bittet, dann wird euch gegeben ... denn wer bittet, der empfängt«. (Mt 7,7–8)

In unseren frühen Teenagerjahren sind wir sehr selbstkritisch und unsicher. Wir brauchen sowohl Zuneigung und Lob als auch Zurechtweisung. Wir sind uns aller unserer Mängel und Versagen schmerzlich bewusst. Es ist nötig, dass man uns wirkliche Ermutigung und echtes Lob angedeihen lässt, damit die heftige Selbstkritik, die wir gegen uns selbst richten, ein wenig nachlässt.[2]

Zeiteinteilung

Teenager müssen Zeiteinteilung lernen. Wir motivieren uns jetzt nicht selbst, und wir brauchen eine Struktur, wenn es um Aufgaben geht. Es ist wichtig, dass wir unsere Zeit so einteilen lernen, dass wir alles, wofür wir verantwortlich sind, getan bekommen. Ebenso ist es unbedingt erforderlich, dass wir auf den zeitlichen Rahmen Einfluss nehmen dürfen und Hausaufgaben und wichtige Aufgaben in einem vertretbaren Maß dann einplanen, wann es uns am besten erscheint. Teenager müssen die Erfahrung der gegenseitigen Achtung und Zusammenarbeit mit den Eltern machen, damit sie lernen, sich Autorität auf richtige Art unterzuordnen.

Sexualität

In der Pubertät erwacht eine natürliche Wissbegierde über Sexualität. Teenager brauchen klare und genaue Informationen aus der gesunden Perspektive Gottes. Bekommen wir das als Teenager nicht, neigen wir dazu, uns diese Informationen selber zu besorgen, manchmal aus Quellen, die überhaupt nicht gesund sind.

Grenzen und Begrenzungen

Mit dem Wiedererwachen der Gefühle sehnen sich junge Teenager nach Anreizen für ihre Sinne. Da wir jetzt wieder mit dem Erforschen beginnen, brauchen wir zu unserem eigenen Schutz Grenzen und Strukturen. Neugierde und die Verlockung eines sinnlichen Anreizes kann dazu führen, dass wir mit Alkohol und Drogen zu experimentieren beginnen. Wenn zu viel Freiheit gewährt wird, kann diese Periode sehr destruktiv werden. Junge Teenager brauchen ebenso viel Überwachung als zu der Zeit, als sie Kleinkinder waren. Grenzen und Einschränkungen müssen zu ihrem Schutz genau festgelegt werden. Wir haben den falschen Eindruck, dass wir mit unserem Leben ganz gut zurechtkommen und nicht »wie Babys« behandelt werden müssen. Tatsächlich ist es aber notwendig, dass man uns beschützt und beaufsichtigt, wenn sich unser Erforschen auf die Welt ausweitet. Diese Grenzen und Begrenzungen sind zu unserem Schutz da … nicht nur, um uns einzuschränken.

Glaubhafte Werte
Teenager fangen auf dieser Stufe an, sich mit »wahren Werten« zu identifizieren. Wir überprüfen jetzt die Wertvorstellungen unserer Familie, um zu entscheiden, welche Werte wir davon für unser Leben übernehmen wollen. Wenn wir mit Erwachsenen zu tun haben, die auch leben, was sie verkünden, ist es viel wahrscheinlicher, dass wir ihre Werte übernehmen und in unser Leben integrieren.

Entwicklungsbedingte Bedürfnisse im Alter von vierzehn Jahren
Zorn, Opposition und Aufbegehren sind die Kennzeichen dieses Alters. Wir kämpfen um unsere Selbstständigkeit und Unabhängigkeit. Das Ziel ist es, uns als eigenes Individuum zu profilieren. Autoritäten werden in Frage gestellt, und die negative Haltung nimmt zu. Das ist das »Nachspiel« der zweijährigen Phase … das Gleiche noch mal, nur in größeren Körpern! »Nein« ist der Schlachtruf der Unabhängigkeit! Oft widersetzen sich Teenager Erwachsenen nur, um unter Beweis zu stellen, dass sie anders sind. Manche Teenager werden immer die Gegenposition einnehmen, egal, was Erwachsene vertreten, nur um von ihnen abzuweichen. Andererseits besteht die starke Neigung, sich einer Gruppe Gleichgesinnter anzuschließen, um akzeptiert zu werden. Zorn bricht plötzlich hervor, und wir werden ausgesprochen negativ. Wir stehen unter großem Druck … wir müssen denken, Probleme lösen, gesellschaftlichen Verpflichtungen nachkommen, Pflichten erledigen, und das alles, während unsere Hormone rasen. Oft sind Wachstumsschübe der Anlass, dass wir uns in unserem eigenen Körper nicht recht zu Hause fühlen.

Es braucht also nicht extra betont werden, dass wir unter diesen Umständen ein wenig gereizt sein können.

In den frühen Jahren unserer Teenagerzeit sind wir Meister in der Psychologie der Umkehrung: Wir beknien die Eltern, damit sie unseren Forderungen nachgeben, aber tief in unserem Innern wünschen wir uns, dass sie es nicht tun. Denn in Wahrheit wollen wir starke Eltern haben. Die wir achten können, weil sie uns Vorbild sind in dem, was sie uns abverlangen. Die bereit sind, sich notfalls unbeliebt zu machen, indem sie Grenzen ziehen.

Zorn und Ärger

Ärger auf unangemesse Weise loszulassen, ist ein Hilfeschrei nach Zuwendung der Eltern. Grenzüberschreitung ist eine der Möglichkeiten, Autorität auf die Probe zu stellen: Meinst du wirklich, was du sagst? Teenager werden in diesem Alter versuchen, die Verantwortung von sich zu schieben ... sie anderen in die Schuhe schieben. Mit vierzehn sollten wir lernen, wie wir mit unserem Zorn und Ärger richtig umgehen können. »Laßt euch durch den Zorn nicht zur Sünde hinreißen!« ermahnt uns die Heilige Schrift (vgl. Eph 4,26).

Auf dieser Entwicklungsstufe sind wir so gut wie immer zornig. Sie ist also hervorragend dafür geeignet, den richtigen Umgang mit Zorn zu lernen. Viele Christen wissen nicht, was sie mit Zorn anfangen sollen. In den meisten Fällen aus fehlgeleiteten Glaubensansichten, die nicht mit der Bibel übereinstimmen. Zorn ist keine Sünde. Wie wir mit ihm umgehen, kann Sünde sein. Wenn wir nicht lernen, ihn in eine gute Richtung umzulenken. Über den Zorn Gottes wird im Alten Testament einige Male berichtet, so z. B. in Psalm 18. Jesus warf im gerechten Zorn im Vorhof des Tempels Tische um. Da weder der Vater noch Jesus jemals gesündigt haben, muss es möglich sein, zornig zu sein ohne zu sündigen. Zorn ist ein Gefühl, das von Gott dazu vorgesehen ist, uns Energie zu verleihen, damit wir Probleme angehen und falsche Dinge abstellen. Setzen Sie sich mit folgenden praktischen Schritten auseinander, um verstehen zu lernen, wie man Zorn handhaben kann:

➤ Zorn und Groll, der sich über Jahre angestaut hat, muss vom Herrn gelöst werden. Eine immer größer werdende Last mitzuschleppen, kann uns erdrücken. Wenn es besondere Umstände gibt, die ein bestimmtes Vorgehen erfordern, wird

Sie der Herr darauf aufmerksam machen und Sie hindurchleiten (vgl. Hebr 12,15).

- Geben Sie zu, dass Sie zornig sind. Bekennen Sie sich zu dem Gefühl des Zorns (vgl. Eph 4,26).
- Zorn birgt Energie in sich. Leiten Sie diese Energie nach außen. Bei kleineren Enttäuschungen, wenn z. B. nach einer Gemeindeversammlung keiner dableibt, um beim Aufräumen mitzuhelfen, kann es ausreichend sein, ihn verbal abzuleiten. Aber größerer Zorn braucht zu seiner Entlastung vielleicht eher körperliche Aktivitäten. Für solche Fälle bietet es sich an, das Haus gründlich zu putzen, in der Garage aufzuräumen, einen von Unkraut überwucherten Garten zu jäten oder sich sportlich zu betätigen, indem man läuft, mit dem Rad fährt oder Fußball spielt. Das hilft mit, die Energie des Zorns zu bündeln und in konstruktiver Weise einzusetzen.
- Wenden Sie sich an den Herrn und kommen Sie zuerst mit ihm ins Reine. Er wird Ihnen helfen, Ihr Herz in Ordnung zu bringen (vgl. Ps 139,23–24).
- Gehen Sie zu dem, der Ihnen Unrecht getan hat und sprechen sie mit ihm darüber (vgl. Mt 18,15–17).
- Streben Sie dabei an, die Sache zu bereinigen und sich mit ihm zu versöhnen (vgl. 2 Ko 5,18–19).
- Setzen Sie sich den Frieden zum Ziel. Entwickeln Sie eine praktische Strategie, damit das gleiche Problem in Zukunft vermieden wird (vgl. Ps 34,15 und 1 Petr 3,11).

Denken

Es ist wichtig, das Denken und das Lösen von Problemen auf dieser Stufe zu vertiefen und zu integrieren. Persönliche Verantwortung für unser Verhalten zu übernehmen, zuverlässig zu werden und die natürlichen Konsequenzen für unser Handeln zu tragen, ist überaus wichtig für die Charakterentwicklung. Die Symbiose mit der Mutter ein für alle Mal zu lösen, entscheidet darüber, ob wir zu einem voll fürs Leben befähigten und verantwortlichen Individuum werden.

Der soziale Vertrag

Wenn alles gut gegangen ist, verlassen wir diese Zeit mit einem klaren sozialen Vertrag. Er besteht im Wesentlichen darin, dass ich »im Leben Dinge tun muss ... ob ich will oder nicht ... ob ich mich danach fühle oder nicht ... dass die Gefühle anderer Menschen mit meinen Handlungen zu tun haben, und ich auf sie Rücksicht nehmen muss ... dass sich die Welt nicht allein um mich dreht«. Leider gibt es viele Menschen auf dieser Welt, die solche Einsichten noch nicht gewonnen haben.

Entscheidungen über das Leben und uns selbst
Erfahrungen, die wir auf dieser Entwicklungsstufe machen, formen den Eindruck, den wir von uns selbst haben. Sie sind ein Teil unseres ganz persönlichen Meinungssystems. Ich muss entscheiden ...

- ob es einen Auftrag für mein Leben gibt oder nicht,
- ob ich denken und meine Angelegenheiten selbstständig bewältigen kann oder nicht,
- ob ich mich von meinen Eltern (und besonders von der Mutter) gelöst habe oder nicht.

Die Meinung, die nach unserer Überzeugung auf uns zutrifft, wird letztendlich unser Denken und Verhalten bestimmen. »Wie der Schelm denkt, so ist er«, sagt ein weises Sprichwort.

Wunden und ihre Wurzeln

Die vorhin erwähnten Probleme, die in dieser Lebenszeit verwurzelt sind, gehen unmittelbar in unsere Erwachsenenjahre über. Auch die Verletzungen aus unseren ersten Lebensmonaten tauchen in den frühen Teenagerjahren noch einmal auf und verlangen nach einer Lösung.

» *Eine Mutter bat um Rat bezüglich ihres dreizehnjährigen Sohnes. Er hatte sich schon immer gegen sie gesträubt, seit er ein Baby war. Jetzt aber nahm seine Streitsüchtigkeit immer feindseligere Züge an. Wir beteten miteinander und baten den Herrn, uns die Wurzeln dieses Problems zu zeigen. Er verwies uns auf die ersten Lebensmonate des Jungen und auf die Beziehung mit seiner Mutter.*
Die Mutter war zwiespältig darüber, ob sie ein weiteres Kind haben wollte oder nicht. Ihr Mann reiste viel herum, und sie musste zu Hause meist allein für die Kinder sorgen. Er wollte gern noch ein Kind haben und versprach, dass er mehr zu Hause sein und in der Familie mithelfen würde. Sie ließ sich erweichen und

wurde bald darauf schwanger. In den ersten Monaten ihrer Schwangerschaft war er aufmerksamer und öfter anwesend, um sich um die Familie zu kümmern. Aber kurz vor der Geburt ihres Sohnes fiel der Vater wieder in das alte Verhaltensmuster zurück. Sie fühlte sich betrogen und im Stich gelassen. Ihr Herz füllte sich mit tiefem Unwillen und Bitterkeit gegenüber ihrem Mann. Das Kind spürte die Verstimmung und gewann den Eindruck, sie gelte ihm. Als die Mutter ihren Sohn mit Bitterkeit und Groll im Herzen stillte, reagierte er tief verletzt. Er verweigerte die Brust, und die Mutter musste ihn mit dem Fläschchen füttern.

Sobald er etwas unabhängiger wurde, riss er sich von seiner Mutter los und verhielt sich immer widerspenstiger. Sein ganzes Verhalten ihr gegenüber wurde ablehnend. Er wollte von ihr nicht berührt werden. Mit den Jahren spürte die Mutter, wie sich eine Mauer zwischen ihnen aufrichtete. In der Gebetszeit deckte der Herr auf, dass das Kind den Groll, den die Mutter für ihren Mann empfand, auf sich bezogen hatte. Aus Selbstschutz und um zu überleben, zog es sich deshalb von ihr zurück. Es war ein Schock für sie, das sie nicht die leiseste Ahnung hatte, wie sich das auf ihren Sohn hatte auswirken können. Als sie betete und alles vor dem Herrn bereute, baten wir darum, dass er die Verletzungen des Kindes heilen und die Beziehung zwischen ihnen wieder in Ordnung bringen möge.

Einige Stunden später rief sie an, um uns mitzuteilen, dass sich in ihrem Sohn eine wunderbare Wandlung vollzogen habe. Die Mutter hatte ihn vom Fußballtraining abgeholt. Auf der Fahrt nach Hause begann er darüber zu reden, dass ihm aufgefallen sei, wie scheußlich er sich ihr gegenüber benommen habe. Er bat sie, ihm zu vergeben. Er habe keine Ahnung, warum er sich so verhalten habe. Sie konnte ihm den Grund mitteilen, den der Herr ja vor kurzem in der Seelsorge aufgedeckt hatte und bat auch ihn um Vergebung. Dann beteten sie, dass der Herr sie beide und auch ihre Beziehung wieder heil und gesund mache. Als sie sich umarmten, zum ersten Mal nach vielen Jahren, wusste sie, dass der Herr ein Wunder vollbracht hatte.

Der Schmerz der Süchte

Mit dem Einsetzen der Teenagerjahre erwachen auch die Gefühle wieder zum Leben. Für diejenigen, die eine einigermaßen stabile und gesunde Kindheit hatten, bedeutet es bloß eine neue Phase in ihrer menschlichen Entwicklung. Aber für die anderen ist mit diesem Aufleben der Gefühle verbunden, dass auch tiefe Gefühle des Schmerzes und der Schuld, die aus den ersten Lebensjahren stammen, wieder an die Oberfläche drängen. Das kann für den bereits gestressten Teenager ziemlich unerträglich werden. Schmerz und Schuldgefühle setzen ihm so zu, dass sie ihn oft zu Alkohol und Drogen greifen lassen, um die Symptome zu betäuben.

Die tiefste Ursache für Alkohol- und Drogenabhängigkeit liegt im Schmerz. Es ist entscheidend, bis zu diesem Schmerz vorzustoßen, um wieder frei zu werden. Das ist keine leichte Aufgabe, nachdem alle Gefühle jahrelang unter Verschluss gehalten waren. Leicht ist es, den Schmerz zu verleugnen und zu verdrängen. Teenager, die sich diesem Schmerz ausgesetzt fühlen, sehen es oft als die beste Lösung an, diese Gefühle wieder zu überdecken. Süchte wirken sich so aus, dass sie eine einigermaßen »gefühlsfreie« Zeit vorspiegeln, zumindest für eine Weile. Das wirkliche Problem fängt an, wenn der Teenager der Droge oder dem Alkohol gegenüber eine bestimmte Toleranz entwickelt hat und immer größere Mengen braucht, um sich Erleichterung zu verschaffen. Mit Hilfe des Heiligen Geistes ist es möglich, den Schmerz auszuhalten und zur »Wurzelursache« vorzudringen. Damit wir an dieser Stelle Heilung erfahren, um das Verlangen nach dem Suchtmittel zu bezwingen.

Essstörungen

Ungefähr sieben Millionen Frauen und eine Million Männer leiden in den USA an einer Essstörung. Nach einem Bericht des amerikanischen Gesundheitsministeriums führt jeder zehnte Fall von Magersucht zum Tod, durch Verhungern, Herzstillstand oder Selbstmord.[3] Mädchen waren in der Vergangenheit traditionellerweise anfälliger für Essstörungen, aber das verändert sich in dem Maße, als Jungen demselben Druck ausgesetzt sind, dünn und muskulös sein zu müssen.

»Zehn bis vierundzwanzig Prozent der männlichen Jugendlichen berichten, dass sie Fressanfälle haben, und ein bis zwei Prozent geben zu, dass sie nachher erbrechen oder Abführmittel und harntreibende Mittel benutzen.«[4] Männliche Athleten, die gezwungenerweise ihr Körpergewicht niedrig halten müssen, sind besonders anfällig dafür, eine Essstörung zu entwickeln.

Eine andere Studie über vierundachtzig deutsche Sportler an Universitäten (Ringkämpfer und Ruderer) berichtet, dass zweiundfünzig Prozent von ihnen Fressanfälle haben und elf Prozent eine Reihe von Symptomen einer Essstörung aufweisen.[5]

Essstörungen fangen oft in den Teenagerjahren an, und wir kennen bereits den Grund, warum sie gerade jetzt auftauchen. Die bekanntesten dieser Störungen sind Magersucht, Bulimie und Fresssucht. In der klinischen Behandlung geht man oft im Team an dieses Problem heran, da es auf viele unterschiedliche Lebensbereiche eines Menschen Auswirkungen hat. Zudem haben Störungen auf diesem Gebiet selten nur eine Ursache. Meistens ist es ein ganzer Komplex unterschiedlichster Auslösefaktoren. Um nur einige zu nennen: Suchtabhängigkeit, Verletzungen während des Stillens und/oder Fütterns, bevormundende Umgebung, sexueller Missbrauch, seit Generationen bestehende Verfluchung und andere seelische Erschütterungen und Schmerzen. Von diesen Fesseln befreit zu werden und Heilung der Verletzungen zu erfahren, die das Problem ausgelöst haben, steht am Anfang jeder Bekämpfung von Essstörungen. Als erfolgreichstes Vorgehen hat es sich erwiesen, wenn das Gebet um Heilung mit einer zusätzlichen seelsorgerlichen Begleitung kombiniert wird, welche betroffene Menschen mit praktischen Informationen versorgt und verantwortlich unterstützt, während sie lernen, in der Freiheit zu leben.

Lassen Sie uns diese Störungen einzeln betrachten.

Magersucht

Anorexia Nervosa ist durch langsames Verhungern und massiven Gewichtsverlust charakterisiert. Betroffene haben intensive Angst vor Gewichtszunahme, fühlen sich fett, obwohl sie untergewichtig sind und verleugnen den bedrohlichen Zustand ihres geringen Körpergewichts. Damit verbundene körperliche Probleme schließen eine Schädigung des Herzens und anderer lebenswichtiger Organe ein, niederen Blutdruck, langsamen Herzschlag, Bauchschmerzen, Verlust der Muskelmasse, Verstopfung und Kälteempfindlichkeit.[6,7]

Bulimie

Bulimia Nervosa ist gekennzeichnet durch einen geheim gehaltenen Zyklus von Fressanfall und darauf folgender Entleerung mittels Erbrechen, Abführmittel, Entwässerungsmittel oder zwanghafter sportlicher Betätigung, um Gewichtszunahme zu verhindern. Betroffene Personen haben während dieser Fressattacken keine Kontrolle über ihr Essverhalten. Sie sind voreingenommen gegenüber ihrem Gewicht, ihren Körperformen und ihrer Erscheinung. Komplikationen, die mit der Bulimie einhergehen, beziehen sich auf Schädigung des Herzens und der Nieren, des Fortpflanzungssystems, des Verdauungstraktes, der Speiseröhre, der Zähne und des Mundes.[8/9]

Zwanghaftes Essen / Fressanfälle
Fresssucht ist ein Syndrom, bei dem ein Individuum innerhalb kürzester Zeit große Mengen an Essen vertilgt und während dieser Attacke sein Essverhalten nicht beherrschen kann. Die Person isst schneller als gewöhnlich, bis sie unangenehm vollgestopft ist, nimmt große Mengen zu sich, obwohl sie nicht hungrig ist, und isst allein, weil es ihr peinlich ist.

Meist besteht irgendein Kummer, und hinterher stellen sich Schuldgefühle und depressive Verstimmung ein. Gelegentlich wird gefastet oder eine Reuediät eingelegt. Das Körpergewicht schwankt von normal bis fettleibig. Zu den körperlichen Komplikationen, die mit dieser Störung verbunden sind, gehören Diabetes, Bluthochdruck, Kreislaufprobleme, degenerative Gelenkserkrankungen, Hormonschwankungen und Erkrankungen der Herzkranzgefäße.[10/11]

» *Anika war alarmierend zerbrechlich, als wir sie das erste Mal trafen. Ausgemergelt und aschgrau starrte sie uns aus leblosen, tief in den Höhlen liegenden Augen an. Wir fühlten uns durch den Heiligen Geist gedrängt, schnell zur »Wurzelursache« dieser entsetzlichen Not in ihrem Leben vorzustoßen. Sie war festgefahren in Verdrängung und Selbsttäuschung und verstand nicht im Geringsten, was mit ihr passierte oder warum es geschah. Es war nötig, dass wir die Mächte der Täuschung und der Verdrängung im Namen Jesu banden, noch bevor wir mit dem Gebet um Heilung beginnen konnten (vgl. Lk 10,19). Wir befahlen »dem Gott dieser Welt, der ihren Verstand verdunkelte«, die Verblendung fortzuschaffen, damit sie die Wahrheit erkennen konnte (vgl. 2 Kor 4,4).*
Als wir den Herrn baten, die Wurzel aufzudecken, ließ er uns ein Bild von Anika sehen, wie sie als Säugling von ihrer Mutter gefüttert wurde. Anikas Mutter achtete wie besessen auf Anikas

Gewicht und wollte sie nicht zu viel füttern. Anika durfte niemals genug Nahrung zu sich nehmen und war daher immer an der Grenze zum Hunger. Ihre Mutter war erfreut darüber, dass sie so zierlich war, und darüber nahm Anika die Überzeugung in sich auf: »Meiner Mami gefällt es, dass ich hungere«. Des Weiteren deckte der Herr auf, dass es in der Familie Suchtabhängigkeiten gab, und dass Anika auch davon betroffen war. Anika bat den Herrn, dass er sich in dieser Erinnerung offenbare und ihr zeige, wie er jene Zeit haben wollte. Er nahm sie in seine Arme und gab ihr ein Fläschchen zu trinken, das sie verschlang, und danach noch ein zweites, während er sie aufforderte zu trinken, bis sie satt war. In dieser Erfahrung riss er die Wurzel der irrigen Annahme aus, dass sie hungern müsste, um ihrer Mutter zu gefallen. Er entlarvte die Täuschung, die sie daran hinderte, ihren Körper so zu sehen, wie er wirklich war. Er stellte ihren gesunden Appetit wieder her. In diesem Gebet löste sie die schon seit Generationen bestehende Gebundenheit an verschiedene Süchte. Sie brach im Namen Jesu den Vertrag mit dem Geist des Todes und nahm das Geschenk des Lebens in Empfang, das er ihr gab. Er erlöste sie aus der Gewalt des Feindes und befreite sie zum Leben. Nach diesem Gebetstreffen nahm sie weiter Seelsorge in Anspruch, da sie erst lernen musste, mit ihrer Heilung zu leben: auf gesunde Weise zu essen und ihren Körper richtig wahrzunehmen. Heute ist sie eine gesunde junge Frau mit kräftigem athletischem Körperbau. So wie Gott sie erschaffen und gedacht hatte.

Oder Heidis Geschichte

» *Heidi war eine schöne junge Frau, aber sehr übergewichtig. Sie bat um Rat und Hilfe, um ihr ständig schwankendes Gewicht unter Kontrolle zu bekommen. Sie hatte sehr hohe Gewichtsschwankungen, die von Fettleibigkeit fließend in einen Zustand übergingen, der nahe am Verhungern war. Sie fühlte sich in dieser Pendelbewegung wie in einer Falle eingeschlossen und hielt sich für nicht fähig, daraus auszubrechen. Wir baten den Heiligen Geist, die ursächliche Wurzel dieses verblüffenden Zyklus aufzudecken, und er gab einen Hinweis auf Heidi im Mutterleib. Heidi sah sich selbst als kleines … als sehr winziges Baby. Als wir den Herrn nach der Bedeutung fragten, zeigt er uns Heidis Mutter, weinend, angsterfüllt und selber noch im Teenageralter. Wir beteten weiter, und der Herr schenkte uns die Erkenntnis, dass*

Heidis Mutter das Kind unehelich empfangen hatte und nun aus Angst vor dem Zorn ihres Vaters die Schwangerschaft zu vertuschen versuchte. Sie hörte zu essen auf, weil sie dachte, das würde eine Gewichtszunahme und die Entdeckung verhindern. Was sie in ihrer Jugend jedoch nicht realisierte, war, dass sie damit die Gesundheit ihres Babys ernsthaft gefährdete. Zum Zeitpunkt, als man die Schwangerschaft entdeckte und sie einem Arzt vorstellte, befand sich das Baby bereits in der Krise. Der Arzt wies Heidis Mutter scharf zurecht und sagte, dass ihr Baby sterben würde, wenn sie nicht wieder richtig essen würde. Heidis Mutter, die niemals beabsichtigt hatte, ihrem Kind zu schaden, war darüber sehr bestürzt und fing an sich zu überessen, um die Sache wieder auszugleichen.

Heidi überlebte, aber das Muster eines zwanghaften Essverhaltens hatte sich ihr unauslöschlich eingeprägt. Dieses setzte urplötzlich in ihrer Jugendzeit ein und hielt bis in ihr Erwachsenenleben an: Sie fastete, bis sie kurz vor dem Verhungern war, um sich dann zwanghaft zu überessen, bis sie nicht mehr konnte und gefährlich fettleibig wurde. Obwohl sie schon jahrelang Beratung in Anspruch genommen hatte, war sie von diesem zwanghaften Verhalten nicht losgekommen. In der Gebetszeit hob der Herr den Fluch und den destruktiven Kreislauf auf. Er durchbrach den zwingenden Anspruch, der von den geistigen Mächten der Sucht an sie erhoben wurde. Nachdem sie von den Fesseln und von dem Verhaltensmuster, das sie im Mutterleib in sich aufgenommen hatte, befreit war, konnte sie auch mit den gesunden Essgewohnheiten leben, die man ihr als Kind beigebracht hatte.

In der Seelsorge an Menschen, die mit Essstörungen zu kämpfen haben, machen wir die Erfahrung, dass das Gebet um Heilung Menschen vom Fluch der Generationen und von den geistigen Mächten der Sucht und des Zwanges befreit. [Siehe Anhang] Es heilt nicht nur die Wunden und falschen Assoziationen aus der Zeit, in der sie gefüttert wurden, sondern nahm auch den Druck, ja selbst die Unterdrückung in familiären Beziehungen und in ihrem Umfeld von ihnen weg. Das erlaubt es ihnen, wieder zu einem gesunden und für sie richtigen Essverhalten zurückzukehren. Beratung ist dann am wirksamsten, wenn Menschen durch den Herrn zuvor aus ihren Zwängen und Fesseln befreit wurden und eine heilende Begegnung mit ihm in der Zeit hatten, als das Problem in ihrem Leben »Wurzeln« schlug.

Heuchelei
Teenager können durch Heuchelei und Vorgabe falscher Tatsachen tief verletzt werden. Wir reagieren in dieser Entwicklungszeit sehr empfindlich auf Ungereimtheiten bei Autoritätspersonen. Scheinheiligkeit gießt Öl ins Feuer der Rebellion und löscht die Achtung vor der Autorität aus. Ohne gesunde Vorbilder im Sinne Gottes treiben wir hilflos herum und haben es schwer, uns mit Werten zu identifizieren, auf denen wir unser Leben aufbauen können. Besonders schädlich ist es, wenn wir uns von einem christlichen Leiter, zu dem wir bewundernd aufblicken, getäuscht fühlen. Gefühle des Verrats und Misstrauens können überhand nehmen, so dass wir in unserem Alter damit nicht zurechtkommen. Das kann sich auch dann noch auswirken, wenn wir schon längst Erwachsene sind. Wir werden misstrauisch und spöttisch und verweigern uns jeder Autorität.

Unsicherheit
Unsicherheit ist eine Schädigung, die ebenfalls ihre Wurzeln in dieser Zeit hat. Unsicherheit bezüglich Grenzen ... meiner eigenen Grenzen ... Erwartungen ... all das ist das Ergebnis unzureichender Zuwendung durch die Eltern.

Einer der größten Fehler, den Eltern jetzt begehen können, liegt darin, dass sie annehmen, der Teenager sei genau so reif wie er aussieht. Sie gewähren ihm infolgedessen zu viel Freiheit, ohne ausreichende Beaufsichtigung durch einen Erwachsenen. Wenn er zu wenig eingeschränkt wird und keine Grenzen gesetzt bekommt, wird er damit ungeschützt in eine Welt der Herausforderungen und Konfrontationen entlassen, der er gefühlsmäßig noch nicht gewachsen ist. Wenn zu viel Freiheit zu bald gewährt wird, kann dieser Zeitabschnitt sehr destruktiv werden. Schwere Verletzungen und weitreichende negative Auswirkungen beim Erwachsenen sind die Folge. Es ist für die Sicherheit des jungen Teenagers unbedingt erforderlich, dass man klare Grenzen zieht und Vereinbarungen mit ihm trifft.

Wiederaufleben der Symbiose und Abhängigkeit
Gleichermaßen schädlich ist es jetzt, die Abhängigkeit zu verstärken, indem man zulässt, dass die Symbiose wieder aufgerichtet wird. Damit bleiben wir hilflos und abhängig und halten in der Folge auch dann noch nach symbiotischen Beziehungen Ausschau, wenn wir bereits erwachsen sind. Nur zu oft wollen

Mütter nicht zulassen, dass ihre Söhne erwachsen werden. Sie halten sie in der Abhängigkeit fest, indem sie alles für sie machen. Und da die meisten Jungen ihre Mütter nicht verletzen wollen, bleiben sie abhängig und damit auch in der Unreife stecken. Das ist die Ursache für alle möglichen Schwierigkeiten im Erwachsenenleben, vor allem aber auf der Beziehungsebene. Menschen, die sich niemals aus der Symbiose gelöst haben, wandern mit einer unsichtbaren Nabelschnur durchs Leben, immer auf der Suche nach Leuten, von denen sie versorgt werden wollen, die ihre ungestillten Bedürfnisse erfüllen sollen. Das aber ist nicht möglich, es sei denn, sie gehen eine Verbindung mit Jesus ein. Nur er kann ihre Leere auffüllen und sie in ihrer Schwachheit stark machen.

Ärger verdrängen
Unangemessene Ausbrüche von Zorn und Ärger wiederholt zu ignorieren ist schädlich. Oft geschieht das, weil Eltern nicht wissen, wie sie mit ihrem eigenen Ärger umgehen sollen. Ein weiteres Beispiel dafür, dass man nicht geben kann, was man nicht selber bekommen hat. Zu lernen, wie man mit Ärger richtig umgeht, ist eines der wichtigsten Ziele auf dieser Stufe. Ärger zu verdrängen oder ihn unangemessen auszudrücken führt zu Fehlverhalten und meistens dazu, dass jemand darunter leiden muss.

Wenn Zorn und Ärger an sich noch kein schuldhaftes Verhalten darstellen, wann führen solche Affekte zu einem Verhalten, das wir als Schuld vor Gott bekennen müssen. Eigentlich ist es sehr einfach. Wir sündigen,

- wenn wir andere körperlich oder emotionell verletzen,
- wenn wir etwas zerstören, das einem anderen gehört,
- wenn wir uns selbst verletzen.

Die meisten von uns stimmen wahrscheinlich sofort zu, die beiden ersten Verhaltensweisen als falsch und schuldhaft einzuordnen. Aber am häufigsten versündigen wir uns, indem wir uns selbst verletzen. Anstatt Gefühle zuzulassen und damit richtig umgehen zu lernen, um etwas zu verändern, verletzen wir uns selbst, indem wir den Ärger in uns einschließen. Ärger, den wir in uns hineinfressen, führt oft zu den verschiedensten Formen der Selbstzerstörung.

Wir müssen uns klarmachen: Es ist für uns schädlich und gefährlich, Ärger über einen längeren Zeitraum hinunterzuschlucken. Wir tun das, weil wir entweder in der Familie, in der wir aufgewachsen sind, nicht ärgerlich sein durften oder weil wir zu viel Ärger miterlebt haben, der in Gewalt mündete. Eine solche Erfahrung lässt uns innerlich einen Schwur ablegen, selber niemals ärgerlich oder zornig zu werden. Für gewöhnlich landen wir dann dabei, dass wir den Ärger unangemessen »abladen« und ihn irgendjemandem aufladen. Die Schuldgefühle darüber führen zu einem erneuten Schwur, sich nie wieder zu ärgern, und der Kreislauf beginnt von vorne. Unsere Beziehungen werden mit Sicherheit sehr unter diesem versteckten Groll zu leiden haben.

Ärger und Zorn zu verleugnen und in uns zu unterdrücken, führt zu Depression, Bluthochdruck, Dickdarmkatarrh, Magen- und Darmgeschwüren und vielen anderen Stresskrankheiten. Ungelöster Groll wurde auch schon mit rheumatischer Arthritis in Verbindung gebracht.

Im Gegenzug führt die Art und Weise, sich seinem Zorn und seinem Ärger hemmungslos hinzugeben, ebenso zu ernsten körperlichen Erkrankungen. Sie ist besonders schädlich für das Herz.

Sexualität

Es besteht jetzt eine natürliche Neugierde auf alles, was mit Sex zu tun hat, und wir benötigen genaue Informationen. Fehlende oder nicht ausreichende Information zwingt einen jungen Menschen dazu, nach anderen Informationsquellen zu suchen. Für gewöhnlich werden Freunde zu Rate gezogen, wobei oft »der Blinde von Blinden« geführt wird, und wir wissen, wo das endet. Oder noch schlimmer ... man wendet sich pornographischen Zeitschriften und Filmen oder anderen fragwürdigen Quellen zu, um den Wissensdurst zu stillen. Dieses heimliche Suchen öffnet die Tür zur Perversion und kann in die Sucht führen.

Wie Gott Vater eingreift

» *Gerd zögerte ... allein der Gedanke, sich noch einmal mit den Schmerzen dieser Zeit auseinandersetzen zu sollen, schien ihm unerträglich zu sein. Doch in Angst und Qual weiter leben zu müssen, war noch schmerzvoller. Wir baten den Herrn, diese Zeit noch einmal wach werden zu lassen und sie mit Gerd zusammen durchzustehen. Als der Herr sie in sein Gedächtnis zurückkom-*

men ließ, sah er alles in einem neuen Licht. Nicht nur er wurde von seiner Stiefmutter unterdrückt, sein Vater war diesem Druck genau so ausgesetzt. Gerd hätte einen Vater gebraucht, der ihn in Schutz nahm, aber sein Vater litt ebenfalls unter ihren Schikanen. Dann enthüllte Jesus die Wahrheit: Gerds Stiefmutter war selber voller Furcht. Das schimpfende Böse, das aus ihr heraus brach, kam von einer bösen Macht, die durch die Furcht Gewalt über sie bekommen hatte. Während Gerd zusah, wie der Herr die Geister der Beschimpfung, der Furcht und der Dominanz austrieb, wurde seine Stiefmutter plötzlich ganz sanft. Die feurigen Pfeile ihrer bösen Worte waren ausgelöscht, und Jesus zog jeden einzelnen heraus. Er hob die Macht des Fluches auf und sprach den Segen aus, den er Gerd damals zukommenlassen wollte. Furcht und Unsicherheiten hatten ihre Macht über Gerd verloren, und ein tiefer Friede machte sein ängstliches Herz wieder gelassen. Auf diesem Hintergrund war es Gerd möglich, seiner Stiefmutter und seinem Vater zu vergeben und sie nicht zu verurteilen. Heute ist Gerd ein sehr erfolgreicher Geschäftsmann, der durch sein Zeugnis viele Menschen zum Glauben an Jesus führt. Die Begegnung mit Christus hat sein Leben spürbar verändert und umgewandelt.

Wahrheit: dem Schmerz gegenübertreten

Die Schwierigkeiten in Ihrem Leben anzuerkennen, ist der erste Schritt, um sie zu überwinden. Probleme sind Hindernisse, die Sie davon abhalten, all das zu werden, das Sie sein sollen ... alles, was Gott für Sie möchte. Gehen Sie die Liste der angeführten Symptome für den Erwachsenen durch, die auf ein Problem hinweisen, das auf dieser Stufe verwurzelt ist.

Aufdeckung: zurück zum Auslöser

Unkraut jäten ist nur wirksam, wenn man auch die Wurzel zu fassen bekommt. Alle diese Probleme müssen vom Herrn »wurzeltief« entfernt werden. Bitten Sie den Heiligen Geist aufzudecken, wann es begonnen hat. »Ihr erhaltet nichts, weil ihr um nichts bittet« (Jak 4,2). Wenn wir ihn bitten, steht er zu seinem Wort und deckt auf, wie die ganze Misere angefangen hat. Selbst wenn wir uns an die Zeit erinnern können ... schützt uns Verdrängung oft vor schmerzlichen Details, die wir noch nicht ertragen können. Wenn die Zeit zur Heilung gekommen ist, wird der Heilige Geist diese schlimme Zeit in unser Gedächtnis zurückrufen, so deutlich wie nötig. Bitten Sie Jesus, mit Ihnen durch diese Zeit zu gehen.

Wiederherstellung: geheilt und befreit werden
In diesen Begegnungen mit dem Herrn in der Erinnerung ... zeigt er uns einen Vater, der sich um uns kümmert und alle unsere Bedürfnisse erfüllt. Auf dieser Stufe ist es oft nötig, dass wir Grenzen gezogen bekommen. Er tut auch das. Wenn er die Rolle des Vaters für uns annimmt, verstellt er uns manchmal den Weg (vgl. Ps 139,5), um uns in die richtige Richtung umzulenken. Er zieht Grenzlinien und stellt Begrenzungen auf, damit wir sicher sind. Er verleiht unserem Leben eine neue Fähigkeit, zu vertrauen, eine freudige Bereitschaft, uns seiner Herrschaft zu unterstellen und alle wahre Autorität über uns anzuerkennen.

Erlösung: was der Herr einpflanzt
Wenn wir durch die Anwesenheit des Herrn alles bekommen, was wir brauchen, wenn unsere Verletzungen heil gemacht werden, dann reißt der Herr damit die Wurzeln der Zerstörung, die in dieser Zeit eingepflanzt wurden, restlos aus und pflanzt an ihrer Stelle etwas Neues ein. Unsere unruhigen Herzen sind vollkommen eingetaucht in seinen Frieden. Heil zu sein und Freiheit zu haben ist eine spürbare Erfahrung. Friede und Vertrauen lösen Angst und Unsicherheit ab.

Noch einmal erzogen werden: Vater ... sei du mein Vater!
Nachdem wir frei geworden sind, besteht die Herausforderung darin, dass wir lernen, auf neuen Wegen zu gehen, die sich nach Gott ausrichten. Im Brief an die Philipper werden wir ermahnt: » ... müht euch mit Furcht und Zittern um euer Heil« (Phil 2,12). Was bedeutet das konkret?

Es heißt, vom Heiligen Geist in die Lehre genommen zu werden. Es bedeutet, als geheilte und frei gewordene Menschen im Alltag leben zu lernen. Vor dem Herrn aufrichtig zuzugeben, dass wir nicht wissen, wie wir leben sollen. Es bedeutet zu lernen, auf ihn zu hören und zu tun, was er uns zeigt. So in Freiheit und Gesundheit leben zu lernen, wie sein Wort es uns nahelegt.

Gott Vater möchte uns genau so lehren, wie ein Vater seine Kinder erzieht. Jesus lernte seinen besonderen Gehorsam in dem, was er zuließ. Und so ist es auch mit uns. Indem wir am Morgen nach dem Vater suchen und unser Herz für ihn öffnen, um seine

Anweisungen entgegenzunehmen, indem wir ihm sagen, dass wir uns danach ausrichten wollen, wird unser Tag in die richtige Richtung gelenkt, so wie es dem Vater gefällt. Jesus ist auch darin unser Vorbild: »Ihr werdet erkennen, dass ich nichts im eigenen Namen tue, sondern nur das sage, was mich der Vater gelehrt hat« (Joh 8,28). Jesus führte immer ein Leben, an dem der Vater Freude hatte.

Auf diesem Weg kann es nötig sein, dass uns der Vater zurechtweist, um alte destruktive Gewohnheiten zu zerstören, die mit unseren Fesseln und Verletzungen im Zusammenhang stehen. Und natürlich mit den »Überlebensmechanismen«, die wir uns zugelegt haben, um es vielleicht doch ganz alleine zu schaffen. Der Vater wird anfangen, unsere verkrampften Finger von den alten Gewohnheiten zu lösen und uns dazu befähigen, mit ihm in größerer Freiheit zu leben. Die Frucht der Veränderung ist immer ein Zeugnis davon, was er in unserem Leben bewirkt hat. Bei einigen tritt sie sofort und dramatisch in Erscheinung ... bei anderen ist es mehr ein Prozess der Verwandlung, der mit der Zeit in größere Freiheit führt. Gott stellt uns so wieder her, wie es für uns am besten ist. Wir sind kostbar und einzigartig in seinen Augen. Gott Vater stellt jeden von uns einzeln wieder her ... nach seiner ursprünglichen Absicht mit uns.

Wie Gott Vater heilt

Schritte, die wir selber gehen müssen, um seine Heilung und Wiederherstellung zu erfahren:

1. Identifizieren Sie Ihre Probleme als Erwachsener, bzw. die Symptome, die auf Sie zutreffen. [Vgl. auch nachfolgende Tabelle]
2. Bitten Sie den Heiligen Geist, die Wurzel des einzelnen Problems bloßzulegen. Die Wurzel ist all das, was Ihnen in der Kindheit zugestoßen ist, zu einer Verletzung in Ihrem Leben führte und auf diese Weise ermöglichte, dass sich das jeweilige Problem festsetzen konnte. Wie deckt der Heilige Geist Verletzungen auf? Zum Beispiel durch Erinnerungen, ein Bild, einen vagen Eindruck, einen Gedanken oder eine andere Art, einfach »zu wissen«. [Lk 8,17]
3. Bitten Sie Jesus, dass Sie seine Gegenwart an diesem Punkt wahrnehmen können. [Hebr 13,8; Ps 31,14–16]
4. Sagen Sie Jesus, was Sie dabei fühlen, denken, erfahren. Hören Sie auf das, was er dazu sagen möchte. [Ps 91,14–16]
5. Bitten Sie Jesus, Ihnen zu zeigen, wie der Vater diese Zeit

haben wollte. Er will Ihnen alles Notwendige für die Entwicklung geben, um Sie heil zu machen. Er will alles wiederbringen, was an Ihnen versäumt wurde, und Sie zu dem Menschen »restaurieren«, der Sie ursprünglich nach seinem Plan sein sollten. [Jer 29,11; Mt 15,13]

6. Vergeben Sie Ihren Eltern und allen, die Sie verletzt haben. Wenn nötig, so brechen Sie die Flüche, die schon seit Generationen auf Ihrer Familie lasten. [Mt 6,14; Kol 3,13; Gal 3,13; siehe Anhang]
7. Nehmen Sie Gott Vater als Ihren ewigen Vater an. Und nehmen Sie das Erbe des Lebens in Empfang, das Jesus Christus Ihnen schenken möchte. [Joh 1,12–13; Röm 8,13–17]
8. Ergreifen Sie im Namen Jesu die Vollmacht über alle schädlichen Auswirkungen und Einflüsse in Ihrem Leben, die der Herr aufgedeckt hat. Befehlen Sie ihnen im Namen Jesu, für immer zu verschwinden. [Lk 10,19; Jak 4,7; Mk 16,17]
9. Sprechen Sie die Verheißungen aus dem Wort Gottes aus. Sie sind seine Antwort auf Ihre Bedürfnisse und Nöte. [Gal 3,14; Apg 2,39; 2 Kor 1,20]
10. Suchen Sie jeden Tag die Nähe des Vaters, um ihn als Vater zu erfahren. Bitten Sie den Heiligen Geist, Ihnen zu zeigen, wie Sie Ihr neues Leben gestalten sollen. [Hebr 12,10; Ps 68,5; Joh 14,26]

GESUNDE ENTWICKLUNG

Entwicklungsstufe	Wichtige Themen	Erforderliche Lernziele für gesunde Entwicklung	Merkmale beim Erwachsenen
12 bis 13 Jahre	Wiederaufnahme der Thematik »im Mutterleib bis 18 Monate« Zeitstrukturierung Prioritätensetzung Beziehungsfähigkeit	»Mutterleib bis 18 Monate«: Fehlendes ausgleichen, verfeinern, abschließen richtige Zeiteinteilung verinnerlichen Bedürfnisse durch Bitten erfüllt bekommen feste Lebensordnung eingehen soziales Engagement entdecken	Eingliederung u. Zusammenfassung: Auflösungen aus »im Mutterleib bis 18 Monate«; richtige Zeitstrukturierung gesunde Prioritätensetzung geistliche Urteilsfähigkeit gesunde Lebensordnung
14 Jahre	Wiederaufnahme der zweijährigen Thematik Zusammenfassung Werte fürs Leben testen	2-jährige Lernziele ausgleichen, verfeinern, abschließen endgültige Auflösung der Symbiose: selbstständig werden »sozialen Vertrag« endgültig abschließen letzte Aufnahme von Werten	Eingliederung und Zusammenfassung: 2-jährige Auflösung Unabhängigkeit »sozialer Vertrag« Eigenverantwortung übernehmen sich von Gott führen lassen Leben auf wahren Werten aufbauen

FEHLENTWICKLUNGEN

ENTWICKLUNGSSTUFE: 12 BIS 13 JAHRE

Wichtige Themen	Verletzungen in der Entwicklung	Symptome beim Erwachsenen
Wiederaufnahme der Thematik »im Mutterleib bis 18 Monate« Zeiteinteilung Prioritätensetzung Beziehungsfähigkeit	Keine Auflösung der Thematik »im Mutterleib bis 18 Monate« sich durch Gefühle lahm legen; fehlende Zeiteinteilung fehlende bzw. nicht ausreichende Einschränkungen vor natürlichen Folgen bewahren, überbehütet werden Scheinheiligkeit	Kampf mit der Thematik »im Mutterleib bis 18 Monate« Unsicherheit über sich selbst u. das Leben symbiotische Beziehungen überschreitet häufig Grenzen Schwierigkeiten, bei einer Sache zu bleiben suchtgefährdete Persönlichkeitsstruktur fehlende geistliche Urteilsfähigkeit Mangel an Lebensordnung

ENTWICKLUNGSSTUFE: 14 JAHRE

Wichtige Themen	Verletzungen in der Entwicklung	Symptome beim Erwachsenen
Wiederaufnahme der 2-jährigen Thematik Werte fürs Leben testen	2-jährige Lernziele nicht erreichen fehlende Disziplin Zorn wird nicht konfrontiert keine festen Grenzen u. Einschränkungen erfahren Förderung der Abhängigkeit Wiederaufleben der Symbiose Scheinheiligkeit	Kampf mit 2-jährigen Angelegenheiten fehlender oder schwacher »sozialer Vertrag« Narzissmus, Selbstbezogenheit Kontrolle durch Dominanz, Einschüchterung und/oder Manipulation destruktiver Wettstreit Abhängigkeit von anderen suchtgefährdete Persönlichkeitsstruktur fehlendes Wertebewusstsein Kontrolle über die Führung Gottes

8. KAPITEL

Bestimmung – das große Abenteuer

(Das Alter von 15–30 Jahren)

> » *Elsa rollte sich im Bett zusammen und weinte verzweifelt. Sie war bestürzt darüber, dass sich immer wieder der gleiche Alptraum wiederholte. Sie hatte dieser Freundin vertraut, einer Christin, wie sie annahm. Wieso passieren diese Dinge immer mir? Sie schien anscheinend nie die Anzeichen wahrzunehmen, wenn Gefahr im Verzug war.*

Die Abschlussphase unserer Entwicklung in den Teenagerjahren ist angefüllt von der Herausforderung und der freudigen Erwartung unserer Unabhängigkeit. Wir neigen dazu, uns bereits sehr »erwachsen« zu fühlen. Sicherlich kommen wir inzwischen mit unserem Leben ohne Hilfe der Eltern zurecht. Wir identifizieren uns mit unserer Geschlechtsrolle und integrieren sie. Die letzten Verbindungsfäden zwischen Unabhängigkeit und Abhängigkeit werden durchschnitten. Diese Loslösung weist darauf hin, dass wir im psychologischen Sinn reif dafür sind, unser Zuhause zu verlassen. Wir müssen nun volle Verantwortung für uns und unser Verhalten übernehmen. Das ist auch die Zeit, in der wir unsere Fähigkeiten für Beruf und Leben verfeinern und zusammenfassen, um uns auf ein Leben in der Unabhängigkeit vorzubereiten. Das »Licht am Ende des Tunnels« ist bereits deutlich sichtbar, das »erlösende Ende« der Adoleszens ist nahe. Wenn alles gut gegangen ist, sind wir in der Lage, die Ergebnisse aus unserer früheren Entwicklung mit den Fertigkeiten, die aus der

Adoleszens stammen – Beziehungsfähigkeit, Unabhängigkeit, berufliches Können und Lebensgewandtheit – zu einem einheitlichen Ganzen zusammenzuschließen. Auf diese Weise werden wir zu einem voll lebensfähigen, gesunden Individuum. Leider ist bei den meisten von uns nicht alles gut gegangen.

Probleme beim Erwachsenen

Probleme auf dieser Stufe beziehen sich hauptsächlich auf Fragen der Identität, insbesondere auf die Geschlechtsrolle und auf die Beziehung zwischen Frauen und Männern. Unsicherheit und falsche Abhängigkeit fördert die Entstehung symbiotischer Beziehungen anstelle von Selbstständigkeit, Unabhängigkeit und wachsender persönlicher Verantwortung. Verwirrung in der Geschlechtsrolle untergräbt das Vertrauen und die Sicherheit über mein Wissen, wer ich bin und wie ich mich richtig verhalte. Das Wiederauftauchen der Verletzungen aus der Zeit, als wir zwischen drei und fünf Jahre und sechs bis zwölf Jahre alt waren, verkompliziert die Sache ebenfalls. Die Beziehung zu anderen wird auch durch den Hang zur Gesetzlichkeit und durch die Bekämpfung wirklicher oder eingebildeter Ungerechtigkeit belastet. Diese Probleme beeinträchtigen uns sehr, als reife Erwachsene in der Gesellschaft zu leben. Darüber hinaus sind sie eine große Behinderung, unsere Bestimmung im Reich Gottes zu erfüllen.

Lassen Sie uns darüber nachdenken, was in diesen Jahren passieren sollte, damit wir für den Plan zugerüstet werden, den Gott für unser Leben hat.

Der gesunde Entwicklungsprozess

Die Stürme der negativen Phase sind verweht und wir segeln in relativ ruhigem Gewässer in die nächste Entwicklungsstufe hinüber. Wir sind etwas ruhiger geworden und finden es leichter, mit den Eltern und der Familie in Einklang zu kommen. Wir übernehmen zunehmend mehr Verantwortung für unser Leben und bereiten uns darauf vor, eventuell von zu Hause auszuziehen, um ein unabhängiges, verantwortliches Glied in der menschlichen Gesellschaft zu werden.

Entwicklungsbedingte Bedürfnisse im Alter von fünfzehn Jahren: Identifizierung mit der Geschlechtsrolle

Die Identifizierung mit unserer Geschlechtsrolle rückt in den Mittelpunkt. Das obligatorische »Warum« ist wieder da, wenn wir auf die Stufe des Fünfjährigen zurückgehen, um uns den unerledigten Geschäften aus dieser Zeit zu widmen. Dieses Mal ist es ein soziales »Warum«: »Wieso kann ich nicht? – Warum darf ich nicht? – Warum vertraust du mir nicht? – usw.«

Furcht und ein starker Sinn für Gerechtigkeit tauchen als Thema wieder auf und wollen auf einer neuen Ebene nochmals bearbeitet werden. Wir haben viele Fragen bezüglich der Beziehung zwischen Männern und Frauen und hören es gerne, wenn unsere Eltern ihre eigene Geschichte erzählen. Wir brauchen Orientierung durch die Eltern und gesunde Rollenvorbilder. Das erleichtert es uns, unserer Identität als Mann oder Frau vertrauensvoll zuzustimmen und zu bejahen, dass es gut ist, so wie Gott uns gemacht hat.

Töchter richten ihre Aufmerksamkeit jetzt mehr auf den Vater. Sie brauchen die Liebe des Vaters, um sich als Frau annehmen zu können. Väter müssen Töchter bestärken und beschützen, um ihnen zu vermitteln, wie kostbar sie sind. Durch eine gesunde Beziehung zu ihren Vätern lernen Töchter zu erwarten, dass man ihnen als Frauen, die sie nach Gottes Plan sind, Liebe und Achtung entgegenbringt.

Söhne neigen sich mehr der Mutter zu und brauchen die Erlaubnis und Bestärkung, erwachsen und unabhängig werden zu dürfen. Für Mütter ist es wichtig, dass sie Söhne in ihrer wachsenden Verantwortlichkeit bestärken. Dadurch kann sich der Sohn von der Mutter lösen, ohne befürchten zu müssen, sie zu verletzen. Es gibt ihm die Freiheit, der Mann zu werden, der er nach Gottes Vorstellung sein soll.[1]

Entwicklungsbedingte Bedürfnisse im Alter von sechzehn bis dreißig Jahren: Selbstständigkeit und Unabhängigkeit

Ja, man kann tatsächlich das Alter zwischen sechzehn und dreißig Jahren unter gewissen Aspekten als eine Zeit betrachten. Neuere Forschungsergebnisse weisen darauf hin, dass die Berufsausbildung viel länger als früher dauert, da wir in einer Hochtechnologiegesellschaft leben. Dadurch bleiben junge Leute von den Eltern länger wirtschaftlich abhängig. Manchmal bis sie dreißig Jahre alt sind.

Das zu hören, war für einen Pastor, der kürzlich an einem unserer Seminare teilnahm, ein regelrechter Trost. Er kam hinterher auf uns zu, um uns zu sagen, welche Erleichterung es für ihn war, zu wissen, dass sein Sohn »normal« war. Er war bereits dreimal von zu Hause ausgezogen, um auf eigenen Füßen zu stehen, kam aber aus verschiedenen Gründen immer wieder nach Hause zurück. Da er aber noch nicht dreißig war, befand er sich immer noch innerhalb des normalen Entwicklungsrahmens. Zur Zeit plane er wieder seinen Auszug von zu Hause, und, wie es – Gott sei Dank – scheint, zum letzten Mal.

Selbstständigkeit und Unabhängigkeit sind in diesen letzten Jahren der Adoleszenz wichtig für uns. Wir müssen unabhängig handeln und persönliche Verantwortung für unser Leben übernehmen. Ungelöste Fragen aus der Zeit, als wir sechs bis zwölf Jahre alt waren, werden wieder aktuell, besonders jene, die Ungerechtigkeit betreffen. Es ist eine Zeit, in der wir zurückblicken und über die Erfolge und Misserfolge unserer Vergangenheit reflektieren. Eine Zeit, in der wir nach vorne sehen und unsere Zukunft planen. Die Übergangszeit ist gekommen, und wir treffen Anstalten, von zu Hause auszuziehen. Eltern müssen uns dadurch unterstützen, indem sie uns »loslassen«, aber weiter zur Verfügung stehen, wenn wir ihren Rat brauchen. Wir müssen unser Leben selber in die Hand nehmen und uns hinauswagen in die Welt.[2] Wir sind darauf angewiesen, dass die Eltern uns segnen und an den ewigen Vater freigeben – an Gott Vater, damit wir ihm dienen mit unserem Leben.

Entscheidungen über das Leben und über uns selbst:
Was uns in diesen abschließenden Jahren der Jugend begegnet, bestärkt uns entweder in unserem Selbstvertrauen als Erwachsener, oder es entmutigt uns. Wir stehen vor der Entscheidung, ob es gut ist, ein Mann bzw. eine Frau zu sein oder nicht, und ob wir verantwortlich handeln können oder nicht.

Wunden und ihre Wurzeln

Die Verletzungen unserer mittleren und späten Teenagerjahre gehen unmittelbar in unsere Erwachsenenzeit über. Die häufigsten Probleme, die in dieser Zeit ihren Anfang nehmen, sind: Verwirrung der Geschlechtsrolle, symbiotische Beziehungen und übertriebene Empfindlichkeit gegenüber Ungerechtigkeit und Unrecht.

Verwirrung der Geschlechtsrolle

Eine verworrene Auffassung über die Geschlechtsrolle ist im Gefolge der feministischen Bewegung und in der Verwischung der Unterschiede zwischen Mann und Frau in den westlichen Kulturen ziemlich häufig. Es ist, um es einfach auszudrücken, die fehlende Sicherheit über unsere sexuelle Identität. Wir sind uns nicht ganz sicher, was es bedeutet, ein richtiger Mann oder eine richtige Frau zu sein. Das kann nur schwach ausgeprägt oder auch ernst sein, je nachdem, was in unserem Leben passiert ist. Wenn der Vater oder die Mutter in unserem Leben ausgefallen sind, dann fehlt uns das Rollenvorbild für unsere sexuelle Identität.

Ferner ziehen sexueller Missbrauch oder Ausnutzung in den Teenagerjahren viele, noch schwer wiegendere Folgen nach sich, die in einer Verwirrung oder Verkehrung unserer Identität in Erscheinung treten. Eine familiäre Häufung von sexuellen Perversionen verursacht eine dämonische Bindung, welche die Neigung zu einem breiten Spektrum von Perversionen verstärkt, einschließlich Homosexualität. Es ist für uns wichtig zu erkennen, dass auch diese Wunden geheilt werden und wir als ganzer Mensch Wiederherstellung erfahren können. Unser Vater hat auch dafür einen Weg bereits vorbereitet.

> » *Elsa war eine Frau in den späten Vierzigern. Sie hatte eine Freundin eingeladen, die Wohnung mit ihr zu teilen. Diese schien eine liebenswerte Christin zu sein. Aber nachdem sie einige Monate zusammen gewohnt hatten, fing ihre Beziehung an sich zu verändern. Elsa wurde von ihrer Hausgenossin mehr und mehr unterdrückt, doch um es zu keiner Spannung kommen zu lassen, fügte sie sich. Binnen Kurzem fühlte sich Elsa in ihrer eigenen vier Wänden wie eine Gefangene. Und was die Sache noch schlimmer machte: diese Dame befasste sich mit sonderbaren »geistlichen Aktivitäten«. Elsa wollte sie gern wieder draußen haben, aber sie saß irgendwie in der Falle.*

Symbiotische Beziehungen

Unsicherheit führt zu symbiotischen Beziehungen. Wenn wir unfähig sind, mit unseren Gefühle zurechtzukommen, nicht selbständig denken und Probleme lösen können, sind wir anfällig für symbiotische Beziehungen. Diese beruhen auf einer ungesunden Abhängigkeit von anderen. Wir treten die Verantwortung für unser Fühlen, Denken und Handeln an andere ab. Wir überlassen tatsächlich anderen die Kontrolle über unser Leben und erwarten von ihnen, dass sie alles für uns erledigen. Das entpuppt sich oft als »zweischneidiges Schwert«: Einerseits wollen wir, dass man sich um uns kümmert, andererseits ärgern wir uns zur gleichen Zeit über die Bevormundung. Dabei passiert es nicht selten, dass wir innerlich aggressiv und rachsüchtig werden. Sehr oft ist das eingetreten, weil wir in unserer Teenagerzeit unterdrückt und heimlich kontrolliert wurden und man uns nicht zugestehen wollte, die Verantwortung für unser Leben selbst zu übernehmen. Zu behütende Eltern, die uns von der unschätzbaren Lernerfahrungen natürlicher Konsequenzen abschirmen, tun uns damit keinen Gefallen. Wir gewinnen dadurch den Eindruck: »ich bin unfähig – ich bin nicht verantwortlich – ich bin hilflos«. Sich in der Welt hilflos zu fühlen, ist eine trostlose Aussicht. Hilflosigkeit kann den Weg zur Sucht ebnen. Menschen, die eigentlich ganz intelligent und fähig sind, verfallen u. U. einer Sucht, um damit ihren Erfolg zu untergraben und die Meinung zu untermauern, dass sie hilflos und unfähig seien.

» *Anton war mit einigen seiner Freunde Freitag abends an einem beliebten Teenagertreffpunkt. Einer der Jungen in der Gruppe hatte die »glänzende« Idee, es müsse eine irre Sache sein, zu versuchen, ohne Bezahlung aus dem Lokal zu kommen. Gut, sie machten das, und am nächsten Tag rief der Inhaber bei Anton zu Hause an. Antons Pech war, dass der Inhaber ihn kannte. Ich saß gerade in ihrer Küche, als er anrief. Seine Mutter war darüber so beschämt und aufgebracht, dass sie dem Mann sagte, sie würde sofort vorbeikommen und die Rechnung bezahlen. »Einen Augenblick«, sagte ich. »Wessen Verantwortung ist das?« Nachdem sie sich wieder beruhigt hatte, erkannte auch sie, dass Anton hingehen, die Rechnung bezahlen und sich bei dem Inhaber entschuldigen müsse. Es ist schlimm, wenn man etwas angestellt hat und es ist alles andere als angenehm, wenn man dabei noch erwischt wird. Aber das Durchstehen der notwendigen Konsequenzen formt unseren Charakter. Dem Eigentümer ins Gesicht sehen, ihn um Entschuldigung bitten und die ganze Rechnung bezahlen zu müssen, hinterließ tatsächlich einen nachhaltigen Eindruck auf Anton. Das wird er jedenfalls nie wieder tun!*

Die Folgen unseres Handelns selbstverständlich zu tragen, das ist der »Stoff«, der unseren Charakter modelliert und uns in unserer Verantwortung wachsen lässt. Ich persönlich bin auch der Ansicht, dass es auch eine »Gnade« Gottes ist, die unser Leben auf dem rechten Weg hält.

Wie Gott Vater eingreift

» *Elsa war krank, als sie zum Gebet kam. Sie dachte, sie würde wahnsinnig werden, aber in Wirklichkeit stand sie unter der Einwirkung von Zauberei. Als wir beteten, deckte der Herr die Wahrheit auf. Diese Frau war keine Christin, sondern führte okkulte Praktiken aus. Sobald wir darüber übereinstimmten, brachen wir im Namen Jesu die Macht dieses Zaubers. Schwermut und Bedrückung verließen sie, und sie war frei.*
Wir baten den Herrn, die Ursache des destruktiven Kreislaufs aufzudecken, in den Elsa immer wieder verfiel: blind zu vertrauen und immer wieder enttäuscht und verletzt zu werden. Der Herr gab Elsa ein Bild, wie ihre Mutter ständig um sie herum schwirrte und jede ihrer Bewegungen kontrollierte, auch noch im Teenageralter. Elsa fügte sich, weil sie sich nicht stark genug fühlte, sich gegen die Mutter aufzulehnen und um ihre Freiheit zu kämpfen. Sie entschied sich für den Frieden um jeden Preis. Auf lange Sicht war der Preis aber zu hoch. Indem sie sich unter die mütterliche Bevormundung fügte, geriet sie unter den Einfluss eines Geistes der Kontrolle und der Menschenfurcht, was noch schlimmer war. Der Herr gab uns ein Bild von Elsa, total gefesselt und mit verbundenen Augen. Sie wollte frei sein und bat den Herrn, in ihr Leben zu kommen. Er machte sie sehend und durchschnitt die Stricke, mit denen sie gefesselt war.
Da es an der Zeit für Elsa war, ihr Elternhaus zu verlassen und unabhängig zu werden, löste sie die symbiotische Verbindung mit ihrer Mutter auf. Sie befahl der Menschenfurcht und dem Geist der Kontrolle, aus ihrem Leben zu verschwinden. Zuletzt stemmte sie sich der Zauberei entgegen und gebot ihr im Namen Jesu, von ihr zu lassen.
Sie ging nach Hause, gewappnet für den Kampf, um die Frau hinauszuwerfen. Aber der Feind war bereits vor ihr geflohen, als sie sich an den Herrn gebunden hatte. Die Frau und all ihre Habe waren spurlos verschwunden.

Elsa, die sich jetzt unter die Herrschaft des Herrn gestellt hat und unter seinem Schutz steht, trifft keine wichtige Entscheidung, ohne ihre erste Liebe zu befragen – ihren Erlöser und König, der über ihrem Leben wacht. Sie ist ganz sicher an dem verborgenen Platz – denn ihr Leben ist geborgen in Christus, in Gott.

Wahrheit: den Schmerz ins Auge fassen

Wir alle haben Probleme, Mängel und Kümmernisse in unserem Leben. Es ist keine Schande, Bedürfnisse zu haben – aber es wäre eine große Schande, wenn Sie diesen Dingen weiter erlaubten, Sie daran zu hindern, so zu werden, wie Gott Sie vor sich sieht. Gehen Sie die Tabelle nochmals durch: Gibt es darunter Symptome, die in ihrem Leben in Erscheinung treten? Wodurch immer sie gebunden sind – Jesus kann sie aus all ihren Fesseln befreien. Wofür der Herr Ihnen die Augen öffnet, das will er auch heilen.

Aufdeckung: die Wahrheit erkennen

Der Heilige Geist enthüllt die Wahrheit. Manchmal können wir nicht klar erkennen, woher unsere Probleme stammen. Wir können keine rechte Verbindung herstellen zwischen bestimmten frühen Erfahrungen und unseren Schwierigkeiten heute. Dazu brauchen wir den Heiligen Geist, der die »Wurzelursache« enthüllt, der sie mit der entsprechenden Sache in der Gegenwart in Zusammenhang bringt. Gehen Sie mit Jesus durch diese aufgedeckten Zusammenhänge hindurch. In seiner Gegenwart wird alles so, wie es sein soll.

Wiederherstellung: geheilt und befreit werden

Jesus ist gekommen, damit wir den Vater sehen können. Er sieht die Zerstörung, die in unserem Leben Wurzeln geschlagen hat, und er reißt diese Wurzeln aus, um uns bereit zu machen für die Wiederherstellung und Erlösung.

Der Vater hat Sie als Mann oder als Frau geschaffen, nach seinem vollkommenen Plan für Ihr Leben. Es ist von großer Bedeutung, dass Sie Sicherheit über Ihre Identität erlangen, damit Sie zu dem Menschen werden, der Sie sein sollen. Erlauben Sie dem Vater, dass er Ihnen die Hilfe, den Schutz, die Heilung und die Wiederherstellung zukommen lässt, die sie brauchen, um frei zu sein.

Der Vater wusste, dass wir unabhängig werden und Vertrauen in unsere Fähigkeiten haben müssen, um das Leben bestehen zu können. Er möchte Ihnen alle Hilfe und Ermutigung zukommen lassen, die Sie brauchen. Er möchte Sie von den Kämpfen der Unreife, vom Schmerz der Süchte und von den Fesseln bevormundender symbiotischer Beziehungen befreien. Er möchte Ihre Gaben und Berufungen bestätigen und gesunde, belebende Beziehungen für Sie wiederherstellen. Er möchte Sie Sinn und Zweck ihres Lebens erkennen lassen und Ihnen Freiheit schenken, damit Sie weiter reifen und Jesus immer ähnlicher werden können.

Erlösung: die Neupflanzung des Herrn
Der Vater versöhnt Sie mit sich selbst und schenkt Ihnen Gewissheit darüber, welche Identität Sie vor ihm haben. Er möchte Ihr Selbstbild wieder gesunden lassen. Er möchte, dass Sie sich so sehen lernen, wie er Sie sieht – und dass Sie sicher sind in ihrer Einzigartigkeit. Es gibt »Deborahs« und »Ruths«. Es gibt einen »David« und einen »Petrus«. Sie entsprechen alle der Vorstellung Gottes und sind doch einzigartig. Jeder unterscheidet sich vom anderen in seiner männlichen oder weiblichen Ausprägung. Lassen Sie zu, dass der Herr Ihre Identität in ihm wiederherstellt.

Der Vater möchte auch Ihre besonderen Gaben und Berufungen wieder zur Entfaltung bringen, Ihre Bestimmung in seinem Königreich, den Grund, warum Sie in diese Welt gekommen sind. Die Zeit ist gekommen, wieder zu träumen – den Traum, den Gott in Ihr Leben hineingelegt hat.

Eine neue Familie bekommen: Vater, mein Vater
Der Vater wartet jeden Morgen auf Sie, um sich mit Ihnen zu treffen. Er sehnt sich danach, Ihnen Nahrung zu geben, Ihnen Erkenntnisse zu schenken, mit Ihnen Dinge einzuüben und Sie in die Reife zu führen. Jesus ist unser großes Vorbild – aus seinem Leben können wir als seine Jünger alles lernen, was wir vermisst haben. Wenn wir im Sinne Gottes reif werden, wird uns der Vater durch den Heiligen Geist wahrscheinlich größere geistliche Vollmacht schenken. Wir werden zur glorreichen Kirche werden – zur strahlenden Braut Christi, die wir sein sollen – zur »Pflanzung, durch die der Herr seine Herrlichkeit zeigt«.

Wie Gott Vater heilt
Schritte, die wir selber gehen müssen, um seine Heilung und Wiederherstellung zu erfahren:

1. Identifizieren Sie Ihre Probleme als Erwachsener, bzw. die Symptome, die auf Sie zutreffen. [Vgl. auch nachfolgende Tabelle]
2. Bitten Sie den Heiligen Geist, die Wurzel des einzelnen Problems bloßzulegen. Die Wurzel ist all das, was Ihnen in der Kindheit zugestoßen ist, zu einer Verletzung in Ihrem Leben führte und auf diese Weise ermöglichte, dass sich das jeweilige Problem festsetzen konnte. Wie deckt der Heilige Geist Verletzungen auf? Zum Beispiel durch Erinnerungen, ein Bild, einen vagen Eindruck, einen Gedanken oder eine andere Art, einfach »zu wissen«. [Lk 8,17]
3. Bitten Sie Jesus, dass Sie seine Gegenwart an diesem Punkt wahrnehmen können. [Hebr 13,8; Ps 31,14–16]
4. Sagen Sie Jesus, was Sie dabei fühlen, denken, erfahren. Hören Sie auf das, was er dazu sagen möchte. [Ps 91,14–16]
5. Bitten Sie Jesus, Ihnen zu zeigen, wie der Vater diese Zeit haben wollte. Er will Ihnen alles Notwendige für die Entwicklung geben, um Sie heil zu machen. Er will alles wiederbringen, was an Ihnen versäumt wurde, und Sie zu dem Menschen »restaurieren«, der Sie ursprünglich nach seinem Plan sein sollten. [Jer 29,11; Mt 15,13]
6. Vergeben Sie Ihren Eltern und allen, die Sie verletzt haben. Wenn nötig, so brechen Sie die Flüche, die schon seit Generationen auf Ihrer Familie lasten. [Mt 6,14; Kol 3,13; Gal 3,13; siehe Anhang]
7. Nehmen Sie Gott Vater als Ihren ewigen Vater an. Und nehmen Sie das Erbe des Lebens in Empfang, das Jesus Christus Ihnen schenken möchte. [Joh 1,12–13; Röm 8,13–17]
8. Ergreifen Sie im Namen Jesu die Vollmacht über alle schädlichen Auswirkungen und Einflüsse in Ihrem Leben, die der Herr aufgedeckt hat. Befehlen Sie ihnen im Namen Jesu, für immer zu verschwinden. [Lk 10,19; Jak 4,7; Mk 16,17]
9. Sprechen Sie die Verheißungen aus dem Wort Gottes aus. Sie sind seine Antwort auf Ihre Bedürfnisse und Nöte. [Gal 3,14; Apg 2,39; 2 Kor 1,20]
10. Suchen Sie jeden Tag die Nähe des Vaters, um ihn als Vater zu erfahren. Bitten Sie den Heiligen Geist, Ihnen zu zeigen, wie Sie Ihr neues Leben gestalten sollen. [Hebr 12,10; Ps 68,5; Joh 14,26]

GESUNDE ENTWICKLUNG

Entwicklungsstufe	Wichtige Themen	Erforderliche Lernziele für gesunde Entwicklung	Merkmale beim Erwachsenen
15 Jahre	Wiederaufnahme der 3–5jährigen Thematik Identifizierung mit der Geschlechtsrolle	3–5jährige Lernziele ausgleichen, verfeinern, abschließen Identität der Geschlechtsrolle in Beziehungen	Eingliederung u. Zusammenfassung: 3–5jährige Auflösungen Identitätssicherheit Beziehungsfähigkeit wirksam werden in Gnade u. Barmherzigkeit Gottes
16 bis 30 Jahre	Wiederaufnahme der 6–12jährigen Thematik Zusammenfassung Auflösung der Adoleszenz	6–12jährige Lernziele ausgleichen, verfeinern, abschließen Entwicklung beruflicher Fähigkeiten, Begabungen, Lebensgewandtheit letztes Band zur Unabhängigkeit durchschneiden	Eingliederung und Zusammenfassung: 6–12jährige Auflösungen Streben nach Verbesserung im Beruf und Beschäftigung anderen Trainer und Mentor sein beständiges, dynamisches Wachstum in der Reife weiter im Herrn reifen

FEHLENTWICKLUNGEN

ENTWICKLUNGSSTUFE: 15 JAHRE

Wichtige Themen	Verletzungen in der Entwicklung	Symptome beim Erwachsenen
Wiederaufnahme 3–5jähriger Themen Identifizierung mit der Geschlechtsrolle	3–5jährige Lernziele werden nicht erreicht sexuelle Ausnutzung / Missbrauch ungesunde oder ungerechte Rollenvorbilder ständig misslingende Beziehungen verstärkte Identifizierung mit falscher Geschlechtsrolle Heuchelei	Kampf mit 3–5jährigen Angelegenheiten keine wirklichen Werte im Leben unsichere u. / oder verwirrte geschlechtliche Identität gesellschaftliche Unbeholfenheit suchtgefährdete Persönlichkeitsstruktur festgefahren in religiöser Tradition gesetzliches Handeln

ENTWICKLUNGSSTUFE: 16 BIS 30 JAHRE

Wichtige Themen	Verletzungen in der Entwicklung	Symptome beim Erwachsenen
Wiederaufnahme 6–12jähriger Themen Zusammenfassung Auflösung der Adoleszenz	6–12jährige Lernziele werden nicht erreicht Verhinderung der Unabhängigkeit Kontrolle / Trennung u. Unabhängigkeit verhindern Begabungen nicht entdecken oder entmutigt werden Heuchelei	Kampf mit 6–12jährigen Angelegenheiten Kampf mit Unreife Sturheit u. Unbeweglichkeit versteckt aggressiver Lebensstil ausschließlich gleichgeschlechtliche Aktivitäten suchtgefährdete Persönlichkeitsstruktur fehlende Vision Gottes fürs Leben

Anmerkungen:

Einführung

1. W. Penfield, »Memory Mechanisms«, Arch. Neurol. u. Psychiat., 67: 178–198, 1952, mit einer Diskussion von L. S. Kubiemet u. a.
2. Ebd. S. 178–198
3. W. Penfield und H. Jaspers, Epilepsy and the Functional Anatomy of the Brain, (Little, Brown and Co., Boston, 1954), Kapitel XI.
4. W. Penfield und L. Roberts, Speech and Brain Mechanisms, (Princeton University Press, Princeton, 1959).
5. Doug Stringer, »Pray Until Something Happens«, *Charisma* magazine, März 1999. S. 79.
6. Michael Rodgers and Marcus Losack, *Glendalough: A Celtic Pilgrimage* (Columba Press, Blackrock, C. Dublin,1996), S. 112.
7. Leanne Payne, *The Healing Presence* (Hamewith Books, Grand Rapids, Michigan, 1995), S. 163.
8. Stringer, a. a. O., S. 80.

Erstes Kapitel

1. Thomas Verny, *The Secret Life of the Unborn Child* (Dell Publishing Co., New York, NY, 1981), S. 23.
2. Ebd. S. 15, 67.
3. Ebd. S. 12.
4. Ebd. S. 19.
5. Ebd. S. 38–39.
6. Ebd. S. 13, 16.
7. Ebd. S. 13, 17, 49.
8. Ebd. S. 78, 81, 95.
9. Ebd. S.16, 17, 27.
10. Ebd. S. 74–76.
11. Ebd. S. 87–90.
12. Ebd. S.82.
13. Ebd. S.38–39.
14. Ebd. S.30.
15. Frances MacNutt, *Praying for Your Unborn Child* (Doubleday Publishing, New York, 1988) S. 1–3.
16. Verny, a. a. O., S.76, 80.
17. Ebd. S. 13.

18. Ebd. S. 16, 48, 50, 63, 89, 98.
19. Ebd. S. 81.
20. Ebd. S. 55–58.

Zweites Kapitel

1. Jacqui and Aaron Schiff, »Passivity«, *Transactional Analysis Journal* I,1, (1971) S. 71–78.
2. Sandra Blakeslee, »Studies Show Talking with Infants Shapes Basis of Ability to Think«, *New York Times*, April 17, 1997, S. D 21.
3. Sharon Begley, »How to Build a Baby's Brain«, *Newsweek Special Issue*, Frühling/Sommer, 1997, S. 28–32.
4. Renee Baillargeon, »How Do Infants Learn About the Physical World?«, *Current Directions in Psychological Science*, Oktober, 1994, S. 133–140.
5. Kathleen McAuliffe, "Making of a Mind", *Omni*, Oktober, 1985, S. 62–66, 74.
6. Jacqui Schiff, et. al. *Cathexis Reader* (Harper and Rowe, New York, 1975).
7. Paul Chance, »Your Child's Self-Esteem«, *Parents Magazine Enterprises*, Januar, 1982.
8. F. Rebelsky and C. Hanks, »Father's Verbal Interactions with Infants in the First Three Months of Life«, *Child Development*, 1971, S. 42, 63–68.
9. Paul Roberts, »Father's Time«, *Psychology Today,* Mai/Juni 1996, 48–55, 81.
10. Rene Spitz, »Hospitalization, Genesis of Psychiatric Conditions in Early Childhood«, *Psychoanalytic Study of the Child* 1 , 1945, S. 53–74.
11. W. Goldfarb, »Psychological Privation in Infancy and Subsequent Adjustment«, *American Journal of Orthopsychiatry*, 1945, 15, S. 247–255.
12. S. Provence and R. Lipton, *Children in Institutions*, New York: International Universities Press, 1962.
13. Barry M. Lester, »There's More to Crying than Meets the Ear«, *ChildhoodNewsletter*, Bd. 2., Nr. 2, 1983.
14. Paul Chance, »Your Child's Self Esteem«, *Parents Magazine Enterprises*, Januar, 1982.

Drittes Kapitel

1. J. Madeleine Nash, »Fertile Minds«, *Time Magazine*, Februar 10, 1997, 55–62.
2. Ebd. S. 51

3. L. Joseph Stone and Joseph Church, *Childhood and Adolescence* (Random House; New York, 1984) S. 212–214.
4. Sharon Begley, »Your Child's Brain«, *Newsweek*, Februar, 1996, 55–62.
5. L. Joseph Stone and Joseph Church, a. a. O., S. 215.
6. J. H. Kennell and M. H. Klaus, Eds., *Birth, Interaction and Attachment* (Skillman, N. J.: Johnson and Johnson) S. 35–43.
7. E. Fenichel, *Learning Through Supervision and Mentorship to Support the Development of Infant, Toddler and Their Families. Zero – Three* (1991) Annual Editions: Human Development (Dushkin Publishing: Guilford, Connecticut) 1996-97.
8. L. Joseph Stone and Joseph Church, a. a. O., S. 285–287.

Viertes Kapitel

1. Bernice Weissbourd, »The Myth of the Terrible Twos: Rethinking Toddlers' Bad Rap. (As They Grow: 2 Years)«, *Parents Magazine*, Oktober, 1995, 70 N10, S. 77 (2).
2. Nancy Samalin, »How to Love Your Child, Even When You're Angry« *Family Circle*, April, 1996, N5, S. 24 (2).
3. James and Mary Kenny, »Punishment Won't Make Your Kids Good«, *U.S. Catholic*, Juli, 1996. Bd. 61, Nr. 7, S. 26 (5).
4. Nick Gallo, »Why Spanking Takes the Spunk Out of Kids«, *Child*, März 1996, 103, 146–147.
5. »Public Spanking: Is It an Answer to Teen Crime?« *Current Events*, 11 März, 1996, 95, Nr. 21, S. 3 (1).
6. Ellen Wlody, »To Spank or Not to Spank?« *American Baby*, November, 1995, 57, Nr. 11, S. 56 (5).
7. »Dr. Spock's Guide to Effective Discipline«, *Parenting*, Juni/Juli, 1995, 9, Nr. 5, S. 58 (6).
8. Nancy Samalin, »What's Wrong With Spanking?«, *Parents' Magazine*, Mai, 1995, 70 Nr. 5 S. 35 (2).
9. William Sears and Martha Sears, »8 Reasons Spanking Doesn't Work ... and 5 Kinds of Techniques That Do.« *Redbook*, März, 1995: 184 Nr. 5, S. 156.
10. »Sparing the Rod to Save the Child«, (Corporal Punishment in the United Kingdom) (Editorial). *New Stateman and Society*, 24, Juni, 1994: 7 Nr. 308 S. 5 (1).
11. Hans-Joachim Heil, Ein missverstandener Begriff: »Züchtigung« – was soll denn das? Dezember, 1996, *Der Auftrag*, Nr. 61, S. 58.

Fünftes Kapitel

1. L. Joseph Stone and Joseph Church, *Childhood and Adolescence* (Random House; New York, 1984) S. 333–416.

Sechstes Kapitel

1. L. Joseph Stone and Joseph Church, *Childhood and Adolescence* (Random House, New York, 1984) S. 419–495.
2. Barrie Thorn, »Gender Play: Girls and Boys in School«, *Rutgers University Press*, 1993, S. 27–47.
3. Sharon Begley, »How to Build a Baby's Brain«, *Newsweek,* Frühling/Sommer 1997, S. 28–32.

Siebtes Kapitel

1. Pamela Levin, *Becoming the Way We Are* (Health Communications, Inc.; Deerfield Beach, Florida, 1988) S. 74.
2. David Elkind, *A Sympathetic Understanding of the Child,* 3rd edition, (Allyn u. Bacon; Needham Heights, Massachusetts, 1994) S. 232, 235–236.
3. Cesar G. Soriano u. Michelle Hatty, »Eat or Die«, *USA Weekend,* Februar 20–22, 1998.
4. Deirdra Price, Dr., »About Eating Disorders, Facts and Figures«, *Diet Free Solutions,* http://www. dietfreesolution.com/dfs/disorder.htm, S. 3.
5. Ebd. S. 4.
6. Ebd. S. 2.
7. »What Is an Eating Disorder?«, *Eating Disorder Recovery Online,* http://www.edrecovery.com/information.html, S. 1.
8. Price, a. a. O. S. 2.
9. EDR, a. a. O., S. 1.
10. Price, a. a. O. S. 2.
11. EDR, a. a. O. S. 2.

Achtes Kapitel

1. David Elkind, a. a. O. S. 242–246.
2. Ebd. S. 246–251.

Anhang A

Dient Kontrolle dem Leben oder wirkt sie zerstörerisch?

In den letzten Jahren war in der Fachliteratur zu lesen, dass jede Form von Kontrolle sehr schädlich sei. Auch wir haben dazu beigetragen und die zerstörerischen Auswirkungen aufgedeckt, die von der Kontrolle auf das Leben einzelner Menschen, auf die Gesellschaft und ganze Kulturkreise ausgeht. Hier scheint es uns angebracht, etwas von dem mitzuteilen, was uns durch Forschung und von Gott geschenkten Erkenntnissen über das gesamte Gebiet der »Kontrolle« klar geworden ist. Zunächst: Es gibt verschiedene Erscheinungsformen von Kontrolle.

- Selbstbeherrschung, eine Frucht des Geistes.
- Macht, die einzelnen Menschen, Leitern und Autoritätspersonen von Gott verliehen wird. Sie ist notwendig, damit diese in ihrem persönlichen Verantwortungsbereich für Rechte, Ordnung und Zuständigkeiten sorgen können. Diese Art der Kontrolle trägt die Züge des Führens, Leitens und Lenkens. Sie führt zu Ordnung, Sammlung, Klarheit, Sicherheit und Disziplin. Ihre Ergebnisse sind positiv. Sie bringt Leben, Gesundheit, Wachstum und Freiheit für die Menschen mit sich. Sie beeinflusst positiv die gesellschaftlichen Verhältnisse und die Kultur.
- Qualitätskontrolle, zuständig für hohe Qualität von Produkten. Die Notwendigkeit einer solchen Kontrolle ist offensichtlich.
- Und natürlich die Art von Kontrolle, auf die wir hier unsere Aufmerksamkeit richten: Kontrolle als Form der Gewalt, die von Menschen mit dem Ziel benutzt wird, Macht und Einfluss über einzelne oder mehrere Menschen zu erlangen. Solche Menschen versuchen, Individuen, die Gesellschaft oder Kulturen zu kontrollieren, um ihre selbstsüchtigen und willkürlichen Ziele zu erreichen. Dieses Modell der Kontrolle baut auf der Furcht des Einzelnen auf. Da Gott uns keinen Geist der Furcht gegeben hat, wird sie vom Widersacher Gottes selbst hervorgerufen. Sie äußert sich im Dominieren, durch Manipulation und Einschüchterung. An dieser Form von Kontrolle ist absolut nichts Positives zu finden. Sie bringt Versklavung und Tod über Menschen und Beziehungen und zerstört die Gesellschaft wie auch die Kultur in ihrem Kern.

Ein Erscheinungsbild der Kontrolle trägt also zu einer gesunden Entwicklung bei. Ihre Folge ist normales Wachstum und Reife. Sie bringt unabhängige, verantwortliche Menschen hervor und sichert deren persönliche Rechte und ihre Freiheit.

Die letztgenannte Form von Kontrolle schadet in jeder Hinsicht der Entwicklung. Die Folgen sind gehemmtes Wachstum und Unreife. Sie führt zur Abhängigkeit vom beherrschenden Faktor und sorgt dafür, dass Menschen in ihren persönlichen Rechten behindert und innerlich versklavt werden.

Wenn Sie in Nachschlagewerken nach einer Definition für Kontrolle suchen, werden Sie auf unterschiedliche Angaben stoßen. Vielleicht begegnet Ihnen sogar unter anderem folgende Beschreibung: »Eine Persönlichkeit oder ein Geist, von dem man annimmt, dass er Äußerungen oder Absichten eines spiritistischen Mediums in die Tat umsetzt«.

Hier wird tatsächlich mit einem Geist gerechnet, einem eigenständigen Wesen, und nicht nur mit einem Persönlichkeitsmerkmal oder einem Charakterzug. Das ist der Grund, warum der Geist der Kontrolle so überaus destruktiv wirkt, wenn er in Aktion tritt und die Kontrolle über einen Menschen übernimmt. Auch wenn es für manche eine befremdliche Vorstellung ist, aber genau mit dieser Art von Kontrolle werden wir uns genauer auseinandersetzen müssen.

Kontrolle durch ein Geistwesen äußert sich auf drei verschiedene Weisen:

in der **Einschüchterung** ... im **Dominieren** ... in der **Manipulation**.

Noch einmal: An dieser Form von Kontrolle ist nichts, aber auch gar nichts Positives zu finden. Sie wird durch Furcht hervorgerufen. Am Anfang lernt sie das Kind in der Symbiose kennen, um sie dann während der weiteren Entwicklung in sich aufzunehmen. Einziger Grund: Das Kind will überleben. Wenn der Säugling von seinen Pflegepersonen von Geburt an beherrscht wird, lernt er damit, dass man nur auf dem Weg des Dominiertwerdens bekommen kann, was man zum Überleben braucht. Das neugeborene Baby nimmt als erstes Furcht in sich auf: die Furcht, seine Bedürfnisse zum Überleben nicht uneingeschränkt erfüllt zu bekommen. Diese Furcht wird zum Antrieb, und folgendes Überlebensmuster bildet sich heraus: Um in dieser Welt bestehen zu können, musst du dich dominieren, manipulieren und einschüchtern lassen. Wenn diese geistige Macht einmal

Fuß gefasst hat, greift das Individuum hauptsächlich auf dieses Muster zurück, um sicher zu gehen, dass seine Bedürfnisse, Wünsche, Sehnsüchte und Lebensziele befriedigt bzw. erfüllt werden.

Diese Kontrollform führt zu folgenden Ergebnissen:

In demjenigen, der sie einsetzt, führt sie zur Schwächung der Person. Um Dinge zu erledigen, wird letztlich die Abhängigkeit von äußeren Kräften und Faktoren verstärkt.

Erst recht leidet die Person, die beherrscht wird, im wachsenden Maß unter ihrer Schwachheit, indem sie die Entwicklung zu unabhängigem, vernünftigen Denken, zu Wachstum, Selbstdisziplin und Selbstbeherrschung, einer Frucht des Heiligen Geistes, verkümmern lässt.

Letztendlich beeinflusst diese Schwachheit in hohem Maß auch alle Beziehungen.*

Da Furcht die Antriebskraft hinter dieser geistigen Macht ist, wird sie zum Ersatz für ein gesundes Zusammenwirken. Betroffene Menschen handeln oft eigenmächtig, können sich kaum mit anderen einigen, gehen immer sofort in Angriffs- oder Verteidigungsposition, konkurrieren miteinander und müssen sich ständig rechtfertigen.

Wo ein Geist der Kontrolle am Wirken ist, da tritt für gewöhnlich auch die entgegengesetzte geistige Macht auf den Plan: die Rebellion. Und umgekehrt: Wo immer Rebellion anzutreffen ist, ist auch Unterdrückung zu finden bzw. war sie zu einem früheren Zeitpunkt im Leben dieses Menschen am Werk.

Wir sind überzeugt, dass Menschen zu Kontrolle (Einschüchterung, Dominieren, Manipulation) greifen, weil sie keinen anderen Weg wissen, wie sie etwas erreichen können oder wie sie ihre Bedürfnisse erfüllen sollen. Kontrolle im Sinne von Einschüchterung, Dominieren oder Manipulation macht süchtig. Sobald sie einmal aufgetreten ist, bleibt sie bevorzugtes Mittel, um damit unsere Bedürfnisse, Wünsche und unser Verlangen zu erfüllen. Wir alle lernen sie durch unsere Eltern kennen, durch die Art, wie sie in unserer Säuglingszeit und Kindheit mit uns und unseren Bedürfnissen umgegangen sind. Diese Spielart der Kontrolle wird manchmal geradezu vererbt, häufig wird sie von einer Generation der nächsten weitergegeben. Darum ist es notwendig, sich mit ihr nicht nur im gegenwärtigen Leben eines

* Covey, Stephen R., Die 7 Eigenschaften eines effektiven Leiters, New York 1990, S. 39.

Menschen auseinanderzusetzen, sondern auch die vorangegangenen Generationen mit ins Blickfeld zu rücken.

Diese Art von Kontrolle – einschüchternd, dominierend, manipulativ – ist ganz offensichtlich äußerst schädlich. Sie ist über die ganze Welt verbreitet. Einzelpersonen stehen genauso unter ihrer Unterdrückung und Versklavung wie Gruppierungen und ganze Nationen.

Der Gedanke an die vielen Kinder, die mit dieser Form der Unterdrückung großgezogen werden, macht uns traurig. In unserem Seelsorgedienst sehen wir uns den schlimmen Auswirkungen dieser Art von Kontrolle gegenübergestellt. Seit wir 1978 damit angefangen haben, intensiv Seelsorge zu betreiben, haben wir keinen Erwachsenen angetroffen, der nicht von diesem Geist der Kontrolle unterdrückt worden wäre.

Im zweiten Brief an die Korinther sagt Paulus: »Denn die Liebe Christi drängt uns (oder: hält uns in ihrer Gewalt) ...« (2 Kor 5,14, Übersetzung nach Hermann Menge). Wenn wir dieses biblische Prinzip der Liebe und des »Drängens« nehmen und auf unsere Beziehungen anwenden, werden wir ähnliche Fakten vorfinden, allerdings äußerst positive. Es ist die Liebe zu anderen und ihre Liebe zu uns, die uns »drängt«. In diesem Zusammenhang: die uns zu unserem Besten formt und zu gesunden, wünschenswerten Ergebnissen führt. Fehlt in dieser Gleichung die Hauptsache, nämlich die Liebe, dann wird uns bewusst, dass Kontrolle eine Sache ist, die sich nur auf sich selber gründet. Kontrolle wird zur einzigen Macht, die uns und andere dazu drängt, unsere Wünsche zu erfüllen und unsere Ziele zu erreichen.

Im ersten Johannesbrief wird uns gesagt, dass dort, wo Liebe existiert, Furcht keinen Bestand hat, weil die vollkommene Liebe alle Furcht austreibt (vgl. 1 Joh 4,18). Wir wissen, dass Furcht die Grundlage für jede Form der negativen Kontrolle ist. Wenn daher die Furcht durch die Liebe ausgetrieben wird, dann besteht kein Anlass mehr, andere kontrollieren zu wollen oder sich beherrschen zu lassen. Unser Leben wird dann von einer Realität getragen, die Paulus in seinem Brief an Timotheus so beschrieb: »Denn Gott hat uns nicht einen Geist der Verzagtheit gegeben, sondern einen Geist der Kraft, der Liebe und der Besonnenheit« (1 Tim 1,7).

Grundlage für Kontrolle, die sich in der Einschüchterung oder im Dominieren oder der Manipulation äußert, und für die dahinter liegende Antriebskraft ist, wie bereits gesagt, die Furcht. Wenn ein Mensch in Situationen kommt, die ihm Angst machen, und wenn er diese nicht betend bewältigt, indem er den Heiligen Geist um Anweisung und Hilfe bittet, dann riskiert er, sich in solchen Situationen auf seine eigenen Verhaltensmuster zu verlassen. Diese selbst entwickelten Methoden ersetzen die vom Heiligen Geist in die Wege geleitete Aktion und müssen daher allein durch menschliche Anstrengung angewandt werden. Die Energie für dieses menschliche Bemühen fließt aus der Kontrolle.

Wenn sich ein Mensch dem Heiligen Geist nicht unterstellt, tritt dieser einen Schritt beiseite. Kontrolle hat so freien Zugang, um zur antreibenden Kraft hinter dem Fühlen, Denken und Handeln eines Menschen zu werden. Kontrolle nimmt in seinem Leben den Platz des Heiligen Geistes ein und wird so zum Herrn des Betreffenden. Die vorhin aufgelisteten Fehlentwicklungen sind das Ergebnis. Ein wahrhaft teuflisches Werkzeug, das dazu angelegt ist, Christen wie Nichtchristen gleichermaßen zu quälen und zu zerstören.

Wir sind überzeugt, dass der Herr um all diese Zusammenhänge weiß und auch versteht, wie alle Menschen mit dieser Form der Kontrolle zu tun bekommen. Er verurteilt uns nicht dafür. Aber er erwartet, dass wir mit dem Verhaltensmuster »Kontrolle« brechen, sobald wir erkennen, dass wir genau ihm entsprechend handeln.

Wenn Sie mehr über diese Art Kontrolle erfahren möchten, ermutigen wir Sie, eines unserer Seminare zu besuchen, die sich mit dem Plan Gottes für die menschliche Entwicklung beschäftigen. Wir behandeln dort das Thema der Kontrolle, ihren Ursprung, die dahinter liegende Motivation und ihre Ergebnisse. Wir bieten für diesen zerstörerischen zwischenmenschlichen Aspekt auch Seelsorge an.

Anhang B
Generationenflüche

Generationenflüche treten für gewöhnlich auf dreierlei Art in Erscheinung: in Verfluchungen, in Fehlverhalten und in Bindungen. Um es einfach auszudrücken: Sie bedeuten eine Lücke in der »Schutzmauer«, die einen Menschen umgibt ... ob er sich dessen bewusst ist oder nicht. Diese Öffnung macht es möglich, dass schädliche Einflüsse Zutritt bekommen, um im Geheimen zu wirken und das Leben eines Menschen zu zerstören.

Ursachen:
Flüche über die Generationen sind die Folge von Fehlverhalten, fehlendem Wissen oder eines Lebens ohne Gott, das in der Familie bereits geschichtlichen Charakter angenommen hat.

»Ich bin Jahwe, langmütig und reich an Huld, der Schuld und Frevel wegnimmt, der aber (den Sünder) nicht ungestraft lässt, der die Schuld der Väter an den Söhnen verfolgt, an der dritten und vierten Generation.« (Num 14,18)

»Mein Volk kommt um, weil ihm die Erkenntnis fehlt. Weil du die Erkenntnis verworfen hast, darum verwerfe auch ich dich ... Du hast die Weisung deines Gottes vergessen; deshalb vergesse ich auch deine Söhne.« (Hos 4,6)

»Damals wart ihr von Christus getrennt ... und von dem Bund der Verheißung ausgeschlossen; ihr hattet keine Hoffnung und lebtet ohne Gott in der Welt.« (Eph 2,12)

Eines ist jedenfalls sicher: Wenn ein Christ unter einem Fluch zu leiden hat, gibt es dafür einen konkreten Grund.

»... so ist ein unverdienter Fluch; er trifft nicht ein.« (Spr 26,2)

Kennzeichen:
Wann immer ein Problem besteht, das in den Generationen verwurzelt ist, sind bestimmte Merkmale sichtbar. Bei Sünden bestehen große Schuldgefühle und das quälende Bewusstsein der Verdammung. In vergangenen Generationen lässt sich dieselbe Sünde, ein Fluch oder eine Versklavung nachweisen. Möglicherweise hat jemand eine Schwäche für eine bestimmte Sünde, oder er ist anfällig dafür, von einem speziellen Fehlverhalten verfolgt zu werden. Es können auch dämonische Symptome auftreten.

Erlösung:
Das Wichtigste ist, dass es ein Gegenmittel gibt. Was der Herr aufdeckt, das heilt er auch.

»Christus hat uns vom Fluch des Gesetzes freigekauft, indem er für uns zum Fluch geworden ist ...« (Gal 3,13)

Aufhebung des Generationenfluches

Vorgang:
Identifizieren Sie Fehlverhalten, Flüche und Fesseln, die schon seit Generationen bestehen. Bitten sie den Heiligen Geist, verborgene Dinge aufzudecken.

Mt 10,26
Lk 8,17
Lk 12,2

Bitten Sie den Herrn, spezielle Sünden in den vergangenen Generationen zu vergeben, die der Heilige Geist aufgedeckt hat. Wenn auch Sie diese Dinge begangen haben, so bereuen Sie und bitten Sie auch dafür um Vergebung.

Dan 9,1-6
1 Joh 1,9

Heben Sie alle Flüche, Bindungen und dämonischen Versklavungen im Namen Jesu Christi und in seiner Vollmacht auf.

Lk 10,19

Nehmen Sie die Befreiung vom Fluch durch Jesus an.

Gal 3,13
1 Petr 1,18-19

Entbinden Sie auch Ihre Kinder von diesem Fluch und allen seinen Auswirkungen. Nehmen sie das Erbe Gottes für Ihre Familie in Anspruch:

»Segen bis in die tausendste Generation ...«.
Dtn 7,9
Ex 20,6
Lev 26,39-45

Weiterführende Literatur

Blankeslee, Sandra, »New Connections: When It's Time to Make Changes in Your Life, What Role Does Your Brain Play«, *American Health,* März, 1990. S. 74, 76, 78.

Dobbins, Richard D., *Venturing into a Child's World.* Emerge Ministries, Inc.:Akron, Ohio, 1985.

Dobbins, Richard D., *Venturing Into a Teenager's World.* Emerge Ministries, Inc.: Akron, Ohio, 1987.

Elkind, David. *A Sympathetic Understanding of the Child.* 3rd edition, Allyn and Bacon/ Paramount Publishing: Needham Heights, Massachusetts,1994.

Elkind, David. *All Grown Up and No Place to Go,* Addison-Wesley Publishing Co.: New York, New York, 1984.

Elkind, David. *Wenn Eltern zuviel fordern.* Hoffmann u. Campe: Hamburg, 1989

Elkind, David. *Das gehetzte Kind.* Bastei-Lübbe: Bergisch-Gladbach, 1992

Erikson, Erik H., *Kindheit und Gesellschaft.* Klett-Cotta: Köln, 11. überarb. Auflage 1992

Gibbs, Nancy. »The EQ Factor: New Brain Research Suggests That Emotions Not IQ May Be the True Measure of Human Intelligence«, *Time Magazine,* Oktober 2, 1995, S. 60–66, 68.

Ingelman-Sundberg, A., *A Child Is Born.* Dell Publishing Co.: New York, New York, 1979.

Levine, Pamela. *Cycles of Power.* Health Communications: Deerfield Beach, Florida, 1988.

MacNutt, Frances and Judith. *Praying for Your Unborn Child.* Doubleday Publishing Co., 1988.

Schiff, Aaron Wolfe and Jackie Lee Schiff. »Passivity«, *TAJ* 1:1.

Shapiro, Lawrence E. *EQ für Kinder – Beliebt und glücklich, nicht nur schlau.* Scherz, München 1997

Shapiro, Lawrence E. *EQ für Kinder. Wie Eltern die Emotionale Intelligenz ihrer Kinder fördern können.* dtv, München 1998

Shephard, Sharon. »Television: The Prime Time Invader«, *Christian Parenting Today*, September/Oktober, 1989.

Nähere Informationen über Seminare, Vortrags-Kassetten und andere Materialien erhalten Sie unter folgender Faxnummer: (0 82 32) 7 93 06

Entwicklungsstufen eines Menschen

GESUNDE ENTWICKLUNG

	Wichtige Themen	Erforderliche Lernziele für gesunde Entwicklung	Merkmale beim Erwachsenen
IM MUTTERLEIB	Annahme / Ablehnung Leben / Tod: Sein oder nicht sein	Bindung / Verbindung mit der Mutter angenommen werden Leben u. Identität annehmen	Sicherheit in Existenz u. im Leben sicheres Zugehörigkeitsgefühl festes Bewusstsein, angenommen zu sein starkes Identitätsbewusstsein Sicherheit in Christus
GEBURT BIS 6 MONATE	Existieren / Urvertrauen Grundlage des Selbstverständnisses Grundlage der Problemlösung Grundlage der Kommunikation	Gesunde Symbiose mit der Mutter bedingungslose Liebe innere u. äußere Existenz festlegen Fühlen, Denken und Handeln zusammenfassen kommunikationsfähig werden	Vertrauen in Gott Vater Aufnahme gesunder Beziehungen Sicherheit in Beziehungen Gefühle identifizieren/ auf gesunde Art ausdrücken innere und äußere Grenzen anerkennen anderen vertrauen

FEHLENTWICKLUNGEN

	Wichtige Themen	Verletzungen in der Entwicklung	Symptome beim Erwachsenen
IM MUTTERLEIB	Annahme / Ablehnung Leben / Tod: Sein oder nicht sein	Ignorierung der Bedürfnisse; Abwertung der Existenz ambivalente Behandlung oder Ablehnung fehlende oder unzureichende Bindung	Existentielle Problematik autistische Tendenzen Ablehnungsthematik Unterdrückung durch den Tod Angststörungen / Unsicherheit keine Sicherheit in Christus
GEBURT BIS 6 MONATE	Existieren / Urvertrauen Entstehung des Selbstbildes Grundlagen der Problemlösung Grundlagen der Kommunikation	Unterbrechungen der Symbiose mit der Mutter von Eltern auferlegter Fütterungsrhythmus von Eltern auferlegte Erwartungen: unangemessene Reaktion auf das Schreien Reaktionen, die das Unbehagen verstärken fehlende Reaktionen Schmerz u. Unannehmlichkeiten im Inneren	Fehlendes Vertrauen in Gott Wut Probleme mit Abwertung problematische Beziehungen fehlendes Vertrauen Schwierigkeiten zu denken und Probleme zu lösen Minderwertigkeitsgefühle schlechtes Selbstbild Unfähigkeit, Bedürfnisse mitzuteilen

GESUNDE ENTWICKLUNG

	Wichtige Themen	Erforderliche Lernziele für gesunde Entwicklung	Merkmale beim Erwachsenen
6 BIS 18 MONATE	Entdecken: Beweglichkeit, Initiative, Motivation, Kreativität Lernen der Begriffe	Entdecken dürfen beim Entdecken beschützt werden eigene Motivation entdecken lernen, sich zu orientieren und sich Dinge vorzustellen, Eigeninitiative entdecken bedingungslose Zuwendung erfahren	Sich selber motivieren Eigeninitiative haben gesunde Wechselwirkung mit anderen eigene Wünsche und Bedürfnisse akzeptieren Balance zwischen Selbstliebe und Nächstenliebe Sensibilität für den Heiligen Geist Freiheit im Herrn
ZWEI JAHRE	Zorn, Opposition, Rebellion Unabhängigkeit »sozialer Vertrag« Selbstständigkeit Kontrolle Zusammenarbeit kontra Wettstreit	Erste Auflösung der Symbiose selbstständig werden den »sozialen Vertrag« unterzeichnen Grenzen und Einschränkungen erfahren Disziplin akzeptieren Zusammenarbeit lernen anfangen, Ursache u. Auswirkung zu bedenken	Rücksichtnahme Effektivität im Denken: Probleme lösen können rechtmäßige Autorität anerkennen Beziehungen, getragen von Selbstdisziplin, Zusammenarbeit und Synergie* Jesus als Herrn anerkennen mit dem Heiligen Geist zusammen arbeiten

*Synergie: 1. Das Zusammenwirken zweier (oder mehrerer), deren gemeinsamer Effekt größer ist als die Summe der einzelnen Bemühungen. 2. Die Lehre oder der Glaube, dass der menschliche Wille mit dem Heiligen Geist und der göttlichen Gnade zusammenwirkt, insbesondere im Akt der Bekehrung oder Wiedergeburt. (Collins English Dictionary)

FEHLENTWICKLUNGEN

	Wichtige Themen	Verletzungen in der Entwicklung	Symptome beim Erwachsenen
6 BIS 18 MONATE	Erforschen: Beweglichkeit, Initiative, Motivation, Kreativität Lernen der Begriffe	Ungesunde Symbiose / Abhängigkeit lernen fehlende Beaufsichtigung beim Entdecken Einschränkung der Bewegungsfreiheit häufiges Strafen oder Disziplinieren zu frühzeitiges Training fürs Töpfchen	Fehlende Motivation u. Initiative fehlende Beherrschung der Impulse Probleme mit Kontrolle fehlende Selbstbeherrschung Missachtung der Gefühle bis zur Gefühlsexplosion symbiotische Beziehungen Menschengefälligkeit/ Überanpassung fehlende Freiheit im Herrn fehlendes Gespür für den Heiligen Geist
ZWEI JAHRE	Zorn / Opposition, Rebellion Unabhängigkeit Denken »sozialer Vertrag« Trennung Kontrolle Zusammenarbeit kontra Wettstreit	Keine Disziplin oder Erwartungen keine Konsequenzen erfahren Erwartungen zu hoch oder durch extremen Druck verstärkt Eltern forden Abhängigkeit Zorn wird nicht konfrontiert und zum Thema gemacht keine Konfrontation der Dominanz fehlendes Vorbild für Umgang mit Zorn keine klaren Grenzen / Einschränkungen	Rücksichtslosigkeit fehlende Selbstdisziplin oppositionell, ehrgeizig, dominant symbiotische Beziehungen Selbstbezogenheit Schwierigkeiten, effektiv zu denken u. Probleme zu lösen andere ärgerlich abwerten den Heiligen Geist bekämpfen / Widerstand leisten

GESUNDE ENTWICKLUNG

3 BIS 5 JAHRE

Wichtige Themen	Erforderliche Lernziele für gesunde Entwicklung	Merkmale beim Erwachsenen
Identität: sich einfügen	Identifizierung mit gesundem Rollenvorbild	Selbstannahme
Identifizierung der Geschlechtsrolle	angemessene Antworten auf »Warum« bekommen	Annahme des eigenen Geschlechts
Auswirkung auf Beziehungen	in der Wissbegierde ermuntert werden	Sicherheit in Gesellschaft
Sammeln von Informationen	Verbindung herstellen zwischen Fühlen u. Denken	sicherer Zusammenhang zwischen Fühlen, Denken u. Lösen von Problemen
Umgangsformen, sprachliche Fähigkeiten	Gefühle erkennen u. benennen lernen	angemessene sprachliche u. gesellschaftliche Umgangsformen
	sprachliche u. gesellschaftliche Umgangsformen lernen	unerschütterliche Identität in Christus

FEHLENTWICKLUNGEN

3 BIS 5 JAHRE

Wichtige Themen	**Verletzungen in der Entwicklung**	**Symptome beim Erwachsenen**
Identität: sich einfügen Identifizierung der Geschlechtsrolle Auswirkung auf Beziehungen Informationen sammeln Umgangsformen und sprachliche Fähigkeiten	Fehlende gesunde Rollenvorbilder sexueller Missbrauch inkonsequente, unstrukturierte Erziehung Kind darf nicht mitdenken Furcht verstärken oder gegen das Kind richten keine angemessenen Umgangsformen beibringen Verletzung des Gerechtigkeitsgefühls	Überangepasstheit / Selbstgerechtigkeit Selbstgerechtigkeit / Gesetzlichkeit verwirrte Auffassung der Geschlechtsrolle gesellschaftliche Unbeholfenheit schwache Verbindung zwischen Fühlen, Denken, Handeln / Problemlösungen fehlende Umgangsformen und sprachliche Fähigkeiten Ablehnung der Identität Selbstmotivation aus Furcht Überanpassung an andere Bedrückung durch Geist der Furcht dürftige Identität in Christus

GESUNDE ENTWICKLUNG

6 BIS 12 JAHRE

Wichtige Themen	Erforderliche Lernziele für gesunde Entwicklung	Merkmale beim Erwachsenen
Argumentieren Streit Widerspruch, Wettstreit Fertigkeiten lernen	Selbstständige Identität aufrichten etwas auf eigene Art tun lernen Fertigkeiten fürs Leben überblicken und entwickeln Lernen lernen Prioritäten setzen u. Dinge zu Ende führen Einsicht in Werte u. Regeln bekommen	Prioritäten setzen können / Aufgaben zu Ende führen kreative Problemlösungen finden gesunde Entwicklung gesellschaftlicher Gewandtheit u. Umgang mit Gefühlen feste Werte u. Regeln, in Güte angewandt Vertrauen in die eigene Art, etwas zu tun Sicherheit gegenüber den Herausforderungen des Lebens Bestimmung Gottes im Leben erkennen und erfüllen

FEHLENTWICKLUNGEN

6 BIS 12 JAHRE

Wichtige Themen	Verletzungen in der Entwicklung	Symptome beim Erwachsenen
Argumentieren Streit Widerspruch, Wettstreit Fertigkeiten entwickeln	Zu starre Regeln u. Werte fehlende Werte u. Regeln oder Inkonsequenz Unfähigkeit, Regeln vernünftig zu begründen bei einer Sache bleiben müssen keine Unterstützung bekommen, Projekte zu beginnen u. zu beenden strenge u. ungerechte Bestrafung	Starre Werte u. Regeln Schwierigkeiten, etwas zu beginnen u. zu beenden suchtgefährdete Persönlichkeitszüge versteckte Aggressivität zwanghafte Kriegsführung gegen Ungerechtigkeit Einschüchterung anderer durch Gefühle sich selber mit Gefühlen bestrafen, Schuldgefühle haben göttliche Bestimmung nicht kennen Unsicherheit über Gaben u. Berufungen

GESUNDE ENTWICKLUNG

	Wichtige Themen	Erforderliche Lernziele für gesunde Entwicklung	Merkmale beim Erwachsenen
12 BIS 13 JAHRE	Wiederaufnahme der Thematik »im Mutterleib bis 18 Monate« Zeitstrukturierung Prioritätensetzung Beziehungsfähigkeit	»Mutterleib bis 18 Monate«: Fehlendes ausgleichen, verfeinern, abschließen richtige Zeiteinteilung verinnerlichen Bedürfnisse durch Bitten erfüllt bekommen feste Lebensordnung eingehen soziales Engagement entdecken	Eingliederung u. Zusammenfassung: Auflösungen aus »im Mutterleib bis 18 Monate«; richtige Zeitstrukturierung gesunde Prioritätensetzung geistliche Urteilsfähigkeit gesunde Lebensordnung
14 JAHRE	Wiederaufnahme der zweijährigen Thematik Zusammenfassung Werte fürs Leben testen	2-jährige Lernziele ausgleichen, verfeinern, abschließen endgültige Auflösung der Symbiose: selbstständig werden »sozialen Vertrag« endgültig abschließen letzte Aufnahme von Werten	Eingliederung und Zusammenfassung: 2-jährige Auflösung Unabhängigkeit »sozialer Vertrag« Eigenverantwortung übernehmen sich von Gott führen lassen Leben auf wahren Werten aufbauen

FEHLENTWICKLUNGEN

	Wichtige Themen	Verletzungen in der Entwicklung	Symptome beim Erwachsenen
12 BIS 13 JAHRE	Wiederaufnahme der Thematik »im Mutterleib bis 18 Monate« Zeiteinteilung Prioritätensetzung Beziehungsfähigkeit	Keine Auflösung der Thematik »im Mutterleib bis 18 Monate« sich durch Gefühle lahmlegen fehlende Zeiteinteilung fehlende bzw. nicht ausreichende Einschränkungen vor natürlichen Folgen bewahren, überbehütet werden Scheinheiligkeit	Kampf mit der Thematik »im Mutterleib bis 18 Monate« Unsicherheit über sich selbst u. das Leben symbiotische Beziehungen überschreitet häufig Grenzen Schwierigkeiten, bei einer Sache zu bleiben suchtgefährdete Persönlichkeitsstruktur fehlende geistliche Urteilsfähigkeit Mangel an Lebensordnung
14 JAHRE	Wiederaufnahme der 2-jährigen Thematik Werte fürs Leben testen	2-jährige Lernziele nicht erreichen fehlende Disziplin Zorn wird nicht konfrontiert keine festen Grenzen u. Einschränkungen erfahren Förderung der Abhängigkeit Wiederaufleben der Symbiose Scheinheiligkeit	Kampf mit 2-jährigen Angelegenheiten fehlender oder schwacher »sozialer Vertrag« Narzissmus, Selbstbezogenheit Kontrolle durch Dominanz, Einschüchterung u. / oder Manipulation destruktiver Wettstreit Abhängigkeit von anderen suchtgefährdete Persönlichkeitsstruktur fehlendes Wertebewusstsein Kontrolle über die Führung Gottes

GESUNDE ENTWICKLUNG

	Wichtige Themen	Erforderliche Lernziele für gesunde Entwicklung	Merkmale beim Erwachsenen
15 JAHRE	Wiederaufnahme der 3–5jährigen Thematik Identifizierung mit der Geschlechtsrolle	3–5jährige Lernziele ausgleichen, verfeinern, abschließen Identität der Geschlechtsrolle in Beziehungen	Eingliederung u. Zusammenfassung: 3–5jährige Auflösungen Identitätssicherheit Beziehungsfähigkeit wirksam werden in Gnade u. Barmherzigkeit Gottes
16 BIS 30 JAHRE	Wiederaufnahme der 6–12jährigen Thematik Zusammenfassung Auflösung der Adoleszenz	6–12jährige Lernziele ausgleichen, verfeinern, abschließen Entwicklung beruflicher Fähigkeiten, Begabungen, Lebensgewandtheit letztes Band zur Unabhängigkeit durchschneiden	Eingliederung und Zusammenfassung: 6–12jährige Auflösungen Streben nach Verbesserung im Beruf und Beschäftigung anderen Trainer und Mentor sein beständiges, dynamisches Wachstum in der Reife weiter im Herrn reifen

FEHLENTWICKLUNGEN

	Wichtige Themen	Verletzungen in der Entwicklung	Symptome beim Erwachsenen
15 JAHRE	Wiederaufnahme 3–5jähriger Themen Identifizierung mit der Geschlechtsrolle	3–5jährige Lernziele werden nicht erreicht sexuelle Ausnutzung / Missbrauch ungesunde oder ungerechte Rollenvorbilder ständig misslingende Beziehungen verstärkte Identifizierung mit falscher Geschlechtsrolle Heuchelei	Kampf mit 3–5jährigen Angelegenheiten keine wirklichen Werte im Leben unsichere u. / oder verwirrte geschlechtliche Identität gesellschaftliche Unbeholfenheit suchtgefährdete Persönlichkeitsstruktur festgefahren in religiöser Tradition gesetzliches Handeln
16 BIS 30 JAHRE	Wiederaufnahme 6–12jähriger Themen Zusammenfassung Auflösung der Adoleszenz	6–12jährige Lernziele werden nicht erreicht Verhinderung der Unabhängigkeit Kontrolle / Trennung u. Unabhängigkeit verhindern Begabungen nicht entdecken oder entmutigt werden Heuchelei	Kampf mit 6–12jährigen Angelegenheiten Kampf mit Unreife Sturheit und Unbeweglichkeit versteckt aggressiver Lebensstil ausschließlich gleichgeschlechtliche Aktivitäten suchtgefährdete Persönlichkeitsstruktur fehlende Vision Gottes fürs Leben

Platz für eigene Notizen:

Platz für eigene Notizen:

Platz für eigene Notizen:

Platz für eigene Notizen:

Platz für eigene Notizen:

Platz für eigene Notizen:

Platz für eigene Notizen:

Platz für eigene Notizen:

Platz für eigene Notizen:

Platz für eigene Notizen:

Platz für eigene Notizen: